Unterrichtung im Bewachungsgewerbe

Neuauflage 2016 unter Berücksichtigung des neuen Rahmenplans für die Sachkundeprüfung

Andree Peters | Joachim Weger | Thomas Lowien

DIHK Deutscher Industrie- und Handelskammertag

Copyright	Alle Rechte liegen beim Herausgeber. Ein Nachdruck – auch auszugsweise – ist nur mit ausdrücklicher schriftlicher Genehmigung des Herausgebers gestattet.
Herausgeber	©DIHK - Deutscher Industrie- und Handelskammertag e. V. Postanschrift: 11052 Berlin Besucheranschrift: Breite Straße 29 | 10178 Berlin-Mitte Telefon 030-20308-0 | Telefax 030-20308-1000 Internet: www.dihk.de
Verlag	DIHK Verlag bestellservice@verlag.dihk.de | Telefax 02225-8893595 Werner-von-Siemens-Straße 13 | 53340 Meckenheim Internet: www.dihk-verlag.de
Stand	Januar 2016
Herstellung	büro für gestaltung, Armin Knoll | Berlin
Titelbilder	thinkstockphotos.de
Druck	DCM | Druck Center Meckenheim

Inhalt

Vorwort und Einleitung

Die Bedeutung des Sicherheitsgewerbes hat seit dem Erscheinen der sehr erfolgreichen Broschüren zur Unterrichtung im Bewachungsgewerbe für das Bewachungspersonal (Band 1) und die Bewachungsgewerbetreibenden (Band 2) im Jahr 2002 immer weiter zugenommen. Der Boom des Sicherheitsgewerbes hält bis in das Jahr 2016 hin an und die aktuelle Flüchtlings- und Asylproblematik zeigt, dass künftig insbesondere gut ausgebildetes Sicherheitspersonal in vielschichtigen Bereichen des Sicherheitsgewerbes benötigt wird.

Die Zahlen der Unterrichtungsverfahren und insbesondere der Sachkundeprüfungen sind kontinuierlich gestiegen.

Anfang des Jahres 2007 wurde die Neuauflage der Broschüre „Unterrichtung im Bewachungsgewerbe und Vorbereitung auf die Sachkundeprüfung für Bewachungspersonal und Unternehmer" geschrieben.

Im März 2009 erfolgte eine Überarbeitung. Änderungen und Ergänzungen beziehen sich insbesondere auf das Thema „Umgang mit Verteidigungswaffen" sowie den Besonderen Teil des Strafrechts (Stalking - § 238 StGB).

Die Neuauflage zum März 2009 wurde erforderlich, da

- der Inhalt der Broschüre auf die aktuellen Stoffpläne und Unterrichtsinhalte angepasst werden musste,
- die Broschüre nunmehr für das Unterrichtungsverfahren und die Vorbereitung auf die Sachkundeprüfung dienen und geeignet sein soll,
- die Darstellung des Stoffes zum Erleichtern des Lernens zu optimieren war,
- einige Kontrollfragen mit Antworten und Erläuterungen zur Wissenseinübung erstellt werden sollten,
- Hinweise zu den Lernzielen einzufügen waren,
- die Gliederung zu optimieren gewesen ist,
- wegen des Umfangs der Broschüre ein Stichwortverzeichnis benötigt wurde,
- die Broschüren Band 1 und Band 2 in einer Broschüre zusammenzufassen waren,
- Anregungen, Wünsche und Kritiken vorlagen.

Die Neuauflagen zum Januar 2011 und zum Januar 2013 wurden erforderlich, da
- in einigen Bereichen geringfügige Änderungen geboten waren,
- Optimierungen im Detail erforderlich wurden,
- für nichtdeutsche EU-Bürger die EG-Richtlinie zur Anerkennung von Berufsqualifikationen vom 07.09.2005 für das Bewachungsgewerbe zu beachten war,
- geringfügige Änderungen im straf- und strafprozessualen Bereich einzupflegen waren.
- erneut Anregungen, Wünsche und Kritiken von Lesern und Nutzern des Buches vorlagen.

Mit der Neuauflage zum Januar 2013 ist das Thema „Zulassung von Bewachungsunternehmen auf Seeschiffen" im ersten Kapitel neu eingefügt worden.

Die Änderungen bezüglich der Auflage für das Jahr 2015 waren geboten, da mit Wirkung zum 01.05.2014 Vorschriften- und Regelwerk der Deutschen Gesetzlichen Unfallversicherung (DGUV) neu geordnet und umbenannt wurden. Ferner waren Änderungen im Bereich der Technischen Regeln für Arbeitsstätten (ASR) sowie im Waffengesetz (§ 28 a WaffG) umzusetzen.

Nunmehr liegt die nächste Auflage für das Jahr 2016 vor. Diese berücksichtigt bereits den neuen Rahmenplan, der ab 01.01.2016 bei der Sachkundeprüfung zur Anwendung zu bringen ist.

Die Neuauflage 2016 ist erneut unter der Gesamtleitung von Andree Peters geschrieben worden. Ihm standen – wie bisher – als Fachautoren Joachim Weger und Thomas Lowien zur Seite.

Zu den Autoren:

Andree Peters: Andree Peters (54 Jahre) ist Richter am Amtsgericht. Er ist seit vielen Jahren Vorsitzender einer Straf- und Schöffenabteilung. Seine Zuständigkeit für Strafsachen gegen Erwachsene umfasst u. a. allgemeine Strafsachen, Verkehrs- und Betäubungsmittelstrafsachen. Er war früher als Polizeibeamter und Staatsanwalt tätig. Er war bis 2010/2011 mehrere Jahre ehrenamtlicher Gruppensprecher für Bürgerliches Recht im Prüfungsaufgabenerstellungsgremium Sachkundeprüfung, DIHK, Gesellschaft für berufliche Bildung Organisation zur Förderung der IHK-Weiterbildung mbH und früher auch Prüfer in der Sachkundeprüfung.

Joachim Weger: Joachim Weger (74 Jahre) ist Qualitätsmanagementbeauftragter und Leiter Aus- und Weiterbildung beim Verband für Sicherheit in der

Wirtschaft Norddeutschland (VSWN). Er war früher Polizeibeamter in Hamburg (Erster Polizeihauptkommissar) und dort mit Einsatz-, Führungs- und Lehraufgaben betraut. Im Sicherheits- und Bewachungsgewerbe ist er neben seiner Aufgabe beim VSWN als Referent und Prüfer mit Arbeitsschwerpunkten Rechtsgrundlagen, Führung und Einsatz, Kommunikation und Deeskalation sowie Hafen- und Luftsicherheit tätig. Er ist Mitglied in Fachgremien und hat sich als Fachbuchautor einen Namen gemacht.

Thomas Lowien: Thomas Lowien (58 Jahre) ist Approval Manager eines Unternehmens, welches weltweit zu den führenden Unternehmen im Bereich Brandschutz, Speziallöschanlagen sowie der Herstellung von elektronischer Brandmeldetechnik zählt. Er war beim Konzern Philips 15 Jahre Sicherheitsbevollmächtigter und im Bereich Audio und Video sowie beim Polizeinotrufkonzessionär Bosch 12 Jahre im Bereich Gefahrenmeldeanlagen tätig. Er verfügt über langjährige Erfahrung als Dozent, Referent, Autor und Prüfer im Sicherheitsgewerbe bei der IHK und beim VdS Schadenverhütung GmbH.

Die Neuauflage der Broschüre zum Jahresbeginn 2016 vermittelt sämtliche Grundkenntnisse, die für eine erfolgreiche Teilnahme sowohl des Bewachungspersonals als auch der Bewachungsgewerbetreibenden am Unterrichtungsverfahren bzw. an der Sachkundeprüfung vorhanden sein müssen. Die beiden Ursprungsbroschüren, die vor mehr als 10 Jahren erschienen sind, wurden bereits 2007 zusammengefasst, zumal die erfolgreiche Teilnahme an der Sachkundeprüfung für den Bewachungsgewerbetreibenden die Teilnahme am 80-stündigen Unterrichtungsverfahren entbehrlich macht (siehe dazu im Kapitel II; Gewerberecht).
Die vorliegende Broschüre hat die gesetzlichen Änderungen bis zum 01.01.2016 und den ab 01.01.2016 geltenden aktuellen Rahmenplan zur Sachkundeprüfung mit Lerntaxonomie berücksichtigt.

Der ab 01.01.2016 geltende neue Rahmenplan brachte insbesondere folgende Änderungen für die Sachkundeprüfung:

1. **Bürgerliches Recht:**
   Neu: Fundrecht: Anzeige-, Verwahrungs- und Ablieferungspflicht (§§ 965, 966, 967 BGB); Finderlohn (§ 971 BGB); Eigentumserwerb des Finders (§ 973 BGB); Fund in öffentlicher Behörde oder Verkehrsanstalt (§ 978 BGB).
2. **Straf- und Strafverfahrensrecht:**
   Neu: Notwehrüberschreitung (§ 33 StGB)
   Entfallen: Handeln für einen anderen (§ 14 StGB); Schuldunfähigkeit (§ 20 StGB); Entschuldigender Notstand (§ 35 StGB).

Neu: Missbrauch von Ausweispapieren (§ 281 StGB)
Entfallen: Straftaten gegen die öffentliche Ordnung (§§ 126, 138, 145 StGB); Bedrohung (§ 241 StGB); Nachstellung (§ 238 StGB); Strafvereitelung (§ 258 StGB); Computerbetrug (§ 263a StGB).

3. **Umgang mit Waffen** (Präzisierung des Waffenbegriffs)
4. **Unfallverhütungsvorschriften:**
   Entfallen: SGB VII und ASR A 1.3
5. **Grundzüge der Sicherheitstechnik**
   Neu: Vereinzelungsanlagen/Personenschleusen
   Störmeldeanlagen
   NSL und Intervention
   Einzelarbeitsplatzüberwachung (Totmannschaltung)
   Analoger und digitaler Betriebsfunk (Vor- und Nachteile)
   Brandschutzkontrollen.

Die Gliederung der Broschüre ist in Anlehnung an die Sachkundeprüfung aus den Vorauflagen unverändert geblieben.

Vorwort und Einleitung; Autorenvorstellung; Autor: Peters

1. Recht der öffentlichen Sicherheit und Ordnung; Kapitel I.; Autor: Weger
2. Gewerberecht; Kapitel II.; Autor: Weger
3. Datenschutzrecht; Kapitel III.; Autor: Weger
4. Bürgerliches Recht; Kapitel IV.; Autor: Peters
5. Straf- und Verfahrensrecht; Kapitel V.; Autor: Peters
6. Unfallverhütungsvorschriften; Kapitel VI.; Autor: Lowien
7. Umgang mit Verteidigungswaffen ; Kapitel VII.; Autor: Weger
8. Umgang mit Menschen; Kapitel VIII.; Autor: Weger
9. Grundlagen der Sicherheitstechnik; Kapitel IX.; Autor: Lowien
10. Stichwortverzeichnis; Kapitel X.

Die Autoren haben sich bemüht, ihre langjährigen beruflichen Erfahrungen bei der Polizei, bei der Staatsanwaltschaft, bei verschiedenen Gerichten und insbesondere als Referenten und Autoren im Sicherheitsgewerbe in der Form in die Broschüre einzubringen, dass sie die einzelnen Kapitel sorgfältig erarbeitet und recherchiert haben. Gleichwohl kann keine Haftung für die inhaltliche Richtigkeit und für die Vollständigkeit insbesondere bei den Lösungen der Beispielsfälle, die nicht den Anspruch der Vollständigkeit erheben, übernommen werden. Da der Stoff sowohl im Unterrichtungsverfahren als auch in der Sachkundeprüfung stets sehr dynamisch ist, muss der Leser sich fortlaufend informieren.

Die Autoren haben zur Wisseneinübung und zur Wissenskontrolle an geeigneten Stellen Kontrollfragen mit Erläuterungen nach dem Muster der Fragen in der Sachkundeprüfung eingefügt. Bei den Kontrollfragen sind jeweils eine oder höchstens zwei der vorgegebenen Antworten richtig. An anderen Stellen haben die Autoren von Kontrollfragen Abstand genommen und Hinweise auf die jeweiligen Lernziele gegeben.
Im Bereich des Besonderen Teils des Strafgesetzbuchs ist von beiden Abstand genommen worden, da die Tatbestände detailliert erläutert werden.

Kritik, Anregungen und Ergänzungswünsche (oder auch Lob) sind jederzeit willkommen; bitte wenden Sie sich an Andree.Peters@t-online.de oder 0172-4016628.
Für die zahlreichen Mitteilungen in den Jahren 2002 bis 2015 bedanken sich die Autoren sehr herzlich bei allen Mitteilenden.

Die zentrale Norm des § 34a Gewerbeordnung soll zu Beginn in der aktuellen Fassung genannt werden:

§ 34a Bewachungsgewerbe

(1) Wer gewerbsmäßig Leben oder Eigentum fremder Personen bewachen will (Bewachungsgewerbe), bedarf der Erlaubnis der zuständigen Behörde. Die Erlaubnis kann mit Auflagen verbunden werden, soweit dies zum Schutze der Allgemeinheit oder der Auftraggeber erforderlich ist; unter denselben Voraussetzungen ist auch die nachträgliche Aufnahme, Änderung und Ergänzung von Auflagen zulässig. Die Erlaubnis ist zu versagen, wenn

1. Tatsachen die Annahme rechtfertigen, dass der Antragsteller die für den Gewerbebetrieb erforderliche Zuverlässigkeit nicht besitzt,

2. er die für den Gewerbebetrieb erforderlichen Mittel oder entsprechende Sicherheiten nicht nachweist oder

3. der Antragsteller nicht durch eine Bescheinigung einer Industrie- und Handelskammer nachweist, dass er über die für die Ausübung des Gewerbes notwendigen rechtlichen Vorschriften unterrichtet worden ist und mit ihnen vertraut ist.

Der Gewerbetreibende darf mit der Durchführung von Bewachungsaufgaben nur Personen beschäftigen, die die Voraussetzungen nach Satz 3 Nr. 1 und 3 erfüllen. Für die Durchführung folgender Tätigkeiten ist der Nachweis einer vor der Industrie- und Handelskammer erfolgreich abgelegten Sachkundeprüfung erforderlich:

1. Kontrollgänge im öffentlichen Verkehrsraum oder in Hausrechtsbereichen mit tatsächlich öffentlichem Verkehr,

2. Schutz vor Ladendieben,

3. Bewachungen im Einlassbereich von gastgewerblichen Diskotheken.

(2) Das Bundesministerium für Wirtschaft und Technologie kann mit Zustimmung des Bundesrates durch Rechtsverordnung

1. die Anforderungen und das Verfahren für den Unterrichtungsnachweis nach Absatz 1 Satz 3 Nr. 3 sowie Ausnahmen von der Erforderlichkeit des Unterrichtungsnachweises festlegen,

2. die Anforderungen und das Verfahren für eine Sachkundeprüfung nach Absatz 1 Satz 5 sowie Ausnahmen von der Erforderlichkeit der Sachkundeprüfung festlegen und

3. zum Schutze der Allgemeinheit und der Auftraggeber Vorschriften erlassen über den Umfang der Befugnisse und Verpflichtungen bei der Ausübung des Bewachungsgewerbes, insbesondere über

a) den Geltungsbereich der Erlaubnis,

b) die Pflichten des Gewerbetreibenden bei der Einstellung und Entlassung der im Bewachungsgewerbe beschäftigten Personen, über die Aufzeichnung von Daten dieser Personen durch den Gewerbetreibenden und ihre Übermittlung an die Gewerbebehörden, über die Anforderungen, denen diese Personen genügen müssen, sowie über die Durchführung des Wachdienstes,
c) die Verpflichtung zum Abschluss einer Haftpflichtversicherung, zur Buchführung einschließlich der Aufzeichnung von Daten über einzelne Geschäftsvorgänge sowie über die Auftraggeber,
d) die Unterrichtung der zuständigen Behörde durch Gerichte und Staatsanwaltschaften über rechtliche Maßnahmen gegen Gewerbetreibende und ihr Personal, das mit Bewachungsaufgaben betraut ist,
4. die Anforderungen und Verfahren festlegen, die zur Durchführung der Richtlinie 2005/36/EG des Europäischen Parlaments und des Rates vom 7. September 2005 über die Anerkennung von Berufsqualifikationen (ABl. EU Nr. L 255 S. 22, 2007 Nr. L 271 S. 18) Anwendung finden sollen auf Inhaber von in einem Mitgliedstaat der Europäischen Union oder eines Vertragsstaates des Abkommens über den Europäischen Wirtschaftsraum erworbenen Berufsqualifikationen, die im Inland das Bewachungsgewerbe vorübergehend oder dauerhaft ausüben möchten.

(3) Sofern zur Überprüfung der Zuverlässigkeit des Bewachungspersonals nach Absatz 1 Satz 4 von der zuständigen Behörde Auskünfte aus dem Bundeszentralregister nach § 30 Abs. 5, § 31 oder unbeschränkte Auskünfte nach § 41 Abs. 1 Nr. 9 Bundeszentralregistergesetz eingeholt werden, kann das Ergebnis der Überprüfung einschließlich der für die Beurteilung der Zuverlässigkeit erforderlichen Daten an den Gewerbetreibenden übermittelt werden.

(4) Die Beschäftigung einer Person, die in einem Bewachungsunternehmen mit Bewachungsaufgaben beschäftigt ist, kann dem Gewerbetreibenden untersagt werden, wenn Tatsachen die Annahme rechtfertigen, dass die Person die für ihre Tätigkeit erforderliche Zuverlässigkeit nicht besitzt.

(5) Der Gewerbetreibende und seine Beschäftigten dürfen bei der Durchführung von Bewachungsaufgaben gegenüber Dritten nur die Rechte, die Jedermann im Falle einer Notwehr, eines Notstandes oder einer Selbsthilfe zustehen, die ihnen vom jeweiligen Auftraggeber vertraglich übertragenen Selbsthilferechte sowie die ihnen gegebenenfalls in Fällen gesetzlicher Übertragung zustehenden Befugnisse eigenverantwortlich ausüben. In den Fällen der Inanspruchnahme dieser Rechte und Befugnisse ist der Grundsatz der Erforderlichkeit zu beachten.

I. Recht der öffentlichen Sicherheit und Ordnung

Zunächst soll das Kapitel Recht der öffentlichen Sicherheit und Ordnung dargestellt werden.

1. Akteure der inneren Sicherheit und deren Rechtsgrundlagen

Menschen wollen zum Beispiel zu Hause, in ihrem Wohnumfeld, in öffentlichen Verkehrsmitteln, am Arbeitsplatz, in der Schule, beim Einkauf, bei Veranstaltungen, im Urlaub sicher leben können.

Die Gewährleistung der öffentlichen Sicherheit und Ordnung ist Aufgabe des Staates. Deswegen ist auch der Staat mit dem sogenannten Gewaltmonopol ausgestattet.

Nur kann und wird der Staat nicht immer und überall sein und nicht alle Sicherheitsbedürfnisse seiner Bürger befriedigen können. Da Sicherheit individuell beurteilt und empfunden wird, ist das Bedürfnis, sich, seine Wohnung, seine Betriebsstätte, seine Veranstaltung, sein Verkehrsmittel zu schützen, unterschiedlich ausgeprägt. Es ist abhängig von der Lebenssituation des einzelnen bzw. von der jeweiligen Bedrohungsanalyse und den gesetzlichen Vorgaben.

Zunächst ist jeder Bürger gefordert, seine Wohnung selbst zu sichern, jeder Veranstalter und jeder Betrieb verpflichtet, entsprechende Maßnahmen zu seiner Sicherheit zu treffen bzw. die Gefahren zu begrenzen, die von dem Betrieb ausgehen (vgl. Art. 14 Abs. 2 GG: Eigentum verpflichtet ...)

Wenn der Verantwortliche nicht willens oder in der Lage ist, sein Eigentum selbst zu sichern und seinen weiteren Verpflichtungen nachzukommen, kann er gewerbliche Sicherheitsdienstleistungen (genannt Bewachungsgewerbe oder Sicherheitsgewerbe) in Anspruch nehmen. Artikel 12 Grundgesetz ermöglicht jedem Deutschen unter den Rahmenbedingungen der Gewerbeordnung und der Bewachungsverordnung, gewerbliche Sicherheitsdienstleistungen anzubieten (siehe Kapitel II, Gewerberecht). Dieses Recht steht auch jedem EU-Bürger auf der Grundlage der „Charta der Grundrechte in der Europäischen Union, Kapitel II" zu. Der Privatmann, der Gewerbetreibende, der Veranstalter kann sich also seine Sicherheit kaufen. Der Staat muss sich nämlich auf seine Kernaufgaben beschränken. Der Staat hat kein Sicherheitsmonopol.
Das Sicherheits- und Bewachungsgewerbe leistet heute einen unverzichtbaren Beitrag zur öffentlichen Sicherheit und Ordnung und wird zunehmend im öffentlichen Raum

tätig. Präsenzstreifen in Fußgängerzonen und Einkaufszentren sowie in öffentlichen Verkehrsanlagen sind nicht mehr wegzudenken, keine Großveranstaltung findet ohne eigenen Veranstaltungsdienst statt. Die Polizei einerseits und das Sicherheits- und Bewachungsgewerbe andererseits sind auf Zusammenarbeit angewiesen. So sind über die Zusammenarbeit im Einzelfall hinaus in vielen Städten und Gemeinden Kooperationsvereinbarungen (Public-Private-Partnership) getroffen worden, in denen es vorrangig um einen verbesserten und kontinuierlichen Informationsaustausch geht. Diese Kooperationsvereinbarungen tasten nicht das staatliche Gewaltmonopol an.

Das staatliche Gewaltmonopol ist ein wesentlicher Bestandteil des Rechtsstaatsprinzips. Grundsätzlich darf nur der Staat zur Erfüllung seiner Aufgaben und damit zur Aufrechterhaltung der öffentlichen Sicherheit und Ordnung Gewalt anwenden. Diese Gewaltanwendung bedarf immer einer gesetzlichen Ermächtigung und darf nur als letztes Mittel, wenn also die staatliche Verfügung, die staatliche Anordnung nicht befolgt wird, unter Beachtung der Verhältnismäßigkeit ausgeübt werden. Beispiele hierfür sind Eingriffsmaßnahmen zur Strafverfolgung wie Beschlagnahmen, körperliche Untersuchungen, Durchsuchungen von Personen oder Wohnungen nach der Strafprozessordnung sowie Maßnahmen zur Gefahrenabwehr wie ebenfalls Durchsuchungen und Sicherstellungen, Ingewahrsamnahmen, Platzverweisen, Razzien nach den Landespolizeigesetzen. Der Personenkreis, der für die Ausübung hoheitsrechtlicher Befugnisse legitimiert ist, ist in der Regel Angehöriger des öffentlichen Dienstes und steht in einem öffentlich-rechtlichen Dienst- und Treueverhältnis (siehe Art. 33 Abs. 4 GG).
Gäbe es dieses fundamentale Rechtsstaatsprinzip nicht und würde der Staat auf Kernaufgaben wie Verhütung von Straftaten sowie Strafverfolgung verzichten, käme möglicherweise das „Gesetz der Straße" zur Anwendung. Bürger könnten versuchen, ihre Rechte beliebig durchzusetzen und zum Beispiel Straftäter selbst zur Rechenschaft zu ziehen.

Aus dem Gewaltmonopol des Staates darf aber nicht geschlossen werden, dass der Bürger seine Rechte nicht notfalls auch mit Gewalt verteidigen darf.
Grundsätzlich muss der Bürger seine Rechtsansprüche zwar mittels gesetzlich vorgeschriebener Verfahren durchsetzen. Bei zivilrechtlichen Streitigkeiten wie zum Beispiel der Nichterfüllung von Verträgen oder Schadensersatzforderungen muss der Bürger – soweit keine außergerichtliche Einigung möglich ist – den zivilrechtlichen Klageweg beschreiten. Wird der Bürger Opfer einer Straftat, muss er Strafanzeige erstatten oder einen mündlichen oder schriftlichen Strafantrag stellen und kann sich nicht selbst bei dem Täter rächen.
In Ausnahmefällen, in denen der Staat nicht präsent ist, darf aber auch der Bürger

zur Sicherung bzw. Durchsetzung seiner Rechte notfalls Gewalt anwenden. Diese Rechte werden Notrechte, Selbsthilferechte, Jedermannsrechte genannt.
Auch das Sicherheits- bzw. Bewachungsgewerbe hat das Recht, den beruflichen Auftrag und damit den Kundenauftrag zu erfüllen und notfalls mit Gewalt durchzusetzen.
Die Rechtsgrundlage ist zunächst ein Vertrag. Der Kunde als Auftraggeber schließt nämlich mit dem Bewachungsunternehmer als Auftragnehmer einen Dienstvertrag:

> **§ 611 BGB Vertragstypische Pflichten beim Dienstvertrag**
> **(1) Durch den Dienstvertrag wird derjenige, welcher Dienste zusagt, zur Leistung der versprochenen Dienste, der andere Teil zur Gewährung der vereinbarten Vergütung verpflichtet.**
> **(2) Gegenstand des Dienstvertrages können Dienste jeder Art sein.**

Der jeweilige berufliche Auftrag ist also in einem zivilrechtlichen Vertrag festgelegt, der dann durch die Dienstanweisung an die Mitarbeiter umgesetzt wird. Auftraggeber ist hier nur der jeweilige Kunde und nicht der Staat. Folglich wird der Kunde, wenn es um Bewachung geht, seine Besitzrechte wie zum Beispiel Besitzwehr, Hausrecht oder Besitzkehr und gegebenenfalls auch seine weiteren Selbsthilferechte an den Auftragnehmer, der damit rechtlich zum Besitzdiener wird, übertragen. (Detaillierte Ausführungen im Kapitel IV.; Bürgerliches Recht).

In Einzelfällen überträgt der Staat hoheitsrechtliche Befugnisse wie Kontrollen im Luftverkehr auch an Private. Das Luftverkehrsgesetz (LuftVG) ermächtigt die Luftfahrtbehörden u.a. zu Fluggastkontrollen. Die zuständigen Luftfahrtbehörden haben die Möglichkeit, sich in Teilaufgaben wie Durchsuchung von Personen, Durchleuchtung oder sonstigen Überprüfungen von Gegenständen geeigneter Personen als Hilfsorgane (Luftsicherheitsassistenten) zu bedienen, die unter ihrer Aufsicht tätig sein müssen. Man spricht dann von einer „staatlichen Beleihung".

Außerdem hat der Mitarbeiter im Bewachungsgewerbe unabhängig von seinem beruflichen Auftrag die Rechte, die Jedermann im Falle einer Notwehr, eines Notstandes oder einer Selbsthilfe zustehen.

Diese Dreiteilung ergibt sich aus § 34 a Abs. 5 GewO:

„Der Gewerbetreibende und seine Beschäftigten dürfen bei der Durchführung von Bewachungsaufgaben gegenüber Dritten nur die Rechte,

- **die Jedermann im Falle eine Notwehr, eines Notstandes oder einer Selbsthilfe zustehen,**
- **die ihnen vom jeweiligen Auftraggeber vertraglich übertragenen Selbsthilferechte**

sowie

- **die ihnen gegebenenfalls in Fällen gesetzlicher Übertragung zustehenden Befugnisse**

eigenverantwortlich ausüben.
In den Fällen der Inanspruchnahme dieser Rechte und Befugnisse ist der Grundsatz der Erforderlichkeit zu beachten."

Diese Aufzählung des § 34a GewO dient zur Klarstellung der Eingriffsbefugnisse des Bewachungsgewerbes. Sie weist auf die im StGB, BGB und in der StPO enthaltenen Not-, Jedermanns- und Selbsthilferechte sowie auf Sonderbefugnisse im Wege staatlicher Beleihung hin.

Unter dem Grundsatz der Erforderlichkeit ist zu verstehen, dass unter mehreren geeigneten Mittel das mildeste Mittel, also das Mittel, welches die geringste Beeinträchtigung beim Adressaten verursacht, anzuwenden ist.
Im Ergebnis ist festzustellen, dass es für die Befugnisse des Sicherheits- und Bewachungsgewerbes kein eigenes Gesetz gibt!

2. Struktur der Rechtsordnung

Eingebettet in das weltweit geltende Völkerrecht und das speziellere Europarecht gibt es in der Rechtsordnung der Bundesrepublik Deutschland Bundesrecht und Landesrecht. Die höchste geschriebene Rechtsquelle ist das Grundgesetz (GG).
Bei sich widersprechenden Gesetzen gelten folgende Grundsätze:

- Es gilt die höherwertige Rechtsquelle (Beispiel: EU-Recht vor Recht des Mitgliedsstaates).
- Bundesrecht bricht Landesrecht, soweit der Bund die Gesetzgebungskompetenz hat.
- Spezielleres Recht geht allgemeinem Recht vor.

Grundsätzlich wird das Recht aufgeteilt in

- Privatrecht (Zivilrecht); Vorschriften z.B. im Bürgerliches Gesetzbuch (BGB) und in der Zivilprozessordnung (ZPO)
- Öffentliches Recht; Vorschriften z.B. in den Landespolizeigesetzen oder im Strafgesetzbuch (StGB) und der Strafprozessordnung (StPO).

Das Privatrecht regelt die Rechtsbeziehungen der Bürger, Firmen, Vereine und dem Staat als Fiskus untereinander. Das Privatrecht regelt das gesamte alltägliche private Zusammenleben wie zum Beispiel Kauf, Miete, Pacht, Dienst, Besitz, Eigentum, Familie und Erbe. Streitigkeiten werden vor den Zivilgerichten ausgetragen. Die Beteiligten werden in der Regel Kläger und Beklagter genannt. Es gilt das Koordinationsprinzip, d.h. die Gleichstellung der Parteien. Die Zivilgerichte werden nur auf Initiative eines am Rechtsstreit Beteiligten tätig zum Beispiel durch eine Klagerhebung.

Das öffentliche Recht regelt die Rechtsbeziehungen zwischen Bürger und Staat. Der Staat entscheidet durch Bescheide (Verwaltungsakte). Er ist dem Bürger übergeordnet. Es gilt das Subordinationsprinzip, d.h. eine Über-Unterordnung. Streitigkeiten werden vor den Verwaltungs-, Finanz oder Sozialgerichten ausgetragen.

Rechtsverletzungen im öffentlichen Recht, zu welchem nach herrschender Meinung auch das Strafrecht zählt, werden in der Regel als Ordnungswidrigkeiten oder Straftaten verfolgt und geahndet.

Ordnungswidrigkeiten werden durch Verwaltungsbehörden nach pflichtgemäßem Ermessen regelmäßig mit Verwarnungs- oder Bußgeldern geahndet. Der Bürger wird hier Betroffener genannt. Es gibt keinen Verfolgungszwang, es gilt das Opportunitätsprinzip, d.h. ein Zweckmäßigkeitsprinzip. Entschließt sich die Behörde zur Verfolgung, dann ergibt sich die Höhe des Verwarnungs- oder Bußgeldes meistens aus Verwarnungs- und Bußgeldkatalogen, insbesondere bei Verkehrsordnungswidrigkeiten. Diese Regelung entspricht dem Gleichheitsgrundsatz des Art. 3 GG.

Straftaten werden durch die Strafgerichte meist mit Geld- oder Freiheitsstrafen geahndet. Der Bürger wird Beschuldigter, Angeschuldigter, Angeklagter oder Verurteilter genannt.
Straftaten werden in der Regel vom Staat von Amts wegen verfolgt. Polizei und Staatsanwaltschaft müssen bei Vorliegen eines Anfangsverdachtes ein Strafverfahren in Gang bringen. Es gilt das Legalitätsprinzip, d.h. es besteht ein Verfolgungszwang.
Bei einigen Straftaten – den so genannten Antragsdelikten wie zum Beispiel der Beleidigung – steht es grundsätzlich in der Entscheidungsgewalt des Geschädigten, ob er eine

Strafverfolgung des Staates gegen den Täter wünscht oder nicht. Wünscht der Geschädigte eine Strafverfolgung, so muss er einen schriftlichen oder mündlichen Strafantrag stellen. Weitere Ausführungen erfolgen im Kapitel V. zum Straf- und Strafverfahrensrecht.

Bei der rechtsprechenden Gewalt (Judikative) wird zwischen der
- Ordentlichen Gerichtsbarkeit (Straf- und Zivilgerichte) und der
- Besonderen Gerichtsbarkeit (z.B. Verwaltungsgerichte, Sozialgerichte, Finanzgerichte)

unterschieden.

3. Unabänderbare Verfassungsgrundlagen

Wie zu Beginn beschrieben, leistet das Sicherheits- und Bewachungsgewerbe einen wesentlichen Beitrag zur öffentlichen Sicherheit und Ordnung. Deshalb sollte jedem Gewerbetreibenden und jedem seiner Mitarbeiter bewusst sein, für welche staatlichen Grundlagen er eintritt.

Art. 79 Abs. 3 GG nennt die unabänderbaren Verfassungsgrundlagen, die auch als „Ewigkeitsklausel" oder „verfassungsrechtliches Minimum" bezeichnet werden:

> **„Eine Änderung dieses Grundgesetzes, durch welche die Gliederung des Bundes in Länder, die grundsätzliche Mitwirkung der Länder bei der Gesetzgebung oder die in den Artikeln 1 und 20 niedergelegten Grundsätze berührt werden, ist unzulässig."**

Hierdurch wird zunächst der föderalistische Aufbau festgeschrieben. Die Bundesrepublik Deutschland ist ein Bundesstaat (kein Staatenbund), wobei die Anzahl der Bundesländer nicht festgelegt ist. Die Bundesländer wirken durch den Bundesrat bei der Gesetzgebung mit. Der Föderalismus bewirkt eine Machtverteilung, die als vertikale Gewaltenteilung bezeichnet wird. Art. 30 GG unterstreicht diese Machtverteilung:

> **„Die Ausübung der staatlichen Befugnisse und die Erfüllung der staatlichen Aufgaben ist Sache der Länder, soweit dieses Grundgesetz keine andere Regelung trifft oder zulässt."**

Weiterhin sind die Grundsätze aus Art. 1 und Art. 20 GG unabänderbar:
Grundsätze aus Art. 1 GG:
- Schutz der Menschenwürde
- Bekenntnis zu den Menschenrechten
- Bindung der Gesetzgebung, vollziehenden Gewalt und der Rechtsprechung an die Grundrechte

Grundsätze aus Art. 20 GG:

- Demokratie
- Sozialstaat
- horizontale Gewaltenteilung (Gesetzgebung – Legislative, vollziehende Gewalt – Exekutive, Rechtsprechung – Judikative)
- Rechtsstaat
- Widerstandsrecht gegen denjenigen, der es unternimmt, diese Ordnung zu beseitigen, wenn andere Abhilfe nicht möglich ist.

Diese Grundsätze aus Art. 1 und Art. 20 GG sind wie folgt zu erläutern:

Menschenwürde:
Das ausdrückliche Bekenntnis zur Unantastbarkeit der Würde des Menschen, verbunden mit der Verpflichtung aller staatlichen Gewalt, sie zu achten und zu schützen, ist die Grundlage unseres Zusammenlebens.
Kein Mensch kann seine Würde verlieren, auch nicht durch Verübung schwerster Straftaten. Jeder Mensch hat einen Anspruch darauf, dass seine Würde geachtet wird.

Das Grundgesetz definiert zwar nicht den Begriff „Menschenwürde", aber in zahlreichen Normen spiegelt sich diese Grundaussage wieder. So nennt beispielsweise § 136 a StPO verbotene Vernehmungsmethoden zu Lasten eines jeden Beschuldigten:

> **(1) „Die Freiheit der Willensentschließung und der Willensbetätigung des Beschuldigten darf nicht beeinträchtigt werden durch Misshandlung, durch Ermüdung, durch körperlichen Eingriff, durch Verabreichung von Mitteln, durch Quälerei, durch Täuschung oder durch Hypnose. ..."**

Auch die Mitarbeiter im Sicherheits- und Bewachungsgewerbe müssen stets ihren beruflichen Auftrag unter Beachtung der Menschenwürde durchführen. Kleidungs- und Taschenkontrollen durch den Werkschutz oder Veranstaltungsdienst dürfen selbstverständlich nur durch Personen gleichen Geschlechts erfolgen. Die Menschenwürde ist auch bei dem oft schwierigen Umgang mit Obdachlosen, Betrunkenen und Drogenabhängigen zum Beispiel in öffentlichen Verkehrsanlagen zu wahren. Medienberichte über nicht zu tolerierende Vorkommnisse bei der Bewachung von Flüchtlingsunterkünften (Verdacht gewalttätiger Übergriffe durch das Bewachungspersonal gegenüber Asylbewerbern) in der jüngsten Vergangenheit haben dieses Thema in den Fokus der Öffentlichkeit gerückt.

Die Achtung der Würde des Menschen muss gerade bei diesen Kontroll- und Überwachungsaufgaben verinnerlicht und Richtschnur des eigenen Auftretens und Handelns sein.

Bekenntnis zu den Menschenrechten:
Grundlage jeder menschlichen Gemeinschaft, des Friedens und der Gerechtigkeit in der Welt sind die unverletzlichen und unveräußerlichen Menschenrechte. Hierzu zählen zum Beispiel die freie Entfaltung der Persönlichkeit, Gleichberechtigung, Glaubens-, Gewissens- und Bekenntnisfreiheit, Meinungs- und Pressefreiheit, Versammlungsfreiheit, Vereinigungsfreiheit und das Recht auf Eigentum.
Diese Menschenrechte werden in den Art. 2 bis 19 GG näher beschrieben.

Bindung der Gesetzgebung, vollziehenden Gewalt und Rechtsprechung an die Grundrechte:
Die Grundrechte schützen die individuelle Freiheitssphäre des Menschen. Der Staat darf mit seinen drei vorgenannten Gewalten nur unter engen, genau beschriebenen Bedingungen in die Grundrechte seiner Bürger eingreifen. So muss jedes Gesetz, das eine Einschränkung der Grundrechte ermöglicht, diese spezielle Einschränkungsmöglichkeit benennen (Zitiergebot).
Grundrechte sind daher in erster Linie Abwehrrechte des Bürgers gegenüber dem Staat. Mit den Grundrechten legen die Bürger die Grenzen der staatlichen Gewalt fest.

Demokratie:
Art. 20 Abs. 2 GG bestimmt:

> **„Alle Staatsgewalt geht vom Volke aus. Sie wird vom Volke in Wahlen und Abstimmungen und durch besondere Organe der Gesetzgebung, der vollziehenden Gewalt und der Rechtsprechung ausgeübt."**

Wahlen sind gemäß Art 38 GG grundsätzlich allgemein, unmittelbar, frei, gleich und geheim durchzuführen.

Sozialstaat:
Hierunter ist die Verpflichtung des Staates zu verstehen, jedem Bürger ein Existenzminimum zu garantieren.

Horizontale Gewaltenteilung:
Aus der ausdrücklichen Benennung der drei staatlichen Gewalten, nämlich Gesetzgebung, vollziehenden Gewalt und Rechtsprechung, ist abzuleiten, dass sie voneinander getrennt sind und eine gegenseitige Kontrolle ausüben. So überprüft die

Rechtsprechung nicht nur Entscheidungen der vollziehenden Gewalt, sie kann auch Gesetze ganz oder teilweise aufheben, wenn ihre Vereinbarkeit mit dem Grundgesetz nicht gegeben ist. Beispiel: Entscheidung des Bundesverfassungsgerichts vom 15.02.2006 zur Aufhebung von § 14 Abs. 3 Luftsicherheitsgesetz, welcher bis zu seiner Aufhebung als letztes Mittel den Abschuss eines entführten Flugzeuges zuließ. Neben der Machtverteilung in Bund und Ländern (vertikale Gewaltenteilung) verhindert diese klassische staatliche Gewaltenteilung eine Machtkonzentration und beugt staatlicher Willkür vor.

Rechtsstaat:
Staatliches Handeln ist an Gesetz und Recht gebunden. Der Bürger kann, sofern er sich in seinen Rechten verletzt glaubt, das staatliche Handeln gerichtlich überprüfen lassen. So kann jeder Betroffene zum Beispiel gegen einen Bußgeldbescheid einer Verwaltungsbehörde Widerspruch einlegen und eine gerichtliche Entscheidung erzwingen.

4. Grundrechte

Die Grundrechte sind wesentlicher Bestandteil des Grundgesetzes.
Wir finden sie in den Artikeln 1 bis 19 des Grundgesetzes (GG) aber auch an anderen Stellen des Grundgesetzes als grundrechtsgleiche Rechte. Der nachfolgende Katalog gibt eine Übersicht:

Artikel	Inhalt
1	Schutz der Menschwürde
1 i.V.m. 20	Zusicherung eines menschwürdigen Existenzminimums (Sozialstaatsprinzip)
2	Allgemeines Persönlichkeitsrecht, Freie Entfaltung der Persönlichkeit, Allgemeine Handlungsfreiheit, Freiheit der Person, Recht auf Leben, Recht auf körperliche Unversehrtheit
2 i.V.m. 1	Recht auf Privatsphäre, Recht auf informationelle Selbstbestimmung (Datenschutz), Gewährleistung der Vertraulichkeit informationstechnischer Systeme, Recht auf sexuelle Selbstbestimmung, Selbstbelastungsverbot, Recht auf ein faires Gerichtsverfahren
3	Gleichheitssatz, Gleichberechtigung (Hinweis: zivilrechtliches Schikaneverbot, § 226 BGB)
4	Glaubens- und Gewissensfreiheit, Freiheit des religiösen und weltanschaulichen Bekenntnisses, Recht auf Kriegsdienstverweigerung

5	Meinungsfreiheit, Informationsfreiheit, Pressefreiheit sowie die Freiheit der Kunst und Wissenschaft
6	Schutz von Ehe und Familie (Hinweis: Haus- und Familiendiebstahl, § 247 StGB = absolutes Antragsdelikt)
7	Recht auf Schulwahl, auf Teilnahme am Religionsunterricht, zur Errichtung von Privatschulen
8	Versammlungsfreiheit
9	Vereinigungsfreiheit
10	Brief-, Post- und Fernmeldegeheimnis
11	Freizügigkeit im Bundesgebiet
12	Freiheit der Berufswahl
13	Unverletzlichkeit der Wohnung
14	Eigentum, Erbrecht, Enteignung
15	Sozialisierung (Vergesellschaftung, Gemeineigentum)
16	Ausbürgerung , Auslieferung
16a	Asylrecht
17	Petitionsrecht
19	Abs. 1 u.2: Einschränkung von Grundrechten
	Abs. 4: Rechtsschutzgarantie, Möglichkeit der Beschreitung des Rechtsweges
20	Abs. 4: Widerstandsrecht
33	Staatsbürgerliche Rechte
38	Wahlrecht
101	Verbot von Ausnahmegerichten
103	Anspruch auf rechtliches Gehör, Gesetzlichkeitsprinzip, Bestimmtheitsgrundsatz, Rückwirkungsverbot, Verbot der Doppelbestrafung
104	Rechtsgarantien bei Freiheitsentziehung

Die Grundrechte schützen die individuelle Freiheitssphäre. Sie sind in erster Linie Abwehrrechte gegenüber staatlicher Allmacht. Sie entfalten aber auch eine Drittwirkung, so dass sie auch Schutz vor rechtswidrigen Eingriffen anderer Bürger bieten. Die Grundrechte teilen sich formell auf in

- Menschenrechte: sie schützen alle Menschen im Geltungsbereich des GG,
- Bürgerrechte: sie gelten nur für deutsche Staatsbürger.

Bürgerrechte sind daran zu erkennen, dass der entsprechende Artikel mit den Worten eingeleitet wird: „Alle Deutschen ...".
Zu berücksichtigen ist bei dieser Zuordnung, dass die in der „Charta der Grundrechte der Europäischen Union" genannten Rechte für alle EU-Bürger gelten.
Außerdem können Bürgerrechte einen Menschenrechtskern haben. Hierzu zählt nach

herrschender Meinung zum Beispiel die Versammlungsfreiheit, so dass sie jedem Menschen zuerkannt werden muss. Folglich bestätigen und schützen zum Beispiel die zuständigen Behörden auch friedliche Ausländerdemonstrationen.

Außer dem zentralen und bereits erläuterten Grundrecht der Menschenwürde sind für das Sicherheits- und Bewachungsgewerbe folgende Grundrechte von besonderer Bedeutung:

Art. 2 GG: Allgemeines Persönlichkeitsrecht; Recht auf Leben und körperliche Unversehrtheit sowie Freiheit:
Dieses Grundrecht gewährleistet die Elementarrechte (Leben, körperliche Unversehrtheit und Freiheit) und gibt jedem Einzelnen das Recht, sein Leben nach seiner Vorstellung zu verwirklichen. In diesem Zusammenhang hat das Bundesverfassungsgericht das Recht auf „informationelle Selbstbestimmung" herausgestellt (siehe Kapitel III. zum Datenschutzrecht). Grenzen der freien Entfaltung der Persönlichkeit sind die verfassungsmäßige Ordnung, also die Summe aller Gesetze, und die Rechte anderer.
Freiheitsentziehende Maßnahmen durch Polizei und andere Vollzugsorgane unterliegen strengen gesetzlichen Voraussetzungen. Art. 104 GG fordert die unverzügliche Herbeiholung einer richterlichen Entscheidung. Maximale Zeitobergrenze ist das Ende des Tages nach dem Ergreifen.
Soweit durch Sicherheitsbedienstete aufgrund der Jedermannsrechte freiheitsentziehende Maßnahmen ergriffen werden müssen, sind diese Maßnahmen sofort zu beenden, sobald das Ziel der Maßnahme erreicht ist (Beispiele: Identität des Tatverdächtigen steht fest; gestohlene Ware wurde herausgegeben) oder die Polizei vor Ort ist.

Art. 3 GG: Gleichheitsgrundsatz:
Gleichberechtigung und Gleichheit vor dem Gesetz sind Verfassungsauftrag.
Aber auch das Sicherheits- und Bewachungsgewerbe sollte diesen Grundsatz als Richtschnur beispielsweise bei Kontroll- und Überwachungsaufgaben beachten. Eine Ungleichbehandlung durch das Sicherheits- und Bewachungsgewerbe wäre willkürlich und könnte zum Beispiel gegen das zivilrechtliche Schikaneverbot verstoßen.

Art. 5 GG: Meinungs- und Pressefreiheit:
Beim Objekt- und Personenschutz kann es durchaus zu kritischen Berührungspunkten mit Vertretern der Medien kommen. Bei allen Schutzmaßnahmen sollte berücksichtigt werden, dass „ .... Pressefreiheit und die Freiheit der Berichterstattung durch Rundfunk und Film gewährleistet werden." Insofern erfüllen Medienvertreter einen grundgesetzlich geschützten Auftrag der Informationsgewinnung und -verbreitung.

Art. 8 GG: Versammlungsfreiheit:
Geschützt sind friedliche Versammlungen ohne Waffen. Insoweit sind in diesem Grundrecht schon Schranken errichtet worden. Unfriedliche Versammlungen und/ oder Versammlungen mit Waffen stehen nicht unter dem Grundrechtsschutz. Ausführungsbestimmungen liefert das Versammlungsgesetz, welches auch Strafbestimmungen enthält.

Art. 10 GG: Brief-, Post- und Fernmeldegeheimnis:
Das Briefgeheimnis erfasst nicht nur Briefe im Sinne des Postrechts sondern auch schriftliche Mitteilungen jeglicher Art.
Das Postgeheimnis schützt alle anderen Postsendungen (Pakete, Päckchen usw.).
Das Fernmeldegeheimnis (Telekommunikationsgeheimnis) schützt die Individualkommunikation mittels elektromagnetischen Wellen (Telefon, Funk usw.).
Eingriffe sind nur unter engen Voraussetzungen aufgrund eines Gesetzes möglich. Liegt keine Eingriffsermächtigung vor, ist grundsätzlich ein Straftatbestand erfüllt. Mit diesem sensiblen Grundrecht hat das Sicherheits- und Bewachungsgewerbe zahlreiche Berührungspunkte. Dem trägt auch § 8 Bewachungsverordnung mit seinen Regelungen zum Datenschutz und zur Wahrung von Geschäftsgeheimnissen Rechnung. Weitere Ausführungen dazu stehen im Kapitel III. Datenschutzrecht.

Art. 12 GG: Freiheit der Berufswahl:
Dieses Grundrecht ermöglicht unter den Rahmenbedingungen der Gewerbeordnung und der Bewachungsverordnung, gewerbliche Sicherheitsdienstleistungen anzubieten. Weitere Ausführungen dazu siehe im Kapitel II. Gewerberecht.

Art. 13 GG: Unverletzlichkeit der Wohnung:
Dieses Grundrecht bietet dem Menschen über Art. 2 GG hinaus einen weiteren Schutzkreis. Seine Wohnung und auch seine Geschäfts- und Büroräume sind unverletzlich. Eingriffe bedürfen grundsätzlich einer richterlichen Anordnung.

Art. 14 GG: Eigentum, Erbrecht und Enteignung:
Dieses Grundrecht schützt das Eigentum. Eigentum verpflichtet und soll zugleich dem Wohl der Allgemeinheit dienen.

Art. 19 GG: Einschränkung von Grundrechten
Grundrechte dürfen nur durch Gesetz oder aufgrund eines Gesetzes eingeschränkt werden. Dieses Gesetz muss allgemein und nicht für den Einzelfall gelten. Außerdem muss das Gesetz das Grundrecht unter Angabe des Artikels nennen („Zitiergebot"). Auf keinen Fall darf ein Grundrecht in seinem Wesensgehalt angetastet werden.

Außerdem gewährleistet dieser Artikel in seinem Absatz 4 jedem Menschen das Recht, gegen belastende staatliche Maßnahmen auf dem Rechtsweg vorzugehen, wenn er durch diese in seinen Rechten verletzt worden sein könnte.

Nicht nur der Staat, sondern auch die Bürger untereinander haben prinzipiell die Grundrechte anderer Bürger zu wahren. Mithin dürfen auch Sicherheitskräfte grundsätzlich nicht in die Grundrechte der Bürger eingreifen.
Bei der Wahrnehmung des beruflichen Auftrages ist es Sicherheitskräften aber im Einzelfall gestattet, in die Grundrechte eines anderen Menschen einzugreifen.
Wenn zum Beispiel aufgrund des Rechtfertigungsgrundes des Rechts zur Vorläufigen Festnahme gemäß § 127 Abs. 1 StPO ein Kaufhausdetektiv einen ihm unbekannten Mann bei einem Diebstahl überrascht und vorläufig festnimmt, greift der Kaufhausdetektiv damit zulässig in die durch Art. 2 GG garantierte Freiheit dieser Person ein.
In ein Grundrecht darf jedoch niemals eingegriffen werden: die Menschenwürde!

Kontrollfragen:

1. Die Gewährleistung der öffentlichen Sicherheit und Ordnung ist grundsätzlich Aufgabe des Staates.
   Deshalb ist der Staat mit dem Gewaltmonopol ausgestattet. Das bedeutet:
   ○ Bürger untereinander dürfen keine Selbstjustiz ausüben.
   ○ Das Recht zur Gewaltanwendung hat grundsätzlich der Staat.
   ○ Der Staat kann seine Rechte an Private voll übertragen.

Erläuterung:

Richtig sind die erste und die zweite Antwort. Das Gewaltmonopol des Staates garantiert mit weiteren Grundsätzen das Rechtsstaatsprinzip. Die Bürger müssen grundsätzlich den vorgeschriebenen Rechtsweg einhalten, um zu ihren Rechten zu kommen. Zur Aufrechterhaltung der öffentlichen Sicherheit und Ordnung darf grundsätzlich nur der Staat unter engen Voraussetzungen und Schranken Gewalt anwenden. Nur in Ausnahmefällen ist es dem Bürger gestattet, seine Rechte mit Gewalt im Rahmen der Rechtfertigungsgründe bzw. Jedermannsrechte selbst zu verteidigen bzw. durchzusetzen.

Die dritte Antwort ist falsch. Der Staat kann zwar in begrenztem Umfang Rechte an Private übertragen, jedoch kann der Staat seine Rechte nicht voll an Private übertragen. Das widerspräche dem Grundsatz des staatlichen Gewaltmonopols.

2. Unsere Verfassung (das Grundgesetz) hat festgelegt, dass bestimmte staatliche Grundsätze unabänderbar sind. Dazu gehören:
   ○ Gliederung des Staates in Bund und Länder (Föderalismus).
   ○ Abschaffung der Todesstrafe.
   ○ alle Staatsgewalt geht vom Volke aus (Demokratieprinzip).

Erläuterung:

Richtig sind die erste und die dritte Antwort. Art. 79 Abs. 3 GG nennt die unabänderbaren Verfassungsgrundlagen. Zu diesen gehören der föderalistische Aufbau der Bundesrepublik Deutschland und die Grundsätze aus Art. 20 GG. Dort ist das demokratische Prinzip verankert.

Falsch ist die zweite Antwort. Zwar sagt Art. 102 GG aus, dass die Todesstrafe abgeschafft ist, jedoch könnte dieser Artikel geändert werden. Ein solches Gesetz zur Änderung des Grundgesetzes würde aber die Zustimmung von zwei Dritteln der Gesetzgebungsorgane voraussetzen.

3. In welches Grundrecht darf niemals eingegriffen werden?
   - ○ Freiheit.
   - ○ Eigentum.
   - ○ Menschenwürde.

Erläuterung:

Richtig ist die dritte Antwort. Art. 1 GG garantiert die Unantastbarkeit der Menschenwürde und verpflichtet zusätzlich alle staatliche Gewalt, sie zu achten und zu schützen. Kein Mensch kann seine Würde verlieren, auch nicht nach Verübung schwerster Straftaten. Deshalb ist durch zahlreiche Normen gesichert, dass in den verschiedensten Lebenssachverhalten die Menschenwürde zu achten ist. Auch die Mitarbeiter im Sicherheitsgewerbe müssen stets ihren beruflichen Auftrag unter Beachtung der Menschwürde durchführen.

Falsch sind die erste und die zweite Antwort. Beispielsweise erlaubt das Recht zur Vorläufigen Festnahme gemäß § 127 Abs. 1 StPO jedermann, in die Freiheit einer anderen Person einzugreifen. Art. 14 GG bestimmt, dass unter bestimmten gesetzlichen Voraussetzungen ein Eingriff in das Eigentum möglich ist. Ein Beispiel für einen Eingriff in das Eigentum wäre die Enteignung.

4. Die örtliche Zuständigkeit privater Sicherheitsunternehmen ist gegeben:
   - ○ Nur am Firmenstandort des jeweiligen Sicherheitsdienstes.
   - ○ In Bereichen, die ihnen die Polizei zuweist.
   - ○ Nach einem Unfall auf öffentlichen Verkehrsflächen.
   - ○ In Bereichen, die im Rahmen der Übertragung des Hausrechtes durch den jeweiligen Auftraggeber zugewiesen werden.

Erläuterung:

Richtig ist die vierte Antwort. Die Zuständigkeit privater Sicherheitsunternehmen ergibt sich aus dem Vertrag über Dienstleistungen mit dem jeweiligen Auftraggeber. Die Besitzrechte des Auftraggebers (Besitzwehr, Hausrecht, Besitzkehr) werden auf den Auftragnehmer und seinen Mitarbeitern (Besitzdiener) übertragen.

Falsch sind die anderen drei Antworten. Zwar ist bei der ersten Antwort eine eigene Zuständigkeit als Besitzer gegeben. Aber das Wort „nur" beschränkt fälschlicherweise die Zuständigkeit auf diesen Umstand.

Die Polizei kann zwar um Unterstützung bitten, darf aber keine Zuständigkeit zuweisen. Aus einem Unfall ergeben sich zwar für die Beteiligten Verkehrssicherungspflichten. Diese begründen aber keine Zuständigkeiten.

II. Gewerberecht

Nunmehr erfolgt die Erläuterung des Gewerberechts.

1. Gesetzliche Grundlagen

Wie bereits im Kapitel I. „Recht der öffentlichen Sicherheit und Ordnung" ausgeführt, erlaubt Art. 12 GG jedem EU-Bürger, Sicherheitsdienstleistungen anzubieten. Gewerbeordnung (GewO) und Bewachungsverordnung (BewachV) nennen die Voraussetzungen sowie die Pflichten für die Ausübung des Gewerbes.
Weiterhin sind neben dem Bürgerlichen Recht und dem Straf- und Verfahrensrecht (siehe Kapitel IV. und V.) das Bundesdatenschutzgesetz (siehe Kapitel III.), die Unfallverhütungsvorschriften (siehe Kapitel VI.) sowie das Waffengesetz (siehe Kapitel VII.) für die Berufsausübung von großer Bedeutung.
Gewerbeordnung und Bewachungsverordnung sind ab 2003 mit entsprechenden Änderungen den heutigen Bedürfnissen und Anforderungen angepasst worden.
Unter Bewachung im Sinne der Gewerbeordnung ist die auf den Schutz von fremden Personen vor Gefahren für Leib und Leben oder Freiheit oder auf den Schutz von Sachen fremder Personen gegen Abhandenkommen, Beschädigung oder Zerstörung gerichtete Tätigkeit. Es muss sich also um eine fremde Person oder eine fremde Sache handeln, die bewacht werden soll.
Folglich handelt es sich nicht um eine Bewachung im Sinne der Gewerbeordnung, wenn beispielsweise ein Diskothekenbetreiber Einlasskontrollen durch eigenes angestelltes Personal durchführen lässt. Gibt der Diskothekenbetreiber aber einem Bewachungsunternehmen den Auftrag, Einlasskontrollen durchzuführen, so handelt es sich um eine Bewachung im Sinne der Gewerbeordnung.
Gefordert ist auch eine so genannte „aktive Obhutstätigkeit". Das bedeutet, dass die Bewachungstätigkeit eine gewisse Dauer hat oder mittels wiederkehrender Kontrollen durchgeführt wird. Ein weiteres Merkmal ist, dass Personen diese Obhutstätigkeit wahrnehmen, wobei Sicherheitstechnik unterstützend eingesetzt werden kann.

2. Erlaubnis für das Sicherheits- und Bewachungsgewerbe

Derjenige, der gewerbsmäßig Leben oder Eigentum fremder Personen bewachen will, braucht eine Erlaubnis der zuständigen Behörde. Gewerbsmäßig bedeutet, dass die Tätigkeit selbstständig, dauerhaft und mit Gewinnerzielungsabsicht ausgeübt werden soll. Diese Erlaubnis ist sowohl für Unternehmer als auch für Beschäftigte erforderlich.

Die Voraussetzungen für die Erteilung der Erlaubnis sind wie folgt zu skizzieren:

2.1. Für Unternehmer

- persönliche Zuverlässigkeit.
- Nachweis der für den Gewerbebetrieb erforderlichen Mittel oder entsprechender Sicherheiten zum Beispiel in Form der Bestätigung eines Kreditrahmens bzw. eine Finanzierungszusage einer Bank. Grundsätzlich wird geprüft, ob für die ersten sechs Monate nach Gewerbebeginn die im Einzelfall erforderlichen finanziellen Mittel für zum Beispiel die Ausstattung des Gewerbes, Personal- und Versicherungskosten unter Berücksichtigung der zu erwartenden Einnahmen vorhanden sind.
- Vorlage der Bescheinigung einer Industrie- und Handelskammer über die 80-stündige Unterrichtung. Durch diese Bescheinigung weist der Unternehmer nach, dass er mit den für die Ausübung des Gewerbes notwendigen rechtlichen Vorschriften vertraut ist.

Eine Bescheinigung über die 80-stündige Unterrichtung ist nicht erforderlich, wenn folgende Nachweise erbracht werden:

- Sachkundeprüfung im Bewachungsgewerbe.
- Laufbahnprüfung zumindest für den mittleren Polizeivollzugsdienst, auch im Bundesgrenzschutz und in der Bundespolizei, für den mittleren Justizvollzugsdienst, für den mittleren Zolldienst (mit Berechtigung zum Führen einer Waffe) und für Feldjäger in der Bundeswehr.

Die früher geltenden Übergangsvorschriften gemäß § 17 Bewachungsverordnung sind ab 01.07.2005 nicht mehr von Bedeutung.

Die Erlaubnis als Unternehmer tätig zu sein, schließt den eigenen direkten Einsatz bei entsprechender Eignung ein. Allerdings gilt dies nicht für alle Bewachungstätigkeiten. Für die Durchführung folgender Tätigkeiten ist der Nachweis einer vor der Industrie- und Handelskammer erfolgreich abgelegten Sachkundeprüfung erforderlich:

- Kontrollgänge im öffentlichen Verkehrsraum oder in Hausrechtsbereichen mit tatsächlich öffentlichem Verkehr (so genannte City-Streifen).
- Schutz vor Ladendieben (Einzelhandelsdetektiv).
- Bewachungen im Einlassbereich von gastgewerblichen Diskotheken (Diskothekentürsteher).

Personen, die bestimmte Laufbahn-, Ausbildungs- oder Weiterbildungsabschlüsse vorlegen können, werden von dem Erfordernis der Sachkundeprüfung befreit:

- Laufbahnprüfungen zumindest für den mittleren Polizeivollzugsdienst, auch im Bundesgrenzschutz und in der Bundespolizei, für den mittleren Justizvollzugsdienst, für den mittleren Zolldienst (mit Berechtigung zum Führen einer Waffe) und für Feldjäger in der Bundeswehr.

- Fachkraft für Schutz und Sicherheit.
- Geprüfte Sicherheitskraft bzw. Geprüfte Werkschutzfachkraft oder Geprüfter Werkschutzmeister.

Mit der Sachkundeprüfung oder dem vorstehend aufgeführten Ersatz ist eine der Unternehmervoraussetzungen gegeben und der eigene Einsatz in allen Tätigkeitsfeldern grundsätzlich möglich. Weitere Ausführungen zur Sachkundeprüfung erfolgen unter Ziffer 4 dieses Kapitels.

Die Erlaubnis muss bei der zuständigen Behörde, an dem Ort, an dem der Bewachungsunternehmer sein Gewerbe betreiben will, beantragt werden.
Dann muss der Unternehmer die Aufnahme des Gewerbes gemäß § 14 Gewerbeordnung anzeigen, ebenso die Verlegung seines Betriebes, das Wechseln des Gegenstands des Gewerbes sowie die Aufgabe des Gewerbes. Ebenfalls müssen Mitteilungen über die Eröffnung von Zweigniederlassungen oder Betriebsstätten an die zuständigen Behörden erfolgen.
Diese Anzeigen (Mitteilungen) dienen dem Zweck, der zuständigen Behörde die Überwachung der Gewerbeausübung sowie statistische Erhebungen zu ermöglichen.

2.2. Für Bewachungspersonal

- persönliche Zuverlässigkeit.
- grundsätzlich vollendetes 18. Lebensjahr.
- Eignung für die jeweilige Aufgabe.
- Unterrichtsnachweis einer Industrie- und Handelskammer.

Für bestimmte Bewachungstätigkeiten (siehe Punkt 2.1. dieses Kapitels) ist der Nachweis einer erfolgreich abgelegten Sachkundeprüfung erforderlich (siehe Punkt 4. dieses Kapitels).
Die persönliche Zuverlässigkeit wird grundsätzlich durch ein polizeiliches Führungszeugnis ohne Eintrag nachgewiesen. Allerdings kann die Behörde weitergehende Auskünfte einholen. Die erforderliche Zuverlässigkeit besitzen in der Regel Personen nicht, die Mitglied in einem verbotenen Verein oder einer verfassungswidrigen Partei sind oder waren. Einzelheiten dazu finden sich in § 9 Bewachungsverordnung.
Ausnahmen vom Mindestalter sind gemäß § 9 Bewachungsverordnung im Einzelfall möglich.
Die Eignung für die jeweilige Aufgabe ist eine Forderung aus der DGUV Vorschrift 23 / BGV C7, der berufsgenossenschaftlichen Vorschrift für Sicherheit und Gesundheit bei der Arbeit – Unfallverhütungsvorschrift Wach- und Sicherungsdienste. Diese Vorschrift richtet sich zunächst an den Unternehmer. Dieser hat dafür zu sorgen, dass seine Mitarbeiter für die jeweilige Tätigkeit die erforderlichen Befähigungen besitzen.

Weitere Erläuterungen erfolgen im Kapitel VI. „Unfallverhütungsvorschriften".

2.3. Für nichtdeutsche EU-Bürger

Die EG-Richtlinie zur Anerkennung von Berufsqualifikationen vom 07.09.2005 ist für das Bewachungsgewerbe durch eine entsprechende Ergänzung des § 34 a GewO sowie der Einführung des Abschnitts 1b in die BewachV „Anerkennung von ausländischen Befähigungsnachweisen" umgesetzt worden.
So werden Befähigungs- und Ausbildungsnachweise, die von Mitgliedsstaaten der Europäischen Union oder eines Vertragsstaats des Abkommens über den Europäischen Wirtschaftsraum ausgestellt sind, grundsätzlich anerkannt.
Solchen Nachweisen gleichgestellt sind Nachweise über eine mehrjährige berufliche Tätigkeit im Bewachungsgewerbe.
Wenn sich diese Nachweise nicht mit den Anforderungen für das Unterrichtungsverfahren bzw. der Sachkundeprüfung decken, kann eine **ergänzende Unterrichtung** bzw. eine **spezifische Sachkundeprüfung** erforderlich werden.
Die Industrie- und Handelskammern gehen davon aus, dass dieses Erfordernis grundsätzlich in allen Rechtsgebieten gegeben ist.

2.4. Für die Zulassung von Bewachungsunternehmen auf Seeschiffen

Der Einsatz von Bewachungsunternehmen als Schutzmaßnahme gegen Piraterie stellt gegenüber dem herkömmlichen Bewachungsaufträgen eine Sondersituation dar. Die Leistungen werden auf hoher See erbracht, wo im Notfall anders als im Binnenland nicht mit der schnellen Unterstützung von hoheitlichen Kräften gerechnet werden kann. Das Sicherheitspersonal muss nicht nur über die spezifischen rechtlichen Kenntnisse und die für den Umgang mit Schusswaffen erforderlichen Qualifikationen verfügen, sondern auch ausreichende maritime Kenntnisse besitzen.
Die Bundesregierung hat im Dezember 2012 diesen besonderen Erfordernissen mit der Einführung eines speziellen Zulassungsverfahrens für Bewachungsunternehmen, die auf Seeschiffen Bewachungsleistungen erbringen wollen, Rechnung getragen.
Die Anforderungen sind in § 31 GewO festgelegt worden, welcher auch eine Ermächtigung für eine die Details regelnde Rechtsverordnung enthält. Sie ist am 11.06.2013 als Seeschiffbewachungsverordnung (SeeBewachV) erlassen worden und regelt im Wesentlichen die Voraussetzungen für den Gewerbetreibenden, die speziellen Anforderungen an das Bewachungspersonal sowie die Antragstellung auf Zulassung durch das zuständige Bundesamt für Wirtschaft und Ausfuhrkontrolle.
In diesem Zusammenhang ist im Waffengesetz der neue § 28 a Erwerb, Besitz und Führen von Schusswaffen und Munition durch Bewachungsunternehmen und ihr Bewachungspersonal für Bewachungsaufgaben nach § 31 Abs. 1 der Gewerbeordnung eingeführt worden (siehe auch Kap. VII Umgang mit Verteidigungswaffen).

3. Unterrichtung

Die Bewachungsverordnung umreißt in § 4 die Inhalte wie folgt:

Die Unterrichtung umfasst für alle Arten des Bewachungsgewerbes insbesondere die fachspezifischen Pflichten und Befugnisse folgender Sachgebiete:

1. Recht der öffentlichen Sicherheit und Ordnung einschließlich Gewerberecht und Datenschutzrecht,
2. Bürgerliches Gesetzbuch,
3. Straf- und Strafverfahrensrecht einschließlich Umgang mit Waffen,
4. Unfallverhütungsvorschrift Wach- und Sicherungsdienste,
5. Umgang mit Menschen, insbesondere Verhalten in Gefahrensituationen und Deeskalationstechniken in Konfliktsituationen

und

6. Grundzüge der Sicherheitstechnik.

Es ist Aufgabe des jeweiligen Referenten der Handelskammern, praxisnah und anschaulich die für die Ausübung des Gewerbes notwendigen rechtlichen Vorschriften und sonstigen Kenntnisse und Zusammenhänge so zu vermitteln, dass der Teilnehmer mit ihnen vertraut ist. Davon muss sich der Referent durch eine Verständnisüberprüfung überzeugen. Dies geschieht in aller Regel mittels aktiver Einbindung der Teilnehmer in die Unterrichtung sowie durch einen schriftlichen Test.

3.1. Für Unternehmer

Die Anlage 2 zu § 4 Bewachungsverordnung enthält eine Stoffsammlung für das Unterrichtungsverfahren für Bewachungsgewerbetreibende. Es sind insgesamt 80 Unterrichtsstunden vorgesehen, die sich wie folgt aufteilen:

1. Recht der öffentlichen Sicherheit und Ordnung einschließlich Gewerberecht und Datenschutzrecht	ca. 20 Std.
2. Bürgerliches Gesetzbuch	ca. 6 Std.
3. Straf- und Strafverfahrensrecht einschließlich Umgang mit Verteidigungswaffen	ca. 10 Std.
4. Unfallverhütungsvorschrift Wach- und Sicherungsdienste (DGUV Vorschrift 23 / - BGV C7)	ca. 14 Std.
5. Umgang mit Menschen insbesondere Verhalten · in Gefahrensituationen und Deeskalationstechniken · in Konfliktsituationen	ca. 20 Std.
6. Grundzüge der Sicherheitstechnik	ca. 10 Std.

3.2. Für Bewachungspersonal

Die Anlage 3 zu § 4 Bewachungsverordnung enthält die Stoffsammlung für das Unterrichtungsverfahren für das Bewachungspersonal. Die Sachgebiete und die Inhalte sind bis auf das erste Sachgebiet identisch mit der Stoffsammlung für Unternehmer. Dort sind im Gewerberecht die Pflichten der Unternehmer zu besprechen, was für das Bewachungspersonal vernachlässigt werden kann.
Es sind insgesamt 40 Unterrichtsstunden vorgesehen, die sich wie folgt aufteilen:

1. Sachgebiete 1. bis 4. jeweils	ca. 6 Std.
2. Sachgebiet 5	ca. 11 Std.
3. Sachgebiet 6	ca. 5 Std.

Die vorliegende Broschüre behandelt alle Themen der Unterrichtungsverfahren sowohl für Unternehmer als auch für das Bewachungspersonal sowie der schriftlichen und mündlichen Sachkundeprüfung.

4. Sachkundeprüfung

Die §§ 5a bis 5d der Bewachungsverordnung regeln die Durchführung der Sachkundeprüfung. Im Gegensatz zur Unterrichtung, die lediglich eine Verständnisüberprüfung fordert, muss hier der Prüfungsteilnehmer in einer schriftlichen und einer mündlichen Prüfung den Nachweis erbringen, dass er Kenntnisse über die für die Ausübung dieser Tätigkeiten notwendigen

- rechtlichen Vorschriften
- fachspezifischen Pflichten und Befugnisse

sowie

- deren praktischer Anwendung

in einem Umfang erworben hat, der ihm die eigenverantwortliche Wahrnehmung dieser Bewachungsaufgaben ermöglicht.
Wie der Prüfungsteilnehmer die Kenntnisse erwirbt, ist offen gelassen. Der Besuch eines Vorbereitungslehrgangs bei einem qualifizierten Bildungsträger mit guten Referenten dürfte allerdings zu empfehlen sein.
Gegenstand der Prüfung sind die Sachgebiete, die auch im Unterrichtungsverfahren abzuhandeln sind, wobei sich die Prüfung auf jedes der dort aufgeführten Gebiete erstrecken soll.
In der mündlichen Prüfung ist nach dem Gesetzestext ein Schwerpunkt auf Recht der öffentlichen Sicherheit und Ordnung einschließlich Gewerberecht und Datenschutzrecht sowie auf Umgang mit Menschen, insbesondere Verhalten in Gefahrensituationen und Deeskalationstechniken in Konfliktsituationen, zu legen.

Mit dieser Schwerpunktsetzung soll verdeutlicht werden, dass insbesondere der Nachweis sicherer Rechtskenntnisse erbracht sowie das Wissen über Konfliktmechanismen und Anwenden von Deeskalationstechniken im Umgang mit Menschen dargelegt werden soll. Es ist nämlich in den Tätigkeitsfeldern, für welche die Sachkundeprüfung gefordert ist, eher mit Konflikten zu rechnen, da in der beruflichen Aufgabenerfüllung auf regelkonformes Verhalten unterschiedlichster Menschen in nicht standardisierten Situationen hingewirkt werden muss.

Die Industrie- und Handelskammern haben Prüfungsausschüsse eingerichtet, wobei mehrere Industrie- und Handelskammern einen gemeinsamen Prüfungsausschuss bilden können. Termine und Gebühren sind bei den Industrie- und Handelskammern zu erfragen. Die Prüfungssprache ist deutsch. Die schriftliche und mündliche Prüfung wird mit Punkten bewertet. Zur mündlichen Prüfung wird zugelassen, wer die schriftliche Prüfung mit mindestens 50 % der zu vergebenen Gesamtpunkte bestanden hat. Die mündliche Prüfung ist bestanden, wenn mindestens 50 % der zu vergebenden Gesamtpunkte erreicht werden.
Die Leistung des Teilnehmers wird vom Prüfungsausschuss mit bestanden oder nicht bestanden bewertet. Es gibt keine Noten im Sinne von Schulnoten. Die Prüfung ist nicht öffentlich. Die Prüfungen dürfen wiederholt werden. Nach bestandener schriftlicher Prüfung kann auch nur die nicht bestandene mündliche Prüfung wiederholt werden. Die Industrie- und Handelskammer stellt eine Bescheinigung aus, wenn die geprüfte Person die Prüfung erfolgreich abgelegt hat. Einzelheiten des Prüfungsverfahrens erlässt die jeweilige Kammer in Satzungsform.

4.1. Schriftliche Prüfung

Die meisten Handelskammern akzeptieren folgende bundeseinheitlichen Vorgaben:

- Die Prüfung wird nach dem „Multiple-choice-System" durchgeführt.
- Die Aufgaben werden von einem Fachgremium erstellt. Der Autor dieser Broschüre, Andree Peters, war früher einige Jahre in diesem Fachgremium zunächst als Gruppensprecher für das Fach Straf- und Strafverfahrensrecht und später für das Fach Bürgerliches Recht ehrenamtlich tätig.
- Der jeweilige Aufgabensatz wird kurzfristig erstellt, von mehreren Gruppensprechern überprüft und freigegeben und dann der prüfenden Industrie- und Handelskammer überstellt.
- Die Prüfungsaufgaben sind in neun Sachgebiete aufgeteilt.
- Ein Aufgabensatz besteht aus 22 Seiten, 72 Aufgaben, 2 Auswertungsbögen.
- Richtige Lösungen zu den Sachgebieten
  I. Recht der öffentlichen Sicherheit und Ordnung

IV.Bürgerliches Recht
V. Straf- und Verfahrensrecht
werden doppelt bewertet. Alle anderen Lösungen werden einfach bewertet.

- Antworten sind auf den Auswertungsbögen anzukreuzen.
- Zu jeder Multiple-Choice-Frage sind mehrere Antwortmöglichkeiten vorgegeben.
- Mindestens eine Antwortmöglichkeit ist richtig, maximal sind zurzeit zwei Antwortmöglichkeiten richtig.
- Eine Lösung wird nur dann als richtig bewertet, wenn alle richtigen Antworten angekreuzt sind. Ist eine falsche Antwortmöglichkeit angekreuzt oder eine richtige Antwortmöglichkeit nicht angekreuzt, ist die Aufgabe insgesamt falsch beantwortet. Es gibt keine Teilpunkte.
- Die Aufgaben sind mit Bezug auf das jeweilige Sachgebiet zu lösen.
- Die Bearbeitungszeit beträgt maximal 120 Minuten.
- Statt einer Prüfung in Papierform führen mehrere Handelskammern bereits PC-Prüfungen durch. Bitte erfragen Sie dieses gegebenenfalls bei der zuständigen Handelskammer.

4.2. Mündliche Prüfung

Die meisten Handelskammern akzeptieren folgende bundeseinheitlichen Vorgaben:

- In der mündlichen Prüfung können gleichzeitig bis zu fünf Teilnehmer geprüft werden; sie soll für jeden Teilnehmer etwa 15 Minuten dauern.
- Der Schwerpunkt ist – wie schon erwähnt – auf Rechtsgrundlagen und Umgang mit Menschen, insbesondere Verhalten in Gefahrensituationen und Deeskalationstechniken in Konfliktsituationen zu legen.

4.3. Merkblatt des DIHK

Das nachfolgende Merkblatt des DIHK ist als Orientierungshilfe gedacht zur Einordnung der Tätigkeiten in

- nicht erlaubnispflichtige Tätigkeiten nach § 34 a GewO;
- Bewachungstätigkeit, für die eine Unterrichtung genügt;
- Bewachungstätigkeit, für die eine Sachkundeprüfung erforderlich ist.

Es wird ausdrücklich darauf hingewiesen, dass letztlich die regionalen Gewerbeämter entscheidungsbefugt sind.
Anzumerken ist, dass die nachfolgende aufgezählte Tätigkeit des Revierfahrers nach Auffassung der Verfasser dieser Broschüre eher als Bewachungstätigkeit nach den Kriterien des § 34 a GewO einzuordnen sein dürfte.

MERKBLATT
Bewachungsgewerbe – § 34a Gewerbeordnung (GewO)
Unterrichtung oder Sachkundeprüfung?
– Abgrenzung einzelner Tätigkeiten –

Einleitung
Die Einführung der Sachkundeprüfung im Bewachungsgewerbe führt zu Abgrenzungsproblemen. Nur „wer gewerbsmäßig Leben oder Eigentum fremder Personen bewachen will" muss eine Unterrichtung oder Sachkundeprüfung vorweisen.
Die drei Tätigkeitsgebiete

- *Kontrollgänge im öffentlichen Verkehrsraum oder in Hausrechtsbereichen mit tatsächlich öffentlichemVerkehr,*
- *Schutz vor Ladendieben und*
- *Bewachung im Einlassbereich gastgewerblicher Diskotheken*

hat der Gesetzgeber dem Erfordernis einer Sachkundeprüfung zugeordnet. Für die übrigen Tätigkeiten reicht die Teilnahme an einer Unterrichtung aus. Die Unterrichtung muss – je nachdem ob eine selbstständige oder abhängige Beschäftigung angestrebt wird – 40 oder 80 Stunden umfassen.
Die verschiedenen Tätigkeitsgebiete der Sicherheitsdienstleister müssen ausgelegt und Fallgestaltungen aus der Praxis daraufhin überprüft werden, ob sie unter den Anwendungsbereich der Sachkundeprüfung fallen.
Im Folgenden finden Sie eine erste unverbindliche Zuordnung verschiedener Bewachungstätigkeiten auf Grundlage der Gesetzesbegründung und von Gesprächen mit Vertretern der Gewerbeämter. Es ist letztendlich entscheidend, wie die Gewerbeämter einzelne Tätigkeitsbereiche zuordnen. Die Industrie- und Handelskammern haben dabei lediglich beratende Funktion.

1. Keine erlaubnispflichtigen Bewachungstätigkeiten im Sinne des § 34a GewO

Für die folgenden Tätigkeiten benötigt der Gewerbetreibende keine Erlaubnis und die Mitarbeiter weder einen Unterrichtungs- noch einen Sachkundenachweis:

1. *Ausübung von bewachenden Tätigkeiten durch Angestellte/Mitarbeiter des Objektbetreibers*
2. *ausschließliche Entgegennahme und Weiterleitung von Alarmmeldungen durch Notrufzentralen, Installation von Notruf-, Alarmanlagen*
3. *Signalposten, sofern nicht im Zusammenhang damit weitere Aufgaben wahrgenommen werden, die als Bewachungstätigkeit einzustufen sind*
4. *Babysitter*
5. *Kinderbetreuung in Kaufhäusern*
6. *Kartenabreißer (ohne Zugangskontrolle und Befugnis zur Zutrittsverweigerung; z.B. bei Konzerten oder im Stadion)*
7. *Hostessendienst*
8. *Auskunftserteilung bei Messen, Informationsschaltern etc.*
9. *Parkplatzeinweiser/-ordner – soweit nur Zugangsberechtigung geprüft wird und geordnetes Parken ermöglicht werden soll*
10. *reine Fahrer- und Kurierdiensttätigkeiten (außer, es werden Personen oder besonders wertvolle Gegenstände befördert/transportiert und es ist offensichtlich bzw. vertraglich geregelt, dass auch Bewachungstätigkeiten vorgenommen werden sollen, vgl. Geld- und Werttransport)*
11. *Geldbe- und -verarbeitung, Geldsortierung und -konfektionierung, soweit andere Personen die Bewachung der Wertgegenstände übernehmen*
12. *Revierfahrer*

Hinweis: Bewachungstätigkeiten liegen nur dann vor, wenn „fremde" Gegenstände bewacht werden. Angestellte in einem Kaufhaus, die die Aufgabe haben auf die Waren aufzupassen, bewachen keine fremden Gegenstände.
Folglich muss das im Kaufhaus angestellte Personal keine Sachkundeprüfung nach § 34a GewO absolviert haben. Angestellte, die Pfortendienste ausüben, bewachen ebenfalls kein fremdes Gebäude, folglich liegt keine Tätigkeit im Sinne des § 34a GewO vor, eine Unterrichtung ist nicht erforderlich.

2. *Bewachungstätigkeiten nach § 34a GewO, für die die Unterrichtung ausreicht und die nicht der Sachkundeprüfung unterliegen:*
   1. *Geld- und Werttransporte*
   2. *Pfortendienste, soweit eine Zugangskontrolle und nicht nur reine Informationsvergabe vorgenommen wird*
   3. *Tätigkeit im Auslassbereich einer Diskothek, die von dem Einlassbereich getrennt ist (dort wird häufig die Verzehrrechnung kassiert)*
   4. *Zugangskontrolle bei Gaststätten (soweit keine Diskothek, vgl. unten)*
   5. *Zugangskontrolle mit ggf. Zutrittsverweigerung bei sonstigen Veranstaltungen (z.B. Konzerten), inkl. Durchsuchungen nach unerlaubten Gegenständen am Eingang*
   6. *Zugangskontrolle mit ggf. Zutrittsverweigerung zum (Fußball-)Stadion*
   7. *Posten an den Stadiontoren, die als Fluchtweg nicht verschlossen sind, der unberechtigte Zutritt jedoch verhindert werden muss*
   8. *Bewachungspersonal direkt vor der Bühne oder vor dem Backstage-Bereich (z. B. zum Schutz der Musiker)*
   9. *Bewachungspersonal bei Veranstaltungen direkt in den sog. Wellenbrechern, die für Ordnung sorgen und ggf. bewusstlose Besucher bergen sollen*
   10. *Zugangskontrolle mit ggf. Zutrittsverweigerung wegen Überfüllung in Bierzelten*
   11. *nach Dienstschluss „Revierwachmann" in verschlossenen öffentlichen Gebäuden sowie in und um abgezäunten Firmengebäuden*
   12. *Personenschützer unabhängig von öffentlichem oder nicht-öffentlichem Verkehrsraum*
   13. *Haushüter mit Schwerpunkt Bewachungstätigkeit*
   14. *Tätigkeit als Museumswächter (hier sitzt die Wachperson in einem Raum, der ab und zu gewechselt wird – Hauptleistung bleibt aber die Bewachung der Museumsräume in abwechselnder Reihenfolge – also „im Stand").*
       Beachte: Die Tätigkeit in Museen wird von den zuständigen Behörden teils unterschiedlich eingestuft.
       Deshalb sollten sich Bewachungsgewerbetreibende oder ihre Mitarbeiter dort erkundigen, was tatsächlich als Nachweis gefordert wird.
       Hier muss die Unterrichtungsbescheinigung nach § 34a GewO vorgelegt werden.

3. Tätigkeiten, für die die Sachkundeprüfung vorliegen muss:
3.1 Kontrollgänge im öffentlichen Verkehrsraum und in Hausrechtsbereichen mit tatsächlich öffentlichem Verkehr

Kontrollgänge:
Wachpersonal muss einen größeren Raum durch Umhergehen oder Umherfahren bewachen. Die Bewachung besteht gerade im Kontrollgehen; nicht, wenn verschiedene Gebäude in einer Straße/Stadt (stationär) bewacht und die Wege zwischen den verschiedenen Gebäuden von Zeit zu Zeit zu Fuß oder mittels Auto zurückgelegt werden. Revierfahrer sind folglich nicht erfasst. Kontrollgänge müssen dabei die Hauptleistung der Bewachung sein. Selbst regelmäßiger Raumwechsel, z.B. im Museum (verschiedene Räume werden abwechselnd bewacht), wird in der Regel nicht als Kontrollgang eingeordnet (Achtung: Bitte bei zuständiger Behörde erkunden).

Öffentlicher Verkehrsraum:
Öffentliche Straßen, Bahnhöfe, Wege, Parkanlagen, Vorplätze von öffentlich zugänglichen Gebäuden (z.B. Rathaus u.ä.).

Hausrechtsbereiche mit tatsächlich öffentlichem Verkehr:
In den Hausrechtsbereich mit tatsächlich öffentlichem Verkehr fallen private Räumlichkeiten oder privates Gelände, die der Eigentümer der Allgemeinheit, also keinem speziell vorab feststellbaren Personenkreis, zugänglich macht.

Beispiele:
- *Aufenthaltsräume und Empfangshallen, die jedermann zugänglich sind (d.h. z.B. in Flughäfen: ohne Flugticket),*
- *Schulgebäude,*
- *Krankenhäuser,*
- *z. T. Universitäten und Kongresshallen*

und - soweit frei zugänglich
- *Gerichte,*
- *Sportanlagen aller Art*
- *Einkaufszentren,*
- *Kaufhäuser, Geschäfte, bestimmte Ladenpassagen etc.*

Beispiele für sachkundepflichtige Kontrollgänge:

- *Kontrollgänge auf U-Bahnhöfen und in S-Bahnen*
- *Kontrollgänge in Fußgängerzonen*
- *Kontrollgänge in Empfangshallen von Flughäfen etc.*
- *sog. Citystreifen*
- *Kontrollgänge in Kaufhäuser*
- *Kontrollgänge in Ladenpassagen*

3.2. Schutz vor Ladendieben

Hierbei handelt es sich um die sog. Kaufhausdetektive, d.h. Personal von gewerblichen Bewachungsunternehmen, das Kaufhäuser bewacht (Achtung: Die Tätigkeit von Detektiven, die bei einem Kaufhaus angestellt sind, ist keine Bewachung! Denn Angestellte in einem Kaufhaus, die die Aufgabe haben, auf die Waren aufzupassen, bewachen keine fremden Gegenstände; siehe oben unter 1.).

3.3. Einlassbereich von gastgewerblichen Diskotheken

- *Erfasst werden nur gastgewerbliche Diskotheken. Sie sind insbesondere durch groß dimensionierte Musikanlagen, eine Tanzfläche, Auftreten eines Diskjockeys, überdurchschnittliche Musikbeschallung, geringes Angebot an Speisen usw. gekennzeichnet (Achtung: hier gibt es regionale Unterschiede; Gewerbetreibende sollten sich daher bei ihrer zuständigen Behörde nach der rechtlichen Einordnung erkundigen).*
- *Nicht darunter fallen gewerbliche Veranstaltungen der „mehr ruhigen Art", also ohne Diskothekencharakter, z.B. Tanztees, Bälle, Senioren- oder Jugendtanzveranstaltungen, auch wenn sie sich nach außen als Diskotheken bezeichnen, ebenfalls nicht Nachtlokale, auch wenn sie Türsteher beschäftigen.*
- *Auch bei Einlasskontrollen von Bierzelten und anderen Festzelten ist kein Sachkundenachweis erforderlich.*

Hinweis: Gewerbeämter können bei Erlaubniserteilung für Diskotheken anordnen, dass die Zugangskontrolle zur Diskothek von Personal ausgeübt wird, das die Sachkundeprüfung nach § 34a Abs. 1 Satz 5 GewO absolviert haben muss, auch wenn das Personal bei dem Diskothekenbesitzer angestellt ist. Solche Auflagen seitens der Gewerbeämter können auch bei anderen Veranstaltungen erteilt werden.
Die Sachkundeprüfung muss auch der Bewachungsunternehmer absolvieren, soweit er selbst in eigener Person sachkundepflichtige Bewachung erbringt.

Hinweis:
Dieses Merkblatt dient als erste Orientierungshilfe und erhebt keinen Anspruch auf Vollständigkeit. Trotz sorgfältiger Recherchen bei der Erstellung dieses Merkblatts kann eine Haftung für den Inhalt nicht übernommen werden. Die in diesem Merkblatt dargestellten Erläuterungen erfolgen vorbehaltlich etwaiger Änderungen durch anstehende verordnungsrechtliche oder gesetzliche Änderungen.

5. Verpflichtungen bei der Ausübung des Gewerbes

Die nachstehenden sich aus der Gewerbeordnung und der Bewachungsverordnung ergebenden Verpflichtungen betreffen in erster Linie den Gewerbetreibenden. Bei fahrlässiger oder vorsätzlicher Nichtbefolgung sind in der Regel Ordnungswidrigkeiten erfüllt (§§ 144 Gewerbeordnung, 16 Bewachungsverordnung), die mit Geldbußen geahndet werden können. Außerdem kann die Nichtbefolgung der Unternehmerpflichten zur Gewerbeuntersagung führen.

5.1. Auskunft und Nachschau
§ 29 Gewerbeordnung

Gewerbetreibende haben den Beauftragten der zuständigen öffentlichen Stelle auf Verlangen die für die Überwachung des Geschäftsbetriebs erforderlichen mündlichen und schriftlichen Auskünfte unentgeltlich zu erteilen.
Die Beauftragten sind befugt, zum Zwecke der Überwachung Grundstücke und Geschäftsräume grundsätzlich nur während der üblichen Geschäftszeit zu betreten, dort Prüfungen und Besichtigungen vorzunehmen, sich die geschäftlichen Unterlagen vorlegen zu lassen und in diese Einsicht zu nehmen.

5.2. Haftpflichtversicherung
§ 6 Bewachungsverordnung

Der Gewerbetreibende hat für sich und die in seinem Gewerbetrieb beschäftigten Personen eine Haftpflichtversicherung zur Deckung der Schäden, die den Auftraggebern oder Dritten bei der Durchführung des Bewachungsauftrages entstehen, abzuschließen und aufrechtzuerhalten. Die Mindesthöhen sind dem Gesetzestext zu entnehmen.

5.3. Datenschutz, Wahrung von Geschäftsgeheimnissen
§ 8 Bewachungsverordnung

Der Gewerbetreibende hat bei der Durchführung seines Gewerbes die Vorschriften des ersten und dritten Abschnitts des Bundesdatenschutzgesetzes zu beachten (siehe Kapitel III. „Datenschutzrecht").
Weiterhin muss der Gewerbetreibende alle in seinem Gewerbebetrieb beschäftigten Personen schriftlich verpflichten, auch nach ihrem Ausscheiden Geschäfts- und Betriebsgeheimnisse Dritter, die ihnen in Ausübung des Dienstes bekannt geworden sind, nicht unbefugt zu offenbaren.

5.4. Beschäftigte

§ 9 Bewachungsverordnung

Der Gewerbetreibende darf mit Bewachungsaufgaben nur Personen betrauen, welche die in diesem Kapitel unter 2.2 und/oder 2.3. aufgeführten Voraussetzungen erfüllen. Ferner hat er die Wachpersonen, die er beschäftigen will, der zuständigen Behörde mit den erforderlichen Unterlagen zu melden. Zudem muss er für jedes Kalenderjahr Namen und Vornamen der bei ihm ausgeschiedenen Wachpersonen unter Angabe des Beschäftigungsbeginns bis zum 31. März des darauf folgenden Jahres melden.

5.5. Dienstanweisung/Aushändigung der Unfallverhütungsvorschrift

§ 10 Bewachungsverordnung

Der Gewerbetreibende muss in einer Dienstanweisung mindestens folgende Punkte aufführen:

- Hinweis, dass die Wachperson nicht die Eigenschaft und die Befugnisse eines Polizeibeamten, eines Hilfspolizeibeamten oder sonstigen Bediensteten einer Behörde besitzt.
- Regelung, dass Schusswaffen, Hieb- und Stoßwaffen und Reizstoffsprühgeräte während des Dienstes nur mit Zustimmung des Gewerbetreibenden geführt werden dürfen und jeder Gebrauch dieser Waffen unverzüglich der zuständigen Polizeidienststelle und dem Gewerbetreibenden anzuzeigen ist.

Darüber hinaus wird er die Durchführung der mit dem Auftraggeber vereinbarten Leistungen unter Beachtung der Unfallverhütungsvorschriften für das jeweilige Objekt festlegen (siehe § 4 DGUV Vorschrift 23 / BGV C7).
Daraus ergibt sich, dass aus Zweckmäßigkeitsgründen in der Praxis in der Regel neben einer allgemeinen Dienstanweisung, die u.a. die vorstehenden Mindestanforderungen enthält, auch eine objektbezogene Dienstanweisung erstellt und ausgehändigt wird.
Der Gewerbetreibende hat der Wachperson einen Abdruck der Dienstanweisung sowie der Unfallverhütungsvorschrift DGUV Vorschrift 23 / BGV C7 einschließlich der dazu ergangenen Durchführungsanweisungen gegen Empfangsbescheinigung auszuhändigen.

5.6. Ausweis

§ 11 Bewachungsverordnung

Der Gewerbetreibende hat der Wachperson einen Ausweis auszustellen, der Folgendes enthalten muss:

- Namen und Vornamen der Wachperson.
- Namen und Anschrift des Gewerbetreibenden.
- Lichtbild der Wachperson.
- Unterschriften der Wachperson sowie des Gewerbetreibenden, seines Vertreters oder seines Bevollmächtigten.

Der Ausweis muss so beschaffen sein, dass er sich von amtlichen Ausweisen deutlich unterscheidet.
Die Ausweise müssen fortlaufend nummeriert und in ein Verzeichnis eingetragen sein.
Die Wachperson muss verpflichtet werden, während des Wachdienstes den Ausweis mitzuführen und auf Verlangen den Beauftragten der zuständigen Behörde vorzuzeigen.
Bestimmtes Bewachungspersonal, nämlich welches Bewachung im Einlassbereich von gastgewerblichen Diskotheken oder Kontrollgänge im öffentlichen Verkehrsraum oder in Hausrechtsbereichen mit tatsächlich öffentlichem Verkehr durchführt, muss zusätzlich zum Ausweis sichtbar ein Schild mit ihrem Namen oder einer Kennnummer sowie mit dem Namen des Gewerbetreibenden tragen.

5.7. Dienstkleidung

§ 12 Bewachungsverordnung

Wenn der Gewerbetreibende sein Bewachungspersonal mit einer Dienstkleidung ausrüstet, hat er dafür zu sorgen, dass sie nicht mit Uniformen der Angehörigen von Streitkräften oder behördlichen Vollzugsorganen verwechselt werden kann und dass keine Abzeichen verwendet werden, die Amtabzeichen zum Verwechseln ähnlich sind. Wachpersonen, die eingefriedetes Besitztum in Ausübung ihres Dienstes betreten sollen, müssen eine Dienstkleidung tragen. Diese Vorschrift soll dazu beitragen, dass bei Objektkontrollen der berufliche Auftrag der Bewachungsperson von Außenstehenden erkannt werden kann.

5.8. Umgang mit Waffen, Anzeigepflicht nach Waffengebrauch
§ 13 Bewachungsverordnung

Der Gewerbetreibende ist für die sichere Aufbewahrung einschließlich der ordnungsgemäßen Rückgabe der Waffen und der Munition verantwortlich.
Ferner hat er für die Anzeige eines Waffengebrauchs an die zuständige Polizeidienststelle zu sorgen.
Voraussetzungen für das Führen von Schusswaffen und weitere Vorschriften zum Umgang mit Waffen ergeben sich aus dem Waffengesetz und der DGUV Vorschrift 23 / BGV C7 und werden in den Kapiteln VI. „Unfallverhütungsvorschriften" und VII. „Umgang mit Verteidigungswaffen" behandelt.

5.9. Buchführung und Aufbewahrung
§ 14 Bewachungsverordnung

Der Gewerbetreibende hat unverzüglich und in deutscher Sprache nachstehende Aufzeichnungen zu machen sowie Unterlagen und Belege übersichtlich wie folgt zu sammeln:

- Angaben über jeden Bewachungsvertrag.
- Angaben zu den Wachpersonen.
- Verpflichtung der Wachpersonen zur Mitführung und zum Vorzeigen des Ausweises.
- Verpflichtung für bestimmte Wachpersonen, ein Namensschild oder eine Kennnummer zu tragen.
- ordnungsgemäße Rückgabe der Schusswaffen und der Munition nach Beendigung des Dienstes.
- Versicherungsvertrag.
- Verpflichtung zur Wahrung von Geschäftsgeheimnissen.
- Nachweise über Zuverlässigkeit, Unterrichtungen und Sachkundeprüfungen von Wachpersonen sowie Meldung der Wachpersonen vor Beschäftigung und nach dem Ausscheiden an die zuständige Behörde.
- Dienstanweisung mit Empfangsbescheinigungen.
- Vordruck eines Ausweises und Verzeichnis über die Ausgabe der Ausweise.
- Anzeigen über Waffengebrauch.

Grundsätzlich sind die Aufzeichnungen, Unterlagen und Belege bis zum Schluss des dritten auf den Zeitpunkt ihrer Entstehung folgenden Kalenderjahres in den Geschäftsräumen aufzubewahren.

Kontrollfragen:

1. Gewerberechtliche Regelungen stehen in ...?
   - O dem Strafgesetzbuch.
   - O den Unfallverhütungsvorschriften.
   - O der Gewerbeordnung.
   - O der Bewachungsverordnung.

Erläuterung:

Richtig sind die dritte und die vierte Antwort. In der Gewerbeordnung sind im Wesentlichen durch den § 34a die Voraussetzungen für die Ausübung des Gewerbes genannt, während die Bewachungsverordnung neben der Durchführung des Unterrichtungsverfahrens und der Sachkundeprüfung Verpflichtungen bei der Ausübung des Gewerbes beinhaltet.

Falsch sind die erste und die zweite Antwort. Das Strafgesetzbuch enthält im allgemeinen Teil Regelungen, welche für die im besonderen Teil aufgeführten Straftatbestände gelten. Die Unfallverhütungsvorschriften dienen der Unfallverhütung und sind nicht dem Gewerberecht zuzurechnen.

2. Warum ist für bestimmte Tätigkeiten im Bewachungsgewerbe eine Sachkundeprüfung (nicht Waffensachkundeprüfung) vorgeschrieben?
   - O Weil für diese Tätigkeiten meist eine höhere Bezahlung erfolgt.
   - O Weil bei diesen Tätigkeiten immer eine Dienstkleidung getragen werden muss.
   - O Weil bei diesen Tätigkeiten häufiger berufliche Konfliktsituationen auftreten können und daher fundierte Rechtskenntnisse und ausgeprägte Fähigkeiten im Umgang mit Menschen erforderlich sind.

Erläuterung:

Richtig ist die dritte Antwort. Da mit der Tätigkeit des Kaufhausdetektivs häufig Rechtseingriffe verbunden sind, bei Einlasskontrollen in gastgewerbliche Diskotheken Konflikte mit Besuchern nicht selten sind, und so genannte City-Streifen vergleichbar mit polizeilichen Präsenzstreifen in der Öffentlichkeit auftreten, sind auch besondere Anforderungen an dieses Sicherheitspersonal zu stellen.

Falsch sind die erste und die zweite Antwort. Diese Gründe spielen bei der Zuordnung der Tätigkeiten zur Sachkundeprüfung keine Rolle.

3. Die Bewachungsverordnung enthält neben der Regelung des Unterrichtungsverfahrens und der Sachkundeprüfung Verpflichtungen für die Ausübung des Gewerbes. Richten sich diese Verpflichtungen vorrangig an einen bestimmten Personenkreis? Wenn ja, an welchen?
   - ○ Ja, vorrangig an die Gewerbetreibenden.
   - ○ Ja, vorrangig an das Bewachungspersonal.
   - ○ Nein, gleichrangig an die Gewerbetreibenden und das Bewachungspersonal.

Erläuterung:

Richtig ist die erste Antwort. Die meisten Verpflichtungen aus der Bewachungsverordnung richten sich an den Gewerbetreibenden. Die Nichtbefolgung der Unternehmerpflichten sind in der Regel Ordnungswidrigkeiten, die mit Geldbußen geahndet werden können. Außerdem kann die zuständige Behörde die weitere Ausübung des Gewerbes untersagen. Aus der vorstehenden Aussage ergibt sich, dass die zweite und die dritte Antwort falsch sind.

4. Welche Verpflichtungen sind beispielsweise in der Bewachungsverordnung aufgeführt?
   - ○ Abschluss einer Haftpflichtversicherung, Ausstellung eines Ausweises für die Wachpersonen, besondere Bestimmungen für Geldtransporte.
   - ○ Datenschutz/Wahrung von Geschäftsgeheimnissen mit schriftlicher Verpflichtung des Bewachungspersonals, Erstellung einer Dienstanweisung und deren Aushändigung mit der Unfallverhütungsvorschrift DGUV Vorschrift 23 / BGV C7 an das Sicherheitspersonal gegen Empfangsbescheinigung, Buchführung und Aufbewahrungspflichten.

Erläuterung:

Richtig ist die zweite Antwort. Hier sind durchgängig Verpflichtungen aus der Bewachungsverordnung aufgeführt. Falsch ist die erste Antwort. Zwar sind der Abschluss einer Haftpflichtversicherung und die Ausstellung eines Ausweises für die Wachpersonen Verpflichtungen aus der Bewachungsverordnung. Jedoch sind die besonderen Bestimmungen für Geldtransporte in der DGUV 23 / BGV C7 aufgeführt, so dass die Antwort insgesamt falsch ist.

III. Datenschutzrecht

Grundlage für das derzeit geltende Datenschutzrecht ist u.a. die EU-Richtlinie 95/46/EG von 1995. Eine Richtlinie überlässt den Staaten einen Gestaltungsfreiraum, um das mit der Richtlinie angestrebte Ziel zu erreichen. In Deutschland ist das Bundesdatenschutzgesetz erlassen worden.

Diese EU-Richtlinie könnte in eine EU-Verordnung umgewandelt werden, die dann unmittelbar geltendes Recht darstellen würde. Nationales Recht darf europäisches Recht nur ausfüllen und dazu nicht im Widerspruch stehen. Ein Entwurf zu dieser EU-Verordnung von Januar 2012 enthält zahlreiche wesentliche Veränderungen. Der Entwurf stellt eine gute Grundlage dar, auf seiner Basis könnten aber noch einige Verbesserungen geboten sein. Wegen des schwierigen Abstimmungsprozesses ist mit mehrjährigen Verhandlungen zu rechnen, so dass mit einer Verabschiedung zunächst nicht vor Ende 2014 zu rechnen war. Deshalb war auf eine inhaltliche Darstellung in der Vorauflage verzichtet worden. Auch bei dieser Drucklegung werden immer noch grundsätzliche inhaltliche Fragen diskutiert. Weiter ist vorgesehen, dass diese EU-Verordnung erst 2 Jahre nach ihrer Verabschiedung und Veröffentlichung im Verordnungsblatt in Kraft treten soll. Es dürfte also mit einer Ablösung des geltenden Bundesdatenschutzgesetzes nicht vor 2017 zu rechnen sein, so dass eine Darstellung auch hier unterbleibt.

1. Datenschutz und Bewachungsgewerbe

Zunächst soll dargestellt werden, was unter Datenschutz zu verstehen ist und welche kollidierenden Interessenlagen mit diesem Thema verknüpft sind. Dann werden Berührungsfelder des Bewachungsgewerbes mit dem Datenschutz aufgezeigt.

1.1. Recht auf informationelle Selbstbestimmung

Das Bundesverfassungsgericht hat 1983 im Volkszählungsurteil aus Artikel 1 GG (Schutz der Menschenwürde) und aus Artikel 2 GG (Allgemeines Persönlichkeitsrecht) das Grundrecht auf informationelle Selbstbestimmung abgeleitet. Hierunter ist das Recht des einzelnen zu verstehen, grundsätzlich selbst zu entscheiden, welche Lebenssachverhalte er offenbaren will. Jeder Mensch hat auch das Recht zu wissen, wer was wann wo über ihn erfasst, speichert, für oder gegen ihn verwendet.
Durch das Datenschutzrecht ist der Umgang mit personenbezogenen Daten geschützt. Personenbezogene Daten sind Einzelangaben über persönliche oder sachliche Verhältnisse einer bestimmten oder bestimmbaren natürlichen Person. Also zählen nicht nur die Angaben im Personalausweis oder Reisepass hierzu, sondern alle Informationen,

unabhängig von ihrer Repräsentation wie Schrift, Bild, Ton oder auch Speichel, die einer bestimmten oder bestimmbaren natürlichen Person zugeordnet werden können.

1.2. Übergeordnetes staatliches Interesse

Eine der wesentlichen Aufgaben eines Staates ist es, die individuellen Freiheits- und Persönlichkeitsrechte seiner Bürger zu schützen. Hierbei gewinnt das Recht auf informationelle Selbstbestimmung zunehmend an Bedeutung, da die sich immer weiter entwickelnde Informationstechnik eine umfassende Auswertung und Verknüpfung der personenbezogenen Daten ermöglicht. Die staatliche Verantwortung gebietet daher Schutzvorrichtungen zur Gewährleistung der Intimsphäre und Persönlichkeitsrechte. Diese Schutzvorrichtungen sind in speziellen Gesetzen zum Beispiel dem Bundesdatenschutzgesetz und den Landesdatenschutzgesetzen aber auch in anderen Gesetzen wie zum Beispiel dem Strafgesetzbuch und der Strafprozessordnung sowie dem Sozialgesetzbuch oder Kunsturhebergesetz zu finden. Auch die Einrichtung von Bundes- und Landesdatenschutzbeauftragten gewährt Schutz vor einer Verletzung der Datenschutzbestimmungen.

Im Interesse der Gewährleistung der öffentlichen Sicherheit und Ordnung müssen aber Persönlichkeitsrechten und Datenschutz Grenzen gesetzt werden. Wichtige Informationen zur Verbrechensbekämpfung und zur Gefahrenabwehr zum Beispiel bei der Planung terroristischer Anschläge könnten sonst gar nicht oder zu spät den zuständigen staatlichen Stellen bekannt werden. Bei dieser Grenzziehung, die in einem Rechtsstaat gesetzliche Grundlagen haben muss, kommt es häufig zu kontroversen Diskussionen. Videoüberwachungen beispielsweise auf Bahnhöfen ermöglichen einerseits eine schnelle Aufklärung von Straftaten und schrecken möglicherweise potenzielle Straftäter ab. Andererseits wird sich der Bürger wünschen, dass es auch Orte gibt, die nicht videoüberwacht werden. Die gesetzlichen Rahmenbedingungen zur Videoüberwachung werden in diesem Kapitel unter Punkt 2.5. erläutert werden.

1.3. Berührungsfelder zum Bewachungsgewerbe

Das Bewachungsgewerbe ist in vielfacher Form in den Datenschutz involviert. Beispiele sind:

- Erhebung und Verarbeitung von Besucherdaten im Empfangs- oder Tordienst.
- vorläufige Festnahme von Ladendieben mit Erfassung der Personalien.
- Ermittlungen von Detekteien.
- Prüfdienst im öffentlichen Personen- und Nahverkehr.
- Videoüberwachung von Betriebsgeländen.

Bei diesen Tätigkeiten werden personenbezogene Daten, wie Personalien, aber auch gegebenenfalls Zeit und Ort der Feststellung, Grund und Dauer des Aufenthaltes, Kraftfahrzeugkennzeichen, mitgeführte Gegenstände oder sonstige Besonderheiten, festgestellt und verarbeitet, d. h. erhoben, gespeichert, ausgewertet, weiter gegeben. Der sorgfältige und gewissenhafte Umgang mit personenbezogenen Daten ist nicht nur eine gesetzliche Forderung nach dem Bundesdatenschutzgesetz und § 8 Bewachungsverordnung, sondern auch eine berufsethische Verpflichtung eines Dienstleisters im Sicherheitsgewerbe.
Selbst wenn der Mitarbeiter diese Verpflichtung verinnerlicht hat, gelingt es auf Datendiebstahl spezialisierten Profis oder Hackern immer wieder, ihm wichtige Informationen zu entlocken. Auf den ersten Blick sind das scheinbar belanglose Dinge, die jedoch die Grundlage für einen gezielten Angriff bilden können. Um solche Informationen zu erlangen, manipulieren Datendiebe die Mitarbeiter durch den gezielten Einsatz von psychologischen Techniken. Dabei werden menschliche Eigenschaften des Gesprächspartners oder einer Zielperson wie Freundlichkeit, Vertrauen, Arglosigkeit, Hilfsbereitschaft, Gehorsam etc. genutzt.
Diese Methode wird als „Social Engineering" bezeichnet. Die Mehrzahl der Angriffe erfolgt über meist nichts Böses ahnende Dienstleister oder Zulieferer. Anzuraten ist ein gezieltes Trainingsprogramm, indem die Techniken der Agenten dargestellt und bewährte Abwehrstrategien und -methoden demonstriert und geübt werden.

2. Die wichtigsten Bestimmungen, Begriffe und Grundsätze

Sinn und Zweck des Bundesdatenschutzgesetzes ist es, den einzelnen davor zu schützen, durch den Umgang mit seinen personenbezogenen Daten in seinem Persönlichkeitsrecht unzulässig eingeschränkt zu werden.
Das Gesetz gilt für öffentliche Stellen des Bundes und für nicht öffentliche Stellen, es sei denn, die Erhebung, Verarbeitung oder Nutzung der Daten erfolgt ausschließlich für persönliche oder familiäre Zwecke.
Nicht öffentliche Stellen können Natürliche Personen wie zum Beispiel Freiberufler oder Gewerbetreibende oder Juristische Personen des Privatrechts wie zum Beispiel wirtschaftliche Vereine, eingetragene Idealvereine, Kapitalgesellschaften oder Personengesellschaften des Handelsrecht etc. sein.
Der Gewerbetreibende und seine Bewachungspersonen haben also in ihrer Berufsausübung die Vorschriften des Bundesdatenschutzgesetzes zu beachten.

2.1. Begriffserklärungen

Es sind grundlegende Begriffe zu erläutern:

Personenbezogene Daten: Personenbezogene Daten sind Einzelangaben über persönlichen oder sachliche Verhältnisse einer bestimmten oder bestimmbaren natürlichen Person. Bestimmt heißt, die Information ist ohne zusätzliche Operation einer Person zuordnungsbar. Bestimmbar bedeutet, dass der Personenbezug irgendwie herstellbar ist.

Persönliche oder sachliche Verhältnisse: Dieser Begriff ist umfassend gemeint. Es sind alle persönlichen Einzelangaben gemeint.

Anonymisierte/pseudonymisierte Daten: ...sind derart verändert, dass sie sich nicht mehr oder nur noch mit einem unverhältnismäßig großen Aufwand auf eine bestimmte Person beziehen bzw. eine solche erkennen lassen.

Erheben: Erheben ist das gezielte Beschaffen von Daten.

Allgemein zugängliche Quellen: Hierunter fällt jede Informationsquelle, die technisch geeignet und bestimmt ist, der Allgemeinheit Informationen zu verschaffen.

Übermitteln: Es ist ein zweckgerichtetes Handeln und kann in jeder Form erfolgen.

Sperren: Es ist ein Kennzeichen für personenbezogene Daten, um ihre weitere Verarbeitung oder Nutzung einzuschränken.

Nutzen: Es ist ein Auffangtatbestand im Bundesdatenschutzgesetz für alle Fälle der Verarbeitung von Daten.

Verarbeiten: Es ist ein Sammelbegriff für automatisiertes oder manuelles Speichern von Daten.

Verändern: Es ist die inhaltliche Umgestaltung gespeicherter Daten.

Löschen: Es ist das Unkenntlich-Machen d.h. physikalische Löschen von Daten.

Speichernde Stelle: Es ist jede Person oder Stelle, die personenbezogen Daten speichert oder speichern lässt. Sie ist datenschutzrechtlich verantwortlich.

Dritter: Dritter ist jede Person oder Stelle, die nicht speichernde Stelle, Betroffener, Betriebsrat, Personalrat, Schwerbehindertenvertreter etc. ist.

Dateien: Es sind Sammlungen personenbezogener Daten, die nach bestimmten Merkmalen automatisiert oder nichtautomatisiert ausgewertet werden können. Auch Akten gehören dazu, wenn sie entsprechende Merkmale aufweisen. Grundsätzlich sind Handzettel, Notizen, Listen keine Dateien im Sinne des Bundesdatenschutzgesetzes.

Geschäftsmäßig: Dieser Begriff ist im Sinne von „geschäftlich" zu verstehen, soweit die Tätigkeit nicht unter beruflich oder gewerblich eingeordnet werden kann.

Beruflich: Hierunter sind alle haupt- oder nebenberuflichen Tätigkeiten zu verstehen.

Gewerblich: ... sind alle Tätigkeiten im Zusammenhang mit einem Gewerbe.

Besondere Arten von personenbezogenen Daten: Hierunter fallen alle Angaben über die rassische und ethnische Herkunft, politische Meinungen, religiöse oder philosophische Überzeugungen, Gewerkschaftszugehörigkeit, Gesundheit oder Sexualleben. Es sind die so genannten sensiblen Daten.

2.2. Grundsätze

Es sind folgende Grundsätze zu beachten:

Datengeheimnis: Allen bei der Datenverarbeitung beschäftigten Personen ist es untersagt, personenbezogene Daten unbefugt zu verarbeiten oder zum eigenen Vorteil zu nutzen.

Datenvermeidung/Datensparsamkeit: Die Datenverarbeitungssysteme sollen so ausgerichtet sein, dass keine oder so wenig wie möglich personenbezogene Daten erhoben, verarbeitet oder genutzt werden. Außerdem soll – soweit zweckmäßig – die Möglichkeit der Anonymisierung oder Pseudonymisierung genutzt werden.

Direkterhebung beim Betroffenen: Personenbezogene Daten sind grundsätzlich beim Betroffenen zu erheben.

Einwilligung des Betroffenen: Grundsätzlich setzt die Datenerhebung die Einwilligung des Betroffenen voraus. Sie bedarf der Schriftform, soweit nicht wegen besonderer Umstände eine andere Form angemessen ist. Unter Berücksichtigung des

Grundsatzes der Einwilligung des Betroffenen sollte auf den Besucherscheinen die schriftliche Einwilligung des Besuchers zur Datenerhebung und Datenspeicherung mit Angabe des Zeitraumes eingeholt werden.
Werden personenbezogene Daten aufgrund einer Rechtsvorschrift erhoben, die zur Auskunft verpflichtet, so ist der Betroffene hierauf oder auf die Möglichkeit der Freiwilligkeit hinzuweisen.

Abwägung der Wahrung berechtigter Interessen der verantwortlichen Stelle mit dem schutzwürdigen Interesse des Betroffenen: Die Erhebung und Verarbeitung personenbezogener Daten als Mittel für die Erfüllung eigener Geschäftszwecke ist ohne Einwilligung dann zulässig, wenn ein berechtigtes Interesse vorliegt und das schutzwürdige Interesse des Betroffenen an dem Ausschluss der Verarbeitung oder Nutzung nicht überwiegt.

Zweckbindung der Datenerhebung: Bei der Erhebung personenbezogener Daten sind die Zwecke, für die Daten verarbeitet oder genutzt werden sollen, konkret festzulegen. Für andere Zwecke dürfen sie nur unter besonderen Voraussetzungen übermittelt oder genutzt werden.

Unabdingbare Rechte des Betroffenen: Der Betroffene kann Auskunft verlangen über Art und Umfang seiner gespeicherten personenbezogenen Daten, Zweck der Speicherung und Weitergabe. Bei erstmaliger Speicherung ohne seine Kenntnis ist er grundsätzlich zu benachrichtigen.
Bei fehlerhaften personenbezogenen Daten sind diese zu berichtigen. Ist eine Speicherung unzulässig oder nicht mehr erforderlich, sind die Daten zu löschen.
An die Stelle einer Löschung kann unter besonderen Umständen eine Sperrung treten (siehe § 35 Abs. 3 Bundesdatenschutzgesetz).

2.3. Betrieblicher Datenschutzbeauftragter

Bei nicht öffentlichen Stellen ist ein Datenschutzbeauftragter zu bestellen, wenn

- personenbezogene Daten von mindestens 10 Mitarbeitern automatisiert verarbeitet werden,
- personenbezogene Daten von mehr als 20 Personen auf andere Art und Weise verarbeitet werden
  oder
- Unternehmen, unabhängig von der Anzahl der Mitarbeiter, personenbezogene Daten geschäftsmäßig zum Zwecke der Übermittlung erheben, verarbeiten oder nutzen.

Der betriebliche Datenschutzbeauftragte muss für seine Tätigkeit die erforderlichen Fachkenntnisse besitzen. Er ist unmittelbar dem Inhaber, Vorstand oder Geschäftsführer unterstellt, unterliegt aber bei der Ausübung seiner fachlichen Tätigkeit keiner Weisung.
Die wichtigsten Aufgaben und Pflichten des Betrieblichen Datenschutzbeauftragten sind:

- Gestaltung der innerbetrieblichen Organisation entsprechend den Anforderungen des Datenschutzes (siehe Punkt 2.4. dieses Kapitels).
- Schulung der Mitarbeiter.
- Überwachung der ordnungsgemäßen Anwendung der Datenverarbeitungsprogramme.
- Durchführung der Vorabkontrolle sensibler personenbezogener Daten (siehe Punkt 2.1. dieses Kapitels).

2.4. Technische und organisatorische Maßnahmen bei der Datenerhebung und Datenverarbeitung

Die verantwortliche Stelle hat folgende technischen und organisatorischen Maßnahmen für die Gewährleistung der Einhaltung der Bestimmungen des BDSG zu treffen:

- Zutrittskontrolle: Unbefugten ist der räumliche Zutritt zu Datenverarbeitungsanlagen zu verwehren.
- Zugangskontrolle: Sie soll verhindern, dass Datenverarbeitungssysteme von Unbefugten genutzt werden können.
- Zugriffskontrolle: Sie soll gewährleisten, dass die Berechtigten ausschließlich auf die ihrer Zugriffsberechtigung unterliegenden Daten zugreifen können.
- Weitergabekontrolle: Sie soll gewährleisten, dass personenbezogene Daten bei der elektronischen Übertragung oder während des Transports oder der Speicherung auf Datenträger nicht unbefugt gelesen, kopiert, verändert oder entfernt werden können. Ferner soll überprüft und festgestellt werden können, an welche Stelle eine Datenübermittlung vorgesehen ist.
- Eingabekontrolle: Sie soll gewährleisten, dass nachträglich überprüft und festgestellt werden kann, ob und von wem personenbezogene Daten in Datenverarbeitungssysteme eingegeben oder in diesen Systemen verändert oder entfernt worden sind.
- Auftragskontrolle: Sie soll gewährleisten, dass personenbezogene Daten, die im Auftrag verarbeitet werden, nur entsprechend den Weisungen des Auftraggebers verarbeitet werden können.
- Verfügbarkeitskontrolle: Sie soll gewährleisten, dass personenbezogene Daten gegen zufällige Zerstörung oder Verlust geschützt sind.

- Zweckbindungskontrolle: Sie soll gewährleisten, dass personenbezogene Daten nur im vorgegebenen Zweck erhoben und verarbeitet werden können (Trennungsgebot für zu unterschiedlichen Zwecken erhobene Daten).

2.5. Videoüberwachung

Öffentlich zugängliche Räume dürfen durch öffentliche Stellen und durch nicht öffentliche Stellen unter folgenden Voraussetzungen und Bedingungen mit optisch-elektronischen Einrichtungen überwacht werden:

- zur Aufgabenerfüllung öffentlicher Stellen,
- zur Wahrnehmung des Hausrechtes oder
- zur Wahrnehmung berechtigter Interessen für konkret festgelegte Zwecke.

Die Überwachung muss erforderlich sein und es dürfen keine Anhaltspunkte bestehen, dass schutzwürdige Interessen der Betroffenen überwiegen. Die Tatsache, dass beobachtet wird und wer für diese Beobachtung verantwortlich ist, muss durch geeignete Maßnahmen wie zum Beispiel Hinweisschilder erkennbar sein.

In der umfangreichen, aktuellen Rechtsprechung wird die Auffassung vertreten, dass eine verdeckte Videoüberwachung nur in Ausnahmen –bei einem konkreten Tatverdacht und unter Wahrung der Verhältnismäßigkeit- zulässig sei. Vorher habe das Unternehmen alle anderen Mittel zur Aufklärung der Straftat auszuschöpfen.
In einem Entwurf der Bundesregierung vom 25. August 2010 zum Beschäftigtendatenschutz, welches sich in einem eigenen Kapitel des Bundesdatenschutzgesetzes wieder finden soll, ist eine verdeckte Videoüberwachung aber ausnahmslos verboten. Nach Anhörung der Interessengruppen befindet sich der Gesetzesentwurf zur Beratung im Bundestag (Stand: November 2012). Der Entwurf wird insgesamt kontrovers diskutiert insbesondere im Hinblick auf seine Zielsetzung, klare gesetzliche Regelungen zu schaffen und dabei einerseits die Beschäftigten vor unrechtmäßiger Erhebung ihrer personenbezogenen Daten zu schützen und andererseits das Informationsinteresse des Arbeitgebers zu beachten. Ob und wann der Gesetzesentwurf verabschiedet wird, kann zurzeit nicht gesagt werden.
In der vergangenen Legislaturperiode hat die Bundesregierung im Februar 2013 „aufgrund vielfältiger Widerstände" das Vorhaben aufgegeben und auf die nächste Legislaturperiode verschoben.
Auch in dieser Legislaturperiode ist bei Drucklegung dieser Auflage dieses Gesetz noch nicht verabschiedet worden.

Werden erhobene Daten einer bestimmten Person zugeordnet, so ist sie über die Nutzung bzw. Verarbeitung zu informieren. Die Daten sind unverzüglich zu löschen, wenn sie zur Erreichung des Zwecks nicht mehr erforderlich sind oder schutzwürdige Interessen der Betroffenen einer weiteren Speicherung entgegenstehen.

2.6. Folgen bei Verstößen gegen das Datenschutzgesetz

Die Folgen bei Verstößen gegen das Datenschutzgesetz stellen sich wie folgt dar: Zunächst kann sich eine Schadensersatzpflicht ergeben.

> **§ 7 Schadensersatz**
> **Fügt eine verantwortliche Stelle dem Betroffenen durch eine nach diesem Gesetz oder nach anderen Vorschriften unzulässige oder unrichtig Erhebung, Verarbeitung oder Nutzung seiner personenbezogenen Daten einen Schaden zu, ist sie oder ihr Träger dem Betroffenen zum Schadensersatz verpflichtet. Die Ersatzpflicht entfällt, soweit die verantwortliche Stelle die nach den Umständen des Falles gebotene Sorgfalt beachtet hat.**

Die Beweislast für die gebotene Sorgfalt liegt bei der verantwortlichen Stelle.

Ferner können auch straf- und ordnungswidrigkeitenrechtliche Sanktionen verhängt werden. Grundsätzlich stellen Verstöße gegen die Bestimmungen des Bundesdatenschutzgesetzes Ordnungswidrigkeiten dar, die mit Bußgeld geahndet werden können. Einige Verstöße werden bei vorsätzlicher Begehungsweise bzw. bei einer Begehung mit Bereicherungsabsicht als Straftaten eingestuft und geahndet.
Die Straftaten nach dem Bundesdatenschutzgesetz werden als absolute Antragsdelikte nur auf Antrag verfolgt. Antragsberechtigt sind der Betroffene, die verantwortliche Stelle, der Bundesbeauftragte für Datenschutz und die Aufsichtsbehörde.

3. Weitere gesetzliche Bestimmungen zum Datenschutz

Neben dem speziellen Bundesdatenschutzgesetz enthalten weitere Gesetze Bestimmungen zum Datenschutz:

3.1. Strafgesetzbuch

Das Strafgesetzbuch enthält im Besonderen Teil einen 15. Abschnitt zur Verletzung des persönlichen Lebens- und Geheimbereichs sowie in Kürze eine Norm betreffend Nachstellung, die im Kapitel V. „Straf- und Verfahrensrecht" erläutert werden:

- § 201 Verletzung der Vertraulichkeit des Wortes
- § 202 Verletzung des Briefgeheimnisses
- § 202a Ausspähen von Daten
- § 203 Verletzung von Privatgeheimnissen
- § 204 Verwertung fremder Geheimnisse
- § 206 Verletzung des Post- oder Fernmeldegeheimnisses
- § 238 Nachstellung/Stalking

3.2. Strafprozessordnung

Auch die Strafprozessordnung enthält entsprechende Bestimmungen, die mittelbar auch dem Datenschutz dienen und ebenfalls im Kapitel V. erläutert werden:

- § 52 Zeugnisverweigerungsrecht aus persönlichen Gründen
- § 53 Zeugnisverweigerungsrecht aus beruflichen Gründen

3.3. Kunsturhebergesetz

Regelungen sind auch im Kunsturhebergesetz enthalten:
Grundsätzlich dürfen Bildnisse (Fotos) nur mit Einwilligung des Abgebildeten verbreitet oder öffentlich zur Schau gestellt werden. Verstöße können auch hier zu strafrechtlichen Sanktionen führen bzw. einen Schadenersatzanspruch begründen.
Die Einwilligung ist in folgenden Fällen nicht erforderlich, wobei ein berechtigtes Interesse des Abgebildeten nicht verletzt werden darf:

- Bildnisse aus dem Bereiche der Zeitgeschichte.
- Bilder, auf denen die Personen nur als Beiwerk neben einer Landschaft oder sonstigen Örtlichkeit erscheinen.
- Bilder von Versammlungen, Aufzügen und ähnlichen Vorgängen, an denen die dargestellten Personen teilgenommen haben.
- Bildnisse, die nicht auf Bestellung angefertigt sind, sofern die Verbreitung oder Schaustellung einem höheren Interesse der Kunst dient.

3.4. Sozialgesetzbuch

Letztlich sind Datenschutzbestimmungen auch im Sozialgesetzbuch erwähnt.
Im Sozialgesetzbuch I regelt § 35 das Sozialgeheimnis. In dieser Norm ist der Anspruch für jedermann enthalten, dass die ihn betreffenden Sozialdaten von den Leistungsträgern nicht unbefugt erhoben, verarbeitet oder genutzt werden. Die Wahrung des Sozialgeheimnisses umfasst die Verpflichtung, auch innerhalb des Leistungsträgers sicherzustellen, dass die Sozialdaten nur Befugten zugänglich sind oder nur an diese weitergegeben werden.

Kontrollfragen:

1. Gibt es Berührungspunkte des Bewachungsgewerbes zum Datenschutz?
   - O Nein, für Datenschutz sind nur die Auftraggeber zuständig.
   - O Ja, aber nur in Ausnahmefällen im Ermittlungsdienst.
   - O Ja, in vielfältiger Form, z.B. im Empfangsdienst, Veranstaltungsdienst, Objektschutz, Werkschutz, Personenschutz, Ermittlungsdienst.

Erläuterung:

Richtig ist die dritte Antwort. Tatsächlich ergibt sich regelmäßig aus dem beruflichen Auftrag der Umgang mit personenbezogenen Daten, beispielsweise bei der Ausstellung von Besucherscheinen im Empfangsdienst. Deshalb wird der Datenschutz und die Wahrung von Geschäftsgeheimnissen in der Bewachungsverordnung ausdrücklich angesprochen. Falsch sind die erste und die zweite Antwort. Natürlich hat auch der Auftraggeber die Datenschutzbestimmungen zu beachten, er ist aber nicht allein dafür zuständig. Wie vorstehend ausgeführt, beschränken sich die Berührungspunkte des Bewachungsgewerbes zum Datenschutz nicht auf Ausnahmefälle.

2. Was sind personenbezogene Daten im Sinne der Datenschutzbestimmungen?
   - O Einzelangaben über persönliche oder sachliche Verhältnisse einer bestimmten oder bestimmbaren natürlichen Person.
   - O Nur die Daten, die im Personalausweis stehen.
   - O Besondere unveränderbare Merkmale einer Person.

Erläuterung:

Richtig ist die erste Antwort. Diese Antwort entspricht der Begriffsbestimmung des § 3 Abs. 1 Bundesdatenschutzgesetz. Mit dieser Begriffsbestimmung soll deutlich gemacht werden, dass alle Informationen über eine bestimmte oder bestimmbare natürliche Person zu den geschützten Daten gehören.
Aus dieser Erklärung ergibt sich, dass die zweite und die dritte Antwort falsch sind.

3. Was ist unter dem Grundsatz der Zweckbindung bei der Datenerhebung zu verstehen?
   - ○ Es müssen zweckmäßige Datenerhebungseinrichtungen genutzt werden.
   - ○ Der personelle und materielle Aufwand bei der Datenerhebung darf nicht zu hoch sein.
   - ○ Bei der Erhebung personenbezogener Daten sind die Zwecke, für die Daten verarbeitet oder genutzt werden, konkret festzulegen.
     Für andere Zwecke dürfen Daten nur unter besonderen Voraussetzungen übermittelt oder genutzt werden.

Erläuterung:

Richtig ist die dritte Antwort. Mit dieser Regelung soll vor allem dem unbefugten Datenhandel Einhalt geboten werden. Falsch sind die erste und die zweite Antwort. Art und Aufwand der Datenerhebung spielen bei diesem Grundsatz keine Rolle.

4. Videoüberwachung ist unter bestimmten Voraussetzungen und Bedingungen durch öffentliche und nicht öffentliche Stellen zulässig. Welche der nachstehend aufgeführten Voraussetzungen und Bedingungen sind richtig?
   - ○ Videoüberwachungen sind zur Aufgabenerfüllung öffentlicher Stellen oder zur Wahrnehmung des Haurechtes oder zur Wahrung berechtigter Interessen für konkret festgelegte Zwecke zulässig. Die Überwachung muss erforderlich sein, und es dürfen keine schutzwürdigen Interessen des Betroffenen überwiegen. Die Tatsache, dass beobachtet wird und wer verantwortlich ist, muss durch geeignete Maßnahmen wie z.B. Hinweisschilder erkennbar sein.
   - ○ Es muss ein beliebiges Bedürfnis bestehen.
     Dann genügt der Hinweis auf die Videoüberwachung.

Erläuterung:

Richtig ist die erste Antwort. Der Gesetzgeber hat genaue gesetzliche Voraussetzungen und Bedingungen für die Videoüberwachung genannt, da es noch unüberwachte Freiräume geben muss. Falsch ist die zweite Antwort. Nicht jedes Bedürfnis z.B. nach Neugierde oder Kundenauswahl berechtigt zu einer Videoüberwachung.

IV. Bürgerliches Recht

Nachfolgend werden die Grundlagen des bürgerlichen Rechts erläutert. Es soll bereits jetzt erwähnt werden, dass sämtliche Jedermannsrechte in diesem Kapitel erläutert werden. Dieser Hinweis gilt auch für die sich aus dem Straf- und Verfahrensrecht ergebenden Jedermannsrechte.

Im Kapitel I. ist bereits ausgeführt worden, dass das Bürgerliche Recht die materiellen Rechtsbeziehungen der Bürger untereinander regelt. Der eine Bürger möchte etwas von dem anderen Bürger. Er meint, eine Forderung gegen einen anderen zu haben. Dieser Anspruch kann zum Beispiel auf ein Handeln oder Unterlassen bzw. die Zahlung eines Geldbetrages gerichtet sein.

1. Erläuterung von Eigentum, Besitz, Sache und Besitzdienerschaft

Wesentliche Begriffe des Bürgerlichen Rechts, die später auch im Kapitel V. „Straf- und Verfahrensrecht" für das Grundverständnis benötigt werden, sollen nunmehr erläutert werden.

1.1. Besitz und Eigentum

Beispiel: Sicherheitskraft O. mietet sich zur Ausführung eines Auftrags technische Geräte bei dem Unternehmen X. Die technischen Geräte stehen im Eigentum der X.., da X. über die rechtlich anerkannte Sachherrschaft verfügt. X. „gehören" die Geräte.

§ 903 BGB:
Der Eigentümer einer Sache kann ... mit der Sache nach Belieben verfahren ...

Sicherheitskraft O. ist während der Verwendung der Geräte Besitzer, da er über die tatsächliche Sachherrschaft verfügt.

§ 854 Abs. 1 BGB:
Der Besitz einer Sache wird durch die Erlangung der tatsächlichen Gewalt über die Sache erworben.

Nach Ablauf der Mietzeit kann X. als Eigentümerin die Rückgabe ihrer Geräte vom Besitzer O. verlangen.

§ 985 BGB:
Der Eigentümer kann von dem Besitzer die Herausgabe der Sache verlangen.

1.2. Sache

Eine Sache im Sinne des Bürgerlichen Rechts ist gemäß § 90 BGB ein körperlicher d.h. fester, flüssiger oder gasförmiger Gegenstand, der beweglich oder unbeweglich (Grundstücke, Immobilien) sein kann. Tiere sind zwar keine Sachen; die für Sachen geltenden Vorschriften sind aber gemäß § 90a BGB auf Tiere anzuwenden.

1.3. Besitzdienerschaft

Dem Besitz ähnlich ist die Besitzdienerschaft aus § 855 BGB. Der Besitzdiener übt für einen anderen die tatsächliche Sachherrschaft weisungsgebunden über eine Sache in dessen Haushalt oder Erwerbsgeschäft aus. Regelmäßig wird Besitzdienern auch zugleich das Hausrecht übertragen, sodass sie dann die gleichen Rechte haben wie der Hausrechtsinhaber.

2. Unerlaubte Handlung

Eine wichtige Grundnorm des BGB ist die Vorschrift zu der so genannten unerlaubten Handlung des § 823 Absatz 1 BGB:

> **§ 823 Abs. 1 BGB:**
> **Wer ... fahrlässig ... das Eigentum ... eines anderen widerrechtlich verletzt, ist dem anderen zum Ersatz des daraus entstehenden Schadens verpflichtet.**

Eine unerlaubte Handlung ist kurz beschrieben eine rechtswidrige Verletzung eines Rechtsguts eines anderen.
Beispiel: Verursacht O. als Mieter (Besitzer) an den gemieteten technischen Geräten des X. einen Schaden, so muss O. der Eigentümerin X. diesen Schaden grundsätzlich ersetzen.

Der Begriff „widerrechtlich" im § 823 Abs. 1 BGB weist aber auch darauf hin, dass es zu einer Schadensverursachung kommen kann, welche nicht „widerrechtlich" ist. Der entstandene Schaden kann nicht als rechtswidrig bezeichnet werden. Der Schadensverursacher kann sich auf ein Jedermannsrecht berufen.
Beispiel: Sicherheitskraft B. trägt ein Diensthandy, das er aus Wut mit Vorsatz gegen die Wand wirft. Das Handy wird zerstört. Das Verhalten des B. ist rechtswidrig d.h., widerrechtlich. B. kann sich nicht auf ein Jedermannsrecht berufen. B. wird den Schaden nach § 823 Abs. 1 BGB bezahlen müssen.
Beispiel: Sicherheitskraft B. trägt eine große Handleuchte, die er in der Form beschädigt, dass er mit der Handleuchte einen angreifenden Hund abwehrt. Hier handelt

B. weder hinsichtlich der Handleuchte noch hinsichtlich des Hundes widerrechtlich bzw. rechtswidrig. Sein Verhalten ist erlaubt bzw. gerechtfertigt, denn B. kann sich auf die Jedermannsrechte des Defensivnotstandes des § 228 BGB hinsichtlich des Hundes sowie des aggressiven Notstandes des § 904 BGB hinsichtlich der Handleuchte berufen. Diese beiden Rechte werden auch Rechtfertigungsgründe genannt. Hinsichtlich des Hundes muss B. dem Halter des Hundes keinen Schadensersatz zahlen. Hinsichtlich der Handleuchte wird der Hundehalter den Schaden bezahlen müssen gemäß § 833 BGB.

Die Rechtfertigungsgründe bzw. Jedermannsrechte befreien bei der Verursachung eines Schadens also grundsätzlich (Ausnahme: § 904 Satz 2 BGB) von der Verpflichtung, einen Schadensersatz zahlen zu müssen.

Sofern Schadensersatzpflichten bestehen, können diese grundsätzlich auch mehrere Personen als Gesamtschuldner treffen wie zum Beispiel Mittäter, Anstifter, Gehilfen oder sonstige Beteiligte (§ 830 BGB).

Kinder, die noch nicht das 7. Lebensjahr vollendet haben, haften nicht für angerichtete Schäden (§ 828 BGB). Allerdings kann es zu einer Haftung der Aufsichtsverpflichteten kommen gemäß § 832 BGB.

Neben der erläuterten Verschuldenshaftung aus § 823 BGB gibt es auch Haftungen für besondere Gefahren ohne Verschulden. Diese werden Gefährdungshaftungen genannt. Hier sind insbesondere die Tierhalterhaftung aus § 833 BGB und die Haftung des Fahrzeughalters aus § 7 Straßenverkehrsgesetz zu nennen.

Von einer Schadensersatzpflicht aus unerlaubter Handlung ist eine Haftung aus dem Abschluss von Verträgen zu unterscheiden. Das im Vertrag Versprochene müssen die Vertragsparteien auch erfüllen. Erfüllt ein Vertragspartner seine so genannte Primärverpflichtung aus einem Vertrag schuldhaft nicht, schlecht, zu früh oder zu spät, so können sich auch daraus Haftungen zum Beispiel auf Schadensersatz ergeben. Eine solche Regelung enthält beispielsweise § 280 BGB.

Der Bewachungsunternehmer kann gegebenenfalls auch für das Fehlverhalten seiner einzelnen Mitarbeiter schadensersatzpflichtig sein. Denn er haftet einerseits aus § 831 BGB für seine Verrichtungsgehilfen und andererseits aus § 278 BGB für seine Erfüllungsgehilfen. Bei Schadensfällen greift möglicherweise die gemäß Bewachungsverordnung vorgeschriebene Betriebshaftpflichtversicherung ein.

Kontrollfragen:

1. Welche Aussage/n zu Eigentum und Besitz ist/sind richtig?
   ○ Der Eigentümer ist auch immer der Besitzer.
   ○ Der Besitzer ist auch immer der Eigentümer.
   ○ Der Eigentümer muss nicht immer auch der Besitzer sein.
   ○ Der Besitzer muss nicht immer auch der Eigentümer sein.

Erläuterung:

Richtig sind die dritte und vierte Antwort, da Eigentum die rechtliche und Besitz die tatsächliche Verfügungsgewalt meint. Eigentum und Besitz können auseinanderfallen, wie zum Beispiel bei der im Eigentum des Vermieters stehenden Wohnung des Mieters, der Besitzer seiner Mietwohnung ist.

2. Bei welcher/n der nachfolgenden Haftung/en handelt es sich um (eine) Verschuldenshaftung/en?
   ○ Tierhalterhaftung des § 833 BGB
   ○ Haftung wegen unerlaubter Handlung nach § 823 BGB
   ○ Haftung des Fahrzeughalters nach § 7 Straßenverkehrsgesetz

Erläuterung:

Die zweite Antwort ist richtig, da es sich bei der Haftung aus § 823 BGB um eine Verschuldenshaftung handelt. Die erste und dritte Antwort sind falsch, da es sich dabei um so genannte Gefährdungshaftungen handelt.

3. Hausrecht, Jedermannsrechte und übertragene Rechte

Rechtfertigungsgründe werden wie gesagt auch Jedermannsrechte genannt. Sie erlauben es jedermann, in bestimmten Situationen eine unerlaubte Handlung zu begehen, ohne dafür Schadensersatz zahlen zu müssen bzw. einen Straftatbestand tatbestandsmäßig zu verletzen, ohne dafür bestraft zu werden.

Beispiel: Wer einer anderen Person ohne sachlichen Grund einen Gegenstand zerstört, kann grundsätzlich wegen Sachbeschädigung gemäß § 303 StGB bestraft werden und muss grundsätzlich den Schaden ersetzen.

Dient die Zerstörung der Sache aber in Notwehr gemäß §§ 32 StGB bzw. 227 BGB der Abwehr eines Angriffs, der beispielsweise mittels eines Besenstiels erfolgt, muss kein Schadensersatz gezahlt werden bzw. es erfolgt keine Bestrafung wegen Sachbeschädigung.

Die Jedermannsrechte bzw. Rechtfertigungsgründe sind es also, die es dem Sicherheitsgewerbe in Konfliktsituationen ausnahmsweise erlauben, Grundrechte oder Rechtsgüter anderer Menschen zu verletzen und damit den Tatbestand einer unerlaubten Handlung oder eines Strafgesetzbuches zu erfüllen, ohne Schadensersatz leisten zu müssen bzw. dafür bestraft zu werden.

Deshalb darf das Sicherheitsgewerbe gegen fremde Sachen oder andere Menschen nur dann Gewalt ausüben und die Rechtsgüter anderer verletzen, wenn es ihnen ein Rechtfertigungsgrund bzw. ein Jedermannsrecht ausnahmsweise erlaubt.
Mit anderen Worten bedeutet das System der Rechtfertigungsgründe bzw. Jedermannsrechte, dass das Recht dem Unrecht nicht weichen muss. Sofern staatliche Hilfe nicht zu erlangen ist, darf jeder das Recht verteidigen und das Unrecht beseitigen.
Die Jedermannsrechte bestehen aus objektiven Elementen. Der Sicherheitsmitarbeiter, der sich auf ein Jedermannsrecht berufen will, muss aber auch subjektiv mit Rechtfertigungswillen handeln.

Als Begrenzung der Rechtfertigungsgründe ist das zivilrechtliche Schikaneverbot zu beachten. Motive wie Hass, Neid, Zorn oder Wut dürfen keine Rolle spielen.

§ 226 BGB:
Die Ausübung eines Rechts ist unzulässig, wenn sie nur den Zweck haben kann, einem anderen Schaden zuzufügen.

Wie bereits erwähnt, gibt es kein besonderes Gesetz für die Befugnisse des Sicherheitsgewerbes. Zwar ist § 34a Gewerbeordnung in den letzten Jahren mehrfach geändert worden. Gleichwohl sind die Jedermannsrechte nicht in einem, sondern in verschiedenen Gesetzen verankert: Strafgesetzbuch (StGB), Strafprozessordnung (StPO) und Bürgerliches Gesetzbuch (BGB). Dieses bedingt, dass in einer Konfliktsituation auch mehrere Jedermannsrechte anwendbar sein können.

Das Tätigwerden von Sicherheitskräften in Konfliktsituationen kann auf dem Hausrecht oder den nachfolgend skizzierten Jedermannsrechten/Rechtfertigungsgründen beruhen:

3.1. Hausrecht

Wesentlicher Inhalt des Hausrechts ist die Entscheidungsbefugnis darüber, wer sich innerhalb der geschützten Räume bzw. des befriedeten Besitztums aufhalten darf. Der Inhaber des Hausrechts hat die Befugnis, über Zutritt und Dauer des Verweilens zu entscheiden. Der Hausrechtsinhaber kann diese Befugnis auch von bestimmten Bedingungen abhängig machen (z.B. kein Zutritt für Jugendliche, kein Zutritt für Personen mit verbotenen Gegenständen). Der Inhaber des Hausrechts ist nicht zwangsläufig auch Eigentümer des geschützten Objekts. Insbesondere an Sicherheitskräfte kann das Hausrecht übertragen werden. Im Falle der Übertragung des Hausrechts besitzt dann die Sicherheitskraft die Befugnis, über den Zugang zu den bzw. den Aufenthalt in den geschützten Räumlichkeiten zu entscheiden. Das Hausrecht der Sicherheitskraft muss dem Recht des Störers vorgehen. So ist zum Beispiel der Pächter Hausrechtsinhaber seiner Gaststätte, die im Eigentum des Verpächters steht.
Verletzungen des Hausrechts können einen Hausfriedensbruch darstellen (siehe Kapitel V. unter Punkt 3.2.2.).

Kontrollfragen:

1. Ein Gast einer Diskothek hat ordnungsgemäß Eintritt bezahlt. Im Laufe des Abends hat der Gast so viel Alkohol getrunken, dass er immer wieder andere Gäste versehentlich anrempelt. Welche Befugnisse hat ein Sicherheitsmitarbeiter B., dem das Hausrecht übertragen worden ist?
   - ○ B. kann gar nichts machen, da der Gast regulär Eintritt bezahlt hat.
   - ○ B. kann den Gast auffordern, die Diskothek zu verlassen und ihn notfalls auch der Diskothek verweisen.
   - ○ B. hat nur die Möglichkeit, die Polizei zu rufen und diese zu bitten, das Problem zu lösen.

Erläuterung:

Richtig ist die zweite Antwort. Das Hausrecht ist an B. übertragen worden, so dass er die Rechte des Hausrechtsinhabers besitzt. Mithin kann B. den Gast der Diskothek verweisen. Das Verweilen des Gastes nach der Aufforderung, die Diskothek zu verlassen, stellt auch einen gegenwärtigen, rechtswidrigen Angriff gegen das Hausrecht dar, so dass B. auch das Recht der Notwehr gemäß § 227 BGB in Anspruch nehmen kann. Die erste Antwort ist falsch, da es nicht nur auf den Zeitpunkt des Betretens des Hausrechtsbereichs ankommt. Die Störung kann auch später auftreten. Die dritte Antwort ist falsch. B. könnte zwar die Polizei rufen. B. ist aber auch berechtigt, das Problem selbst zu lösen.

2. Welche Rechte hat der Hausrechtsinhaber?
   - ○ Der Hausrechtsinhaber kann jederzeit entscheiden, ob eine Person im Hausrechtsbereich verweilen oder diesen sofort verlassen muss.
   - ○ Der Hausrechtsinhaber kann jederzeit entscheiden, ob eine andere Person den Hausrechtsbereich betreten darf oder nicht.
   - ○ Um eine Person aus einem Hausrechtsbereich entfernen zu dürfen, muss diese Person sich straf- oder zivilrechtlich falsch verhalten haben.

Erläuterung:

Die erste und zweite Antwort sind richtig, da der Hausrechtsinhaber seine Entscheidung nicht begründen muss. Es sind Gaststätten denkbar, die z.B. von Männern nicht besucht werden dürfen. Männern könnte also der Zutritt verweigert werden. Der Hausrechtsinhaber kann auch jederzeit das Recht zum Aufenthalt entziehen. Dazu bedarf es keines Fehlverhaltens des Gastes, so dass die dritte Antwort falsch ist.

3.2. Notwehr; § 32 StGB; § 227 BGB

§ 32 StGB:

Abs. 1: Wer eine Tat begeht, die durch Notwehr geboten ist, handelt nicht rechtswidrig.

Abs. 2: Notwehr ist die Verteidigung, die erforderlich ist, um einen gegenwärtigen rechtswidrigen Angriff von sich oder einem anderen abzuwenden.

§ 227 BGB:

Abs. 1: Eine durch Notwehr gebotene Handlung ist nicht widerrechtlich.

Abs. 2: Notwehr ist diejenige Verteidigung, welche erforderlich ist, um einen gegenwärtigen rechtswidrigen Angriff von sich oder einem anderen abzuwenden.

Die Konfliktlage bei der Notwehr ist ein gegenwärtiger rechtswidriger Angriff. Unter einem Angriff versteht man die von einem Menschen drohende Verletzung rechtlich geschützter Interessen. Durch Notwehr dürfen also entgegen weit verbreiteter Meinung nicht nur Angriffe gegen Personen (Leben, Leib, Freiheit, Ehre), sondern auch Angriffe gegen Sachen (Eigentum oder Besitz) abgewehrt werden. Beispiel: E. und F. streiten sich. F. zerreißt dabei das T-Shirt des E. Das Verhalten des F. ist ein Angriff auf das Eigentum des E.

Die Nichteinhaltung der allgemeinen Rechtsordnung (z.B. permanentes Linksfahren auf der Autobahn oder Falschparken) ist kein Angriff im Sinne der Notwehr und mithin nicht notwehrfähig. Die allgemeine Rechtsordnung zu wahren, ist allein Aufgabe der staatlichen Behörden, wie zum Beispiel der Polizei und nicht des Sicherheitsgewerbes. Allerdings bleibt die Möglichkeit, den Sachverhalt bei der Polizei oder der Ordnungsbehörde anzuzeigen.

Gegenwärtig ist der Angriff, der unmittelbar bevorsteht, begonnen hat oder noch andauert.
Im gewählten Beispiel ist der Angriff des F. gegen E. gegenwärtig. Käme es am nächsten Tag zu einem Treffen der Kontrahenten, dürfte sich E. nicht mehr wehren. Am nächsten Tag wäre der Angriff des F. nämlich nicht mehr gegenwärtig.

Rechtswidrig ist der Angriff, wenn er im Widerspruch zur Rechtsordnung, das heißt im Widerspruch zum geltenden Recht steht bzw. wenn der Täter/Verursacher keinen Rechtfertigungsgrund hat.

Im Beispiel hat F. nicht das Recht, das Eigentum des E. zu beschädigen. Der Angriff des F. ist mit der Rechtsordnung nicht vereinbar und somit widerrechtlich bzw. rechtswidrig.
Würde E. die Beschädigung seines T-Shirts beispielsweise mittels eines Festhaltegriffs verhindern, wäre diese in Notwehr ausgeführte Verteidigungshandlung des E. gegen F. nicht rechtswidrig, da E. sein Eigentum verteidigen darf.

Notwehr ist nicht nur zur Abwehr eines Angriffs gegen sich selbst (von sich), sondern auch als Nothilfe zur Abwehr eines Angriffs auf ein Rechtsgut eines Dritten (oder eines anderen) erlaubt. Mithin ist es Sicherheitskräften auch erlaubt, Angriffe gegen die Rechtsgüter des Auftraggebers (z.B. Beschmieren der Wände des Auftraggebers mit Farbe) abzuwehren. Ergänzende Ausführungen erfolgen in diesem Kapitel bei der „Selbsthilfe des Besitzdieners".

Die zulässige Verteidigungshandlung bei der Notwehr ist die Verteidigung. Verteidigung ist jedes Verhalten des Angegriffenen gegen die Rechtsgüter des Angreifers, welches der Beendigung des Angriffs dient.
Im Beispiel kann E. sich durch einen Abwehr- oder Festhaltegriff verteidigen.

Jeder Rechtfertigungsgrund unterliegt dem Verhältnismäßigkeitsprinzip. Es versteht sich von selbst, dass ein Angriff gegen ein T-Shirt nicht mit einem gezielten Todesschuss abgewehrt werden darf.

Die Begrenzung der Verteidigungshandlung bei der Notwehr ergibt sich aus dem Begriff der Erforderlichkeit.

Erforderlich zur Abwehr eines Angriffs ist jede Handlung, welche notwendig und geeignet ist, den Angriff sofort zu beenden.
Stehen dem Angegriffenen mehrere gleich wirksame Verteidigungshandlungen zur Verfügung, muss er diejenige wählen, welche den geringsten Schaden verursacht. Er muss das so genannte mildeste Mittel wählen.

Ergänzen wir das Beispiel, indem wir davon ausgehen, dass E. sich gegen den Angriff des F. durch einen Faustschlag, einen Festhaltegriff bzw. durch einen Schlag mit einem Schlagstock oder einen Schuss aus seiner Pistole verteidigen könnte. Diese vier Verteidigungshandlungen wären geeignet, den Angriff des F. sofort zu stoppen. E. muss aber das mildeste Mittel wählen. Dieses wäre der Festhaltegriff. Die anderen Verteidigungshandlungen genügen nicht der Erforderlichkeit.

Jeder Rechtfertigungsgrund enthält auch subjektive Elemente. Der Angegriffene muss bei der Notwehr einen Verteidigungswillen haben. Daran fehlt es -wie bereits beim Schikaneverbot ausgeführt- wenn Motive wie Neid, Hass, Eifersucht oder Wut sich auswirken. Führen in Abwandlung des Beispiels E. und F. als Fans verschiedener Sportteams eine Schlägerei „unter Männern" aus, um ihre Kräfte zu messen, handelt keiner von ihnen mit einem Verteidigungswillen. Beide können sich nicht auf Notwehr oder ein anderes Jedermannsrecht berufen. Beide könnten wegen vorsätzlicher Körperverletzung bestraft und jeweils auch zur Zahlung von zum Beispiel Schmerzensgeld herangezogen werden.

Hinsichtlich ihrer Voraussetzungen und ihrer Rechtsfolgen sind Notwehr im Sinne des § 32 StGB und im Sinne des § 227 BGB identisch.

Kontrollfragen:

1. Welche Aussagen zur Notwehr sind richtig?
   - ○ Ein Angriff geht von einem Menschen aus. Durch den Angriff droht die Verletzung rechtlich geschützter Interessen.
   - ○ Ein Angriff kann nur von einem Menschen ausgehen, der mindestens 14 Jahre alt ist, da erst mit diesem Alter die Schuldfähigkeit beginnt.
   - ○ Ein Angriff kann auch von einem Menschen ausgehen, der noch keine 14 Jahre alt ist.

Erläuterung:

Die erste und dritte Antwort sind richtig. Ein Angriff geht von einem Menschen aus, wobei das Alter des Menschen keine Bedeutung hat. Anderenfalls dürfte man sich gegen den Angriff eines 13-jährigen Messerstechers nicht wehren. Folglich muss die zweite Antwort falsch sein.

2. Notwehr steht im StGB und im BGB. Welche Aussagen sind richtig?
   - ○ Notwehr im Sinne des BGB dient zur Abwehr von Angriffen von Privatpersonen.
   - ○ Notwehr im Sinne des StGB führt dazu, dass die Notwehrhandlung nicht rechtswidrig und mithin nicht strafbar ist.
   - ○ Notwehr im Sinne des BGB führt dazu, dass die Notwehrhandlung nicht widerrechtlich ist und mithin z.B. kein Schadensersatz gezahlt werden muss.
   - ○ Notwehr im Sinne des StGB dient zur Abwehr unberechtigter staatlicher Ansprüche bzw. zur Abwehr von Beamten oder Angestellten des Staates.

Erläuterung:

Die zweite und dritte Antwort sind richtig, da das Unrecht im Strafrecht Rechtswidrigkeit und im Zivilrecht Widerrechtlichkeit genannt wird. Die erste und vierte Antwort sind falsch, da es bei der Notwehr nach beiden Gesetzen nur auf einen Angriff eines Menschen ankommt. Es kommt nicht darauf an, ob dieser Mensch Privatperson oder Beamter/Angestellter ist. Zudem müssten staatlich Ansprüche zum Beispiel vor den Verwaltungsgerichten abgewehrt werden.

3.3. Rechtfertigender Notstand; § 34 StGB

§ 34 StGB:
Wer in einer gegenwärtigen, nicht anders abwendbaren Gefahr für Leben, Leib, Freiheit, Ehre, Eigentum oder ein anderes Rechtsgut eine Tat begeht, um die Gefahr von sich oder einem anderen abzuwenden, handelt nicht rechtswidrig, wenn bei Abwägung der widerstreitenden Interessen namentlich der betroffenen Rechtsgüter und des Grades der ihnen drohenden Gefahren, das geschützte Interesse das beeinträchtigte wesentlich überwiegt. Dies gilt jedoch nur, soweit die Tat ein angemessenes Mittel ist, die Gefahr abzuwenden.

Die Konfliktlage beim rechtfertigenden Notstand ist eine gegenwärtige Gefahr.

Eine Gefahr ist ein Zustand, bei dem eine vernünftige Einschätzung der Situation dazu führt, dass der Eintritt eines Schadens wahrscheinlich ist.
Hinsichtlich des Begriffs gegenwärtig kann auf die vorstehenden Ausführungen zur Notwehr verwiesen werden.

Beispiel: Bei dem in einer sehr ländlichen Region lebenden Winzer W. hat der Tourist T. so viel Wein getrunken, dass T. volltrunken ist. T. kündigt an, nunmehr mit seinem Motorrad zu seinem Hotel fahren zu wollen.

Beim Notstand wird die zulässige Handlung zur Gefahrenabwehr als Notstandshandlung bezeichnet.
In Beispiel wäre eine denkbare Notstandshandlung des W., dem T. seinen Motorradschlüssel wegzunehmen.

Die Gefahr muss nur durch die Notstandshandlung und nicht anders abwendbar sein. In Beispiel wäre es wohl nicht ausreichend, die Polizei zu rufen, um die Gefahr zu beseitigen, da T. bis zum Eintreffen der Polizei gegebenenfalls bereits eine längere Strecke gefahren wäre und andere Personen oder Sachen gefährdet hätte.

Beim Notstand müssen die Rechtsgüter gegeneinander abgewogen werden. Das geschützte Interesse muss das durch die Notstandshandlung beeinträchtigte Interesse wesentlich überwiegen.
Wenn T. im Beispiel betrunken mit seinem Motorrad gefahren wäre, hätte es zu Verletzungen der Rechtsgüter Leben, Leib und Eigentum anderer kommen können. Durch die Wegnahme des Schlüssels durch W. wird T. nur der Besitz am Schlüssel entzogen. Zudem wird die Fortbewegungsfreiheit des T. etwas eingeschränkt. Die

Rechtsgüter Leben und Leib gehen aber den Rechtsgütern Besitz und Freiheit vor. Mithin schützt W. höherwertige Rechtsgüter und verletzt nur geringwertigere Rechtsgüter. Die Wegnahme des Schlüssels durch W. ist mithin zulässig.

Auch hier muss ein subjektives Element erfüllt sein. Beim rechtfertigenden Notstand ist dieses die Absicht, die Gefahr von sich oder anderen abzuwehren.
Im Beispiel will W. die Gefahren für andere Verkehrsteilnehmer abwehren. Also handelt W. mit der erforderlichen Absicht.

Kontrollfrage:

Einer Mitarbeiterin einer Diskothek ist beim Bezahlen eines Getränkes aufgefallen, dass ein Gast G. einen Revolver in der Innentasche trägt.
Darf der Sicherheitsmitarbeiter B. den G. gewaltsam entwaffnen?

- ○ Da G. die Waffe noch nicht gezogen hat, kann B. mangels eines Angriffs im Sinne der Notwehr (§§ 32 StGB; 227 BGB) den G. nicht gewaltsam entwaffnen.
- ○ Durchsuchungen und Entwaffnungen dürfen nur durch die Polizei erfolgen, so dass B. den G. nicht gewaltsam entwaffnen darf.
- ○ Die Waffe des G. stellt eine Gefahr für Leib und Leben der anderen Gäste der Diskothek dar. Diese Gefahr darf B. beseitigen und den G. auch gewaltsam entwaffnen.

Erläuterung:

Sicherheitskräfte dürfen andere Personen ohne deren Zustimmung grundsätzlich nicht durchsuchen. Eine Ausnahme kann nur dann gemacht werden, wenn diese Personen gefährliche Gegenstände wie zum Beispiel Waffen bei sich tragen. Mithin ist die dritte Antwort als klassischer Fall eines Rechtfertigenden Notstands gemäß § 34 StGB richtig. Die erste Antwort ist falsch, da nicht erst abgewartet werden muss, bis sich die Gefahr in einem Angriff realisiert hat. Die zweite Antwort wird durch das Wort „nur" zu einer falschen Antwort.

3.4. Defensivnotstand; § 228 BGB

Der Defensivnotstand gemäß § 228 BGB wird auch Verteidigungsnotstand bzw. Sachwehr genannt.

> **§ 228 BGB:**
> **Wer eine fremde Sache beschädigt oder zerstört, um eine durch sie drohende Gefahr von sich oder einem anderen abzuwenden, handelt nicht widerrechtlich, wenn die Beschädigung oder die Zerstörung zur Abwendung der Gefahr erforderlich ist und der Schaden nicht außer Verhältnis zu der Gefahr steht ...**

Hinsichtlich des Begriffs der Gefahr kann auf die Erläuterungen beim Rechtfertigenden Notstand gemäß § 34 StGB verwiesen werden (siehe in diesem Kapitel 3.3.).
Beim Defensivnotstand gemäß § 228 BGB reicht es, dass die Gefahr droht.
Die Gefahr muss noch nicht gegenwärtig sein.
Drohen einer Gefahr bedeutet, dass in kurzer Zeit mit einem Schadenseintritt zu rechnen ist. Man spricht von einer konkreten Gefahr.

Die Gefahr muss beim Defensivnotstand von einer Sache ausgehen. Der Begriff der Sache ist bereits im Kapitel IV. unter Punkt 1.2. erläutert worden.

Wie bereits ausgeführt, sind Tiere zwar keine Sachen. Die Vorschriften über Sachen werden aber auf Tiere angewendet (§ 90 a BGB). Folglich ist es gemäß § 228 BGB erlaubt, angreifende Tiere abzuwehren.

Bei Gefahren aus der Natur bzw. von Menschen ist der Defensivnotstand nicht anwendbar.

Die zulässige Notstandshandlung des Defensivnotstandes ist die Beschädigung oder Zerstörung der Sache, von der die Gefahr ausgeht.

Beschädigt ist eine Sache, wenn ihre Substanz nicht unerheblich so verändert wird, dass die bestimmungsgemäße Brauchbarkeit mehr als nur geringfügig beeinträchtigt wird.
Beispiele: Zerreißen eines Reißverschlusses einer Tasche, Zerkratzen des Bildschirms eines Navigationssystems.

Zerstört ist die Sache, wenn die Beschädigung so massiv ist, dass die Sache für ihren Zweck völlig unbrauchbar geworden ist.
Beispiele: Zerschlagen einer Scheibe, Tötung eines Tieres, Verbrennen von Papier.

Beim Defensivnotstand richtet sich die Notstandshandlung gegen die Sache, von der die Gefahr ausgeht.

Bei der Verhältnismäßigkeit der Notstandshandlung des Defensivnotstandes sind zwei Gesichtspunkte zu beachten. Einerseits müssen die Beschädigung oder die Zerstörung der Sache zur Abwendung der Gefahr erforderlich sein. Insoweit kann auf die Ausführungen zur Notwehr gemäß § 32 StGB in diesem Kapitel unter Punkt 3.2. verwiesen werden.

Andererseits darf der durch die Notstandshandlung verursachte Schaden zur Gefahr nicht außer Verhältnis stehen.

Die Notstandshandlung muss zum Zweck der Gefahrenabwehr vorgenommen werden.

Beispiel: Sicherheitskraft S. schlägt auf einen angreifenden Hund ein, um diesen abzuwehren.
Durch den Hund drohen S. Gefahren für Leib (Bisse; Kratzer) sowie sein Eigentum (Hose, Jacke). S. darf den Hund nach § 228 BGB beschädigen (schlagen) oder gegebenenfalls zerstören (erschlagen), um die von dem Hund ausgehende Gefahr zu beseitigen. Da S. Gefahren auch für seinen Leib drohen, steht der Schaden an der Sache (dem Hund) dazu auch nicht außer Verhältnis.
S. muss deshalb den verursachten Schaden in Form der Tierarztkosten bzw. den Wert des Hundes nicht an den Hundehalter bezahlen. S. kann auch nicht wegen der tatbestandsmäßigen Begehung einer Sachbeschädigung gemäß § 303 StGB oder wegen Tierquälerei bestraft, da er sich auch strafrechtlich auf das Jedermannsrecht des Defensivnotstandes gemäß § 228 BGB berufen kann. S. handelt mithin weder widerrechtlich noch rechtswidrig.

Beispiel: Sicherheitskraft S. stellt bei einem Kontrollgang auf dem Gelände der Firma R. fest, dass eine Antenne auf dem Dach eines Gebäudes aus der Verankerung zu brechen droht. Es könnten Passanten verletzt werden. S. sichert die Gefahrenstelle ab. S. entfernt die Antenne durch Abbrechen der Halterung.
S. muss den entstandenen Schaden nicht bezahlen. Zudem wird S. auch hier nicht wegen einer Sachbeschädigung gemäß § 303 StGB bestraft. S. kann sich auf den Rechtfertigungsgrund des Defensivnotstandes gemäß § 228 BGB berufen.

Kontrollfrage:

Welche Aussagen zum Defensivnotstand gemäß § 228 BGB sind richtig?

- O Er erlaubt die Abwehr eines angreifenden Menschen.
- O Er erlaubt die Abwehr von Naturgewalten oder Gefahren der Natur.
- O Er erlaubt die Abwehr eines angreifenden Tieres.
- O Er erlaubt die Abwehr einer Sache, von der eine Gefahr ausgeht.

Erläuterung:

Die erste und zweite Antwort sind falsch. Bei der Konstellation der ersten Antwort handelt es sich um eine klassische Notwehrlage und mithin nicht um Notstand. Bei der zweiten Antwort geht die Gefahr nicht von einer Sache aus.
Die dritte und vierte Antwort sind richtig. Es handelt sich um klassische Fälle des Defensivnotstandes, wobei auf Tiere die Vorschriften für Sachen anzuwenden sind.

3.5. Aggressivnotstand; § 904 BGB

Der Aggressivnotstand gemäß § 904 BGB wird Angriffsnotstand genannt.

> **§ 904 BGB:**
> **Der Eigentümer einer Sache ist nicht berechtigt, die Einwirkung eines anderen auf die Sache zu verbieten, wenn die Einwirkung zur Abwendung einer gegenwärtigen Gefahr notwendig und der drohende Schaden gegenüber dem aus der Einwirkung dem Eigentümer entstehenden Schaden unverhältnismäßig groß ist**
> ...

Der Gedanke der mitmenschlichen Solidarität in unserer Gesellschaft gebietet in besonderen Notlagen eine Opferbereitschaft eines jeden. Aus diesem Grund muss ein Eigentümer einer Sache eine Einwirkung auf seine Sache hinnehmen, um eine gegenwärtige Gefahr abwehren zu können. Der Begriff der gegenwärtigen Gefahr ist bereits beim Rechtfertigenden Notstand gemäß § 34 StGB in diesem Kapitel unter 3.3. erklärt worden. Eigentum und Sache sind bereits in diesem Kapitel bei den Punkten 1.1. und 1.2. erklärt worden.

Die zulässige Notstandshandlung ist hier die Einwirkung auf eine Sache, von der die Gefahr nicht ausgeht.

Auch bei der Verhältnismäßigkeit der Notstandshandlung des Aggressivnotstandes sind zwei Gesichtspunkte zu berücksichtigen. Die Einwirkung auf die Sache muss zur Abwendung der gegenwärtigen Gefahr notwendig sein. Insoweit kann erneut auf die Ausführungen zur Erforderlichkeit bei der Notwehr gemäß § 32 StGB in diesem Kapitel unter 3.2. verwiesen werden. Ferner darf der durch die Notstandshandlung verursachte Schaden nicht unverhältnismäßig groß sein.

Die Notstandshandlung muss auch hier zum Zweck der Gefahrenabwehr vorgenommen werden.

Beispiel: Sicherheitskraft S. wird von einem Hund angegriffen. S. bricht aus einem fremden Jägerzaun des J. ein Stück Holz heraus, um damit den Hund des P. abzuwehren.
S. wirkt auf eine Sache (Jägerzaun) ein, die im Eigentum des J. steht. Ziel des S. ist es, eine vom Hund des P. ausgehende Gefahr abzuwehren. Da S. Gefahren für seinen Leib drohen, ist der von ihm verursachte Schaden am Jägerzaun des J. auch nicht unverhältnismäßig.
J. kann seinen Schadensersatzanspruch (Instandsetzungsaufwand bezüglich des

Zaunes) gegen die Gesamtschuldner P. und/oder S. (§ 904 Satz 2 BGB) geltend machen. Wahrscheinlich wird der Hundehalter P. den Schaden des J. begleichen müssen aus der Tierhalterhaftung des § 833 BGB. Sollte P. dieser Schaden nicht zahlen können und auch keine Tierhalterhaftpflicht besitzen, könnte auch S. zum Schadensersatz gemäß § 904 Satz 2 BGB herangezogen werden. S. müsste dann seinerseits versuchen, Ersatz von P. zu erhalten.

Zwar verletzt S. strafrechtlich betrachtet den objektiven und den subjektiven Tatbestand einer Sachbeschädigung gemäß § 303 StGB. S. kann aber nicht bestraft werden, da er sich strafrechtlich auf das Jedermannsrecht des Aggressivnotstandes gemäß § 904 BGB berufen kann. S. handelte also nicht rechtswidrig.

Kontrollfrage:

Welche Aussagen zu den Notständen der §§ 228, 904 BGB sind zutreffend?

- ○ Beim Notstand gemäß § 904 BGB erfolgt eine Einwirkung auf eine Sache, von der die Gefahr nicht ausgeht.
- ○ Beim Notstand gemäß § 904 BGB erfolgt eine Einwirkung auf eine Sache, von der die Gefahr ausgeht.
- ○ Beim Notstand gemäß § 228 BGB erfolgt eine Einwirkung auf eine Sache, von der die Gefahr ausgeht.
- ○ Beim Notstand gemäß § 228 BGB erfolgt eine Einwirkung auf eine Sache, von der die Gefahr nicht ausgeht.

Erläuterung:

Die erste und dritte Antwort sind richtig. Beim Aggressivnotstand erfolgt die Einwirkung auf eine Sache, von der die Gefahr nicht ausgeht. Anders hingegen ist es beim Defensivnotstand. Folglich sind die zweite und vierte Antwort falsch.

3.6. Vorläufige Festnahme; § 127 Abs. 1 StPO

§ 127 Abs. 1 StPO:
Wird jemand auf frischer Tat betroffen oder verfolgt, so ist, wenn er der Flucht verdächtig ist oder seine Identität nicht sofort festgestellt werden kann, jedermann befugt, ihn auch ohne richterliche Anordnung vorläufig festzunehmen ...

Festnahmen verletzen das Grundrecht der Freiheit und dürfen grundsätzlich nur durch Bedienstete des Staates erfolgen. Die Ausnahmevorschrift des § 127 Abs. 1 StPO erlaubt aber jedermann eine Festnahme. Dabei ist zu beachten, dass Sinn und Zweck der Vorschrift allein ist, dem Staat zu ermöglichen, die gebotene Strafverfolgung zu tätigen.
Bei der Vorläufigen Festnahme muss als Konfliktlage vorliegen, dass jemand auf frischer Tat betroffen oder verfolgt wird.

Auf frischer Tat betroffen ist, wer bei Erfüllung eines Straftatbestandes oder unmittelbar danach am Tatort oder in dessen unmittelbarer Nähe gestellt wird.
Beispiel: G. beschmiert mit einem farbigen Lack das Firmenlogo der Firma F. G. verübt eine Sachbeschädigung gemäß § 303 StGB. Bei der Tatbegehung wird G. von F. angetroffen.

Verfolgung auf frischer Tat liegt vor, wenn sich der Täter bereits vom Tatort entfernt hat, aber sichere Anhaltspunkte auf ihn als Täter hinweisen und seine Verfolgung zum Zweck seiner Personalienfeststellung aufgenommen wird.
Im Beispiel bemerkt G. bei der Tat, dass F. ihn entdeckt hat. G. versucht wegzulaufen. F. verfolgt G. auf frischer Tat, holt G. ein und kann ihn festhalten.

Wie noch im Kapitel V. „Straf- und Verfahrensrecht" ausführlich zu erläutern sein wird, bedeutet Tat im Sinne des § 127 Abs. 1 StPO eine Straftat, also eine tatbestandsmäßige, rechtswidrige sowie schuldhafte Verletzung eines Straftatbestandes. Daraus folgt, dass Personen, die offensichtlich schuldunfähig sind, nicht festgenommen werden dürfen. Die Vorläufige Festnahme von Kindern unter 14 Jahren wäre mithin unzulässig!

Auch bei Ordnungswidrigkeiten wie zum Beispiel bei einem Rotlichtverstoß an einer Lichtzeichenanlage (Ampel) ist eine Vorläufige Festnahme nicht zulässig.
Bei den absoluten Antragsdelikten, die ebenfalls im Kapitel V. „Straf- und Verfahrensrecht" ausführlich erläutert werden, ist die Vorläufige Festnahme nicht von der vorherigen Stellung eines Strafantrages des Opfers abhängig (§ 127 Abs. 3 StPO).

Als Festnahmegrund muss wahlweise vorliegen, dass der Täter der Flucht verdächtig oder seine Identität nicht sofort feststellbar ist.

Fluchtverdacht bedeutet, dass die begründete Annahme besteht, dass der Täter sich vom Tatort entfernt, um sich der Strafverfolgung zu entziehen.
Im Beispiel versucht G. zu flüchten. Es liegt also Fluchtverdacht vor. F. darf G. also vorläufig festnehmen.
Ist die Person bekannt bzw. die Identität sofort feststellbar, zum Beispiel da der Täter glaubhafte Angaben zu seinen Personalien macht oder sich ausweisen kann, darf eine Vorläufige Festnahme nicht erfolgen. Ziel der Vorläufigen Festnahme ist nämlich nur die Sicherung der Identität des Täters, um dem Staat (in der Regel der Polizei) die Strafverfolgung zu ermöglichen! Ziel der Vorläufigen Festnahme ist nicht die Übergabe des Täters an die Polizei!

§ 127 Abs. 1 StPO erlaubt die Festnahme in Form des Ansprechens, An- oder Festhaltens des Täters. Als so genannte Annexkompetenz (angehängte Kompetenz) erlaubt der Rechtfertigungsgrund der Vorläufigen Festnahme auch einfache körperliche Gewalt gegen den Täter und möglicherweise sogar das Einsperren oder Fesseln des Täters jeweils in Abhängigkeit zur Schwere der verübten Straftat.

Nicht selten wird der Täter nicht wissen, dass jedermann zur Festnahme befugt ist und sich aus diesem oder anderen Gründen gegen die Festnahme insbesondere gegen Sicherheitsbedienstete zur Wehr setzen. Die Gegenwehr gegen die Vorläufige Festnahme wäre ein rechtswidriger Angriff des Täters gegen den Festnahmeberechtigten und löst die Notwehrrechte der §§ 227 BGB, 32 StGB aus. Erfolgt die Gegenwehr mittels einer Waffe, so darf der Täter gemäß § 34 StGB (Rechtfertigender Notstand) notfalls auch gewaltsam entwaffnet werden.

Grundsätzlich hängt das Recht zur Vorläufigen Festnahme nicht von der Schwere der verübten Straftat ab. Eine Vorläufige Festnahme ist auch bei relativ geringen Straftaten zulässig. Erhebliche körperliche Gewalt wird aber nur bei schwereren Straftaten zur Anwendung gebracht werden dürfen, um die Festnahme durchführen bzw. aufrechterhalten zu können. Der Einsatz von gezielten Schüssen oder Würgegriffen ist für Private stets unzulässig.

Alleiniges Ziel der Festnahme ist es, die Personalien des Straftäters zu sichern, um diese zum Zwecke der Strafverfolgung an den Staat (in der Regel die Polizei) weitergeben zu können. Ist dieses Ziel erreicht, muss der Festgenommene sofort freigelassen werden!

Beispiel: G. begeht eine Sachbeschädigung, indem er mit farblichem Lack das Firmenlogo der Firma F. beschmiert. G. wird von F. bei der Tat angetroffen. F. bittet G. um seine Personalien. Diese verweigert G. G. läuft weg. F. kann G. einholen und an seinem Rucksack festhalten, dabei fällt der Personalausweis des G. herunter.
F. durfte G. nach § 127 Abs. 1 StPO auch gewaltsam festhalten. Als G. seinen Personalausweis verloren hatte, endete die Festnahmebefugnis des F., denn nunmehr konnte die Identität des G. festgestellt und dem Staat (der Polizei) übergeben werden.

Kontrollfragen:

1. Sicherheitskraft B. musste einen Probanden P. gemäß § 127 Abs. 1 StPO vorläufig festnehmen. Welche Handlungen erlaubt § 127 Abs. 1 StPO?
   - ○ P. darf von B. gegen seinen Willen durchsucht werden, um seine Personalien z.B. anhand seines Bundespersonalausweises festzustellen.
   - ○ P. darf von B. gegebenenfalls auch gewaltsam festgehalten werden, wenn P. versucht, sich durch Flucht und Gewalt zu entfernen.
   - ○ Auch wenn die Personalien des P. sicher feststehen bzw. P. persönlich bekannt ist, darf und muss er von B. bis zum Eintreffen der Polizei festgehalten werden.

Erläuterung:

Die erste und dritte Antwort sind falsch. Grundsätzlich dürfen Sicherheitskräfte andere Personen gegen ihren Willen nicht durchsuchen (Ausnahme: siehe z.B. Kontrollfragen in diesem Kapitel zu 3.3.). Die Festnahme von Personen, die bekannt sind bzw. deren Personalien feststehen, ist unzulässig. Ziel der Vorläufigen Festnahme ist nicht die Übergabe der Person sondern ihrer Personalien zum Zwecke der Strafverfolgung an die Polizei.

Die zweite Antwort ist richtig. Im Wege der Annexkompetenz ist gegebenenfalls auch der Einsatz körperlicher Gewalt zum Zwecke der Festnahme zulässig.

2. Welcher Personenkreis ist berechtigt, andere gemäß § 127 Abs. 1 StPO vorläufig festzunehmen?
   - ○ Nur volljährige, deutsche Männer.
   - ○ Jedermann auch bei Anwesenheit der Polizei.
   - ○ Jedermann unabhängig von Nationalität, Alter bzw. Geschlecht.

Erläuterung:

Wie schon der Begriff „Jedermannsrecht" vermuten lässt, ist die dritte Antwort richtig. Die erste und zweite Antwort sind falsch. Es kommt nicht auf Geschlecht und Alter an. Allerdings ist eine Vorläufige Festnahme nach § 127 Abs. 1 StPO unzulässig, wenn die Polizei anwesend ist.

3.7. Selbsthilfe; § 229 BGB

§ 229 BGB:
Wer zum Zwecke der Selbsthilfe eine Sache wegnimmt, zerstört oder beschädigt oder wer zum Zwecke der Selbsthilfe einen Verpflichteten, welcher der Flucht verdächtig ist, festnimmt oder den Widerstand des Verpflichteten gegen eine Handlung, die dieser zu dulden verpflichtet ist, beseitigt, handelt nicht widerrechtlich, wenn obrigkeitliche Hilfe nicht rechtzeitig zu erlangen ist und ohne sofortiges Eingreifen die Gefahr besteht, dass die Verwirklichung des Anspruchs vereitelt oder wesentlich erschwert wird.

Grundsätzlich müssen Bürger ihre Ansprüche auf gewaltfreiem Wege durchsetzen. Selbstjustiz ist grundsätzlich verboten! So können sich Bürger zum Beispiel durch Erhebung einer Klage an ein Gericht wenden.
Die allgemeine Selbsthilfe bildet eine Ausnahme von diesem Grundsatz. Nach § 229 BGB darf die Durchsetzung bzw. Sicherung eines Anspruchs ausnahmsweise mit Gewalt erfolgen.
Es muss aber die Gefahr bestehen, dass die Verwirklichung eines Anspruchs entweder vereitelt oder wesentlich erschwert wird.

Einen Anspruch zu haben bedeutet, von einem anderen etwas verlangen zu dürfen, zum Beispiel Zahlungen aus Verträgen, Zahlung von Schadensersatz, Herausgabe von Gegenständen.

Die Begriffe der Gefahr, des Vereitelns oder des wesentlichen Erschwerens erklären sich aus dem allgemeinen Sprachgebrauch.

Voraussetzung ist ferner, dass obrigkeitliche (staatliche) Hilfe nicht rechtzeitig zu erlangen ist.
Die staatlichen Behörden -insbesondere die Polizeibehörden- sind für die Sicherung zivilrechtlicher Ansprüche meistens nur insoweit zuständig, dass sie die Personalien der Parteien feststellen und austauschen. Zivilgerichte sind außerhalb der normalen Öffnungszeiten kaum bzw. nur zu bestimmten Zeiten erreichbar.

Beispiel: P. hat V. ein Wohnmobil für 4.800,00 € in 30 Raten zu je 160,00 € verkauft und sich sein Eigentum bis zur vollständigen Bezahlung der 30 Raten ausdrücklich vorbehalten. Erst danach soll V. den Kraftfahrzeugbrief und das Eigentum von P. erhalten. V. hat die ersten Raten pünktlich und vollständig bezahlt. An einem Sonntag erfährt P., dass V. am Montag um 04.00 Uhr mit seinen Angehörigen aus beruflichen

Gründen in die Vereinigten Emirate umsiedelt.
Der Anspruch des P. auf weitere Bezahlung sämtlicher Raten ist in Gefahr, da es schwierig ist, vor einem ausländischen Gericht eine Klage auf Zahlung zu erheben bzw. die Forderung im Ausland zu vollstrecken.
P. kann auch keine rechtzeitige obrigkeitliche Hilfe bekommen, da Behörden und Gerichte geschlossen sind und ein Wochenendnotdienst nicht erreicht werden kann.

Als Selbsthilfehandlung ist es P. erlaubt, die Sache entweder wegzunehmen, zu beschädigen oder zu zerstören.
Die vorstehenden Begriffe wurden bereits in diesem Kapitel unter Punkt 1.2. erläutert.

P. könnte versuchen, das Wohnmobil im Wege der Selbsthilfe wegzufahren oder durch Beschädigungen fahruntüchtig zu machen (z.B. Räder demontieren).
Eine weitere zulässige Selbsthilfe wäre es auch, den Verpflichteten festzunehmen, welcher der Flucht verdächtig ist. Es kann bezüglich der Erläuterung der Begriffe auf die Ausführungen zur Vorläufigen Festnahme gemäß § 127 Abs. 1 StPO verwiesen werden (siehe in diesem Kapitel unter Punkt 3.6.).

Leistet der Verpflichtete Widerstand gegen die vorgenannten Selbsthilfehandlungen, so wäre es auch zulässig, diesen Widerstand zu beseitigen.

P. könnte seine Selbsthilfehandlung also auch gegen den Widerstand des V. gewaltsam durchsetzen oder V. sogar festnehmen, wenn das Fahrzeug sich beispielsweise bereits in einem Container befindet, um so die vollständige Bezahlung zu erreichen.

Die Möglichkeiten der Selbsthilfe gemäß § 229 BGB sind gemäß § 230 BGB begrenzt. Insbesondere muss die gebotene obrigkeitliche (staatliche) Hilfe so schnell wie möglich eingeholt werden, um die „erlaubte Selbstjustiz" zu beenden. In der Regel wird man sich an ein Gericht oder eine Behörde wenden müssen. Eine irrtümliche Selbsthilfe kann gemäß § 231 BGB Schadensersatz zur Folge haben.

Die Selbsthilfehandlung muss allein zum Zweck der Selbsthilfe vorgenommen werden. Daran würde es im Beispiel fehlen, wenn P. die Ausreise des V. aus anderen Gründen verhindern will.

Kontrollfrage:

Die Selbsthilfe nach § 229 BGB gestattet:

- ○ Eine Sache des Verpflichteten zu beschädigen oder zu zerstören.
- ○ Eine Festnahme des Verpflichteten, welcher der Flucht verdächtig ist.
- ○ Keine Festnahme von Personen oder Beschädigen von Sachen, da dafür die Polizei bzw. der Gerichtsvollzieher zuständig wären.

Erläuterung:

Die erste und zweite Antwort sind richtig. Zwar deutet die dritte Antwort, die falsch ist, grundsätzlich eine richtige Lösung an. Es kann aber Situationen geben, in welchen Polizei, Gerichte und Gerichtsvollzieher gerade nicht erreichbar sind, so dass die in der ersten und zweiten Antwort genannten Handlungen nach § 229 BGB ausnahmsweise zulässig sind.

3.8. Selbsthilfe des Besitzers; § 859 BGB

Die Selbsthilfe des Besitzers gemäß § 859 Abs. 1 BGB wird auch Besitzwehr genannt. Die Selbsthilfe des Besitzers gemäß § 859 Abs. 2 BGB wird auch Besitzkehr genannt.

§ 859 BGB:

Abs. 1: Der Besitzer darf sich verbotener Eigenmacht mit Gewalt erwehren.

Abs. 2: Wird eine bewegliche Sache dem Besitzer mittels verbotener Eigenmacht weggenommen, so darf er sie dem auf frischer Tat betroffenen oder verfolgten Täter mit Gewalt wieder wegnehmen.

Bei der Besitzwehr gemäß § 859 Abs. 1 BGB darf sich der Besitzer

- verbotener Eigenmacht

mit Gewalt erwehren.

Der Begriff des Besitzes ist bereits in diesem Kapitel unter 1.1. erläutert worden.

Gemäß § 854 Abs. 1 BGB wird der Besitz einer Sache durch die Erlangung der tatsächlichen Gewalt über die Sache erworben.

Beispiel: S. ist Inhaber einer Detektei. S. bringt seinen Computer zur Instandsetzung in die Werkstatt des C. S. und C. vereinbaren, dass bei Abholung Barzahlung „Zug um Zug" gegen Herausgabe des Computers erfolgt.
Während der Instandsetzung ist C. Besitzer des Computers. Er bleibt dieses bis zur Aushändigung des Computers nach der Bezahlung.

Verbotene Eigenmacht bedeutet gemäß § 858 BGB, dem Besitzer ohne dessen Willen den Besitz zu entziehen oder ihn im Besitz zu stören.
S. kann die Rechnung des C. bei der Abholung nicht bezahlen. S. benötigt sein Gerät aber dringend für die Gehaltsabrechnungen. Nach der Instandsetzung schleicht sich S. heimlich in die Räumlichkeiten des C., um seinen Computer zu holen. Das Verhalten des S. wäre verbotene Eigenmacht, da S. ohne den Willen des C. dem C. den Besitz am Computer entziehen möchte. Die verbotene Eigenmacht des S. könnte C. gegebenenfalls auch mit Gewalt verhindern. Zwar würde C. strafrechtlich möglicherweise den Tatbestand einer Nötigung gemäß § 240 StGB verletzen. C. handelt aber nicht widerrechtlich bzw. rechtswidrig, da er sich auf das Jedermannsrecht der Besitzwehr des § 859 Abs. 1 BGB berufen könnte.

Bei der Besitzkehr gemäß § 859 Abs. 2 BGB darf der Besitzer dem bei verbotener Eigenmacht auf frischer Tat betroffenen oder verfolgten Täter die Sache mit Gewalt wieder wegnehmen. Die Begriffe „auf frischer Tat betroffen oder verfolgt" sind bereits bei der Vorläufigen Festnahme gemäß § 127 Abs. 1 StPO in diesem Kapitel unter 3.6. erläutert worden.

Schafft es der S., an seinen Computer zu kommen und diesen in Besitz zu nehmen, könnte C. dem S. den Computer auch gewaltsam wieder abnehmen. Läuft S. mit dem Computer unter dem Arm davon, könnte C. ihn verfolgen und ihm das Gerät auch gewaltsam wieder wegnehmen.
Es käme strafrechtlich erneut zur Erfüllung des Tatbestandes der Nötigung gemäß § 240 StGB durch C. C. handelt aber auch hier nicht widerrechtlich bzw. rechtswidrig, da er sich auf das Jedermannsrecht der Besitzkehr des § 859 Abs. 2 BGB berufen könnte.

Auch die Rechtfertigungsgründe der Besitzwehr und Besitzkehr unterliegen dem Verhältnismäßigkeitsprinzip. Sie dürfen nur angemessen ausgeübt werden. Bei geringfügigen Beträgen dürften die Möglichkeiten der gewaltsamen Selbsthilfe erheblich eingeschränkt sein.

Ziel der Besitzwehr und Besitzkehr darf es nur sein, die Besitzstörung zu beseitigen.

Kontrollfragen:

1. Wann darf eine Besitzwehr gemäß § 859 Abs. 1 BGB bei beweglichen Sachen erfolgen?
   - ○ Eine Wegnahme einer bewegliche Sachen darf bei verbotener Eigenmacht vom Besitzer selbst dem Eigentümer untersagt bzw. gewaltsam unterbunden werden.
   - ○ Eine Wegnahme einer bewegliche Sachen darf selbst bei verbotener Eigenmacht vom Besitzer dem Eigentümer niemals untersagt bzw. gewaltsam unterbunden werden, da Eigentum dem Besitz immer vorgeht.

Erläuterung:

Die erste Antwort ist richtig. Im Falle einer verbotenen Eigenmacht kommt es nicht auf die Stellung des Eigentümers an. Hier darf selbst der Besitzer gegenüber dem Eigentümer eine verbotene Eigenmacht beenden.
Folglich ist die zweite Antwort falsch.

2. Wann ist im Falle einer verbotenen Eigenmacht die Besitzkehr gemäß § 859 Abs. 2 BGB bei beweglichen Sachen zulässig?
   - ○ Eine Besitzkehr ist ohne zeitliche Grenzen möglich, wenn der Täter mit der beweglichen Sache angetroffen wird.
   - ○ Eine Besitzkehr ist zulässig, wenn der Täter auf frischer Tat betroffen wird.
   - ○ Eine Besitzkehr ist zulässig, wenn der Täter auf frischer Tat verfolgt wird.

Erläuterung:

Die zweite und dritte Antwort sind richtig. Die Besitzkehr darf nur in den Notlagen des Betreffens oder Verfolgens auf frischer Tat erfolgen. Mithin ist die erste Antwort falsch. Ist es dem Täter gelungen, mit der beweglichen Sache zu entkommen, muss der Besitzer seine Ansprüche gegebenenfalls gerichtlich geltend machen.

3. Welche der aufgezählten Rechte können auf Sicherheitskräfte übertragen werden?
   - ○ Notwehr gemäß § 32 StGB.
   - ○ Notwehr gemäß § 227 BGB.
   - ○ Rechtfertigender Notstand gemäß § 34 StGB.
   - ○ Selbsthilfe des Besitzer gemäß § 859 BGB.
   - ○ Selbsthilfe gemäß § 229 BGB.

Erläuterung:

Ohne weitere Erläuterung ist verständlich, dass die in den ersten drei Antworten genannten Jedermannsrechte von jedem unmittelbar ohne Übertragung in Anspruch genommen werden können. Die in der vierten und fünften Antwort genannten Selbsthilferechte können übertragen werden.

3.9. Selbsthilfe des Besitzdieners; §§ 855, 860 BGB

Der Begriff des Besitzdieners (§ 855 BGB) ist bereits in diesem Kapitel unter Punkt 1.3. erklärt worden. Der Besitzdiener hat dieselben Rechte wie der Besitzer.

> **§ 860 BGB:**
> **Zur Ausübung der dem Besitzer nach § 859 BGB zustehenden Rechte ist auch derjenige befugt, welcher die tatsächliche Gewalt nach § 855 BGB für den Besitzer ausübt.**

Über Besitzwehr bzw. Selbsthilfe des Besitzdieners ist es Sicherheitskräften also zum Beispiel möglich:

- Störer/Betrunkene aus Stadien, von Veranstaltungen oder aus Gaststätten zu entfernen,
- das Hausrecht gegen Personen durchzusetzen, die sich trotz Hausverbots in einem Objekt aufhalten,
- jede sonstige Form einer Besitzstörung zu verbieten und zu beenden.

4. Fundrecht

Mit Wirkung zum 01.01.2016 ist das Fundrecht in den Rahmenplan aufgenommen worden und damit auch Gegenstand der Sachkundeprüfung.
Das Sicherheitsgewerbe soll künftig also auch über Grundkenntnisse in folgenden Bereich verfügen. Die Vorschriften werden zum Teil nur auszugsweise erwähnt, soweit sie Bezug zum Sicherheitsgewerbe haben:

- Anzeige-, Verwahrungs- und Ablieferungspflicht; §§ 965, 966, 967 BGB;
- Finderlohn; § 971 BGB;
- Eigentumserwerb des Finders; § 973 BGB;
- Fund in öffentlicher Behörde oder Verkehrsanstalt; § 978 BGB.

4.1. Anzeige-, Verwahrungs- und Ablieferungspflicht; §§ 965, 966, 967 BGB

4.1.1. Anzeigepflicht des Finders; § 965 BGB

§ 965 BGB

Abs. 1: Wer eine verlorene Sache findet und an sich nimmt, hat dem Verlierer oder dem Eigentümer oder einem sonstigen Empfangsberechtigten unverzüglich Anzeige zu machen.

Abs. 2: Kennt der Finder die Empfangsberechtigten nicht oder ist ihm ihr Aufenthalt unbekannt, so hat er den Fund und die Umstände, welche für die Ermittlung der Empfangsberechtigten erheblich sein können, unverzüglich der zuständigen Behörde anzuzeigen. Ist die Sache nicht mehr als zehn Euro wert, so bedarf es der Anzeige nicht.

Erläuterungen:
Verlieren bedeutet, dass eine Sache zwar nicht herrenlos, aber besitzlos ist. Bezüglich der Begrifflichkeiten kann auf die Ausführungen zu Beginn des Kapitels „Bürgerliches Recht" verwiesen werden (vgl. IV.1.) Dieses bedeutet, dass der Verlierer sich noch für den Eigentümer hält – sonst wäre die Sache herrenlos – er kann aber die tatsächliche Herrschaftsmacht über die Sache nicht mehr ausüben.

Gefunden ist die Sache, wenn der Finder die Sache an sich nimmt. Der Finder begründet neuen Besitz, dafür ist nicht ausreichend, die Sache zur Besichtigung kurz aufzunehmen und sofort wieder hinzulegen.

Zwischen dem Verlierer bzw. dem Empfangsberechtigten und dem Finder kommt ein sogenanntes gesetzliches Schuldverhältnis zustande, welches Rechte und Pflichten begründet.

Der Finder ist verpflichtet, den Fund dem Empfangsberechtigten anzuzeigen und abzuliefern. Ist dieser dem Finder unbekannt, hat er bei einem Wert von mehr als 10,00 € den Fund bei der zuständigen Behörde (Polizei, Gemeinde, Stadtverwaltung) anzuzeigen den Fund abzuliefern oder zu verwahren.

4.1.2. Verwahrungspflicht; § 966 BGB

§ 966 BGB (Auszug; Absatz 2 wird nicht erwähnt)

Abs. 1: Der Finder ist zur Verwahrung der Sache verpflichtet.

Erläuterung:
Diese Vorschrift sichert zum Wohl des Eigentümers eine Verwahrung der Sache durch den Finder.

4.1.3. Ablieferungspflicht; § 967 BGB

§ 967 BGB (Auszug)

Der Finder ist berechtigt und auf Anordnung der zuständigen Behörde verpflichtet, die Sache ..... an die zuständige Behörde abzuliefern.

Erläuterung:
Diese Vorschrift sichert zum Wohl des Eigentümers die Ablieferung der Sache durch den Finder bei der zuständigen Behörde (in der Regel das Fundbüro).

4.2. Finderlohn; § 971

§ 971 BGB:

Abs. 1: Der Finder kann von dem Empfangsberechtigten einen Finderlohn verlangen. Der Finderlohn beträgt von dem Werte der Sache bis zu 500,00 € fünf vom Hundert, von dem Mehrwert drei vom Hundert, bei Tieren drei vom Hundert. Hat die Sache nur für den Empfangsberechtigten einen Wert, so ist der Finderlohn nach billigem Ermessen zu bestimmen.

Abs. 2: Der Anspruch ist ausgeschlossen, wenn der Finder die Anzeigepflicht verletzt oder den Fund auf Nachfrage verheimlicht.

Erläuterung:
Der Finder hat einen Anspruch auf Ersatz seiner Aufwendungen und den Finderlohn. Der Finderlohn beträgt von dem Wert der Sache bis zu 500,00 € 5 %, von dem Mehrwert oder bei Tieren 3 %.

4.3. Eigentumserwerb des Finders; § 973 BGB

§ 973 BGB

Abs. 1: **Mit dem Ablauf von sechs Monaten nach der Anzeige des Fundes bei der zuständigen Behörde erwirbt der Finder das Eigentum an der Sache, es sei denn, dass vorher ein Empfangsberechtigter dem Finder bekannt geworden ist oder sein Recht bei der zuständigen Behörde angemeldet hat. Mit dem Erwerb des Eigentums erlöschen die sonstigen Rechte an der Sache.**

Abs. 2: **Ist die Sache nicht mehr als 10,00 € wert, so beginnt die sechsmonatige Frist mit dem Fund. Der Finder erwirbt das Eigentum nicht, wenn er den Fund auf Nachfrage verheimlicht. Die Anmeldung eines Rechts bei der zuständigen Behörde steht dem Erwerb des Eigentums nicht entgegen.**

Erläuterung:
Die Gemeinden (Fundbüros) und die sonstigen öffentlichen Einrichtungen sind verpflichtet, sich zu bemühen, binnen sechs Monaten den Eigentümer zu ermitteln. Dieser ist dann gegebenenfalls aufzufordern, seine Sache dort abzuholen.

Der Finder erwirbt nach Ablauf von sechs Monaten nach Anzeige bei der zuständigen Behörde das Eigentum an der Sache, sofern weder ihm noch der Behörde bis dahin der Eigentümer bekannt geworden ist. Soweit der Wert der Sache jedoch geringer als 10,00 € ist, beginnt die vorgenannte Frist früher, nämlich bereits mit dem Tag des Fundes.

Erst nach Ablauf von drei Jahren verliert der Eigentümer sein Recht, seine Sache vom Finder nach den Vorschriften über die Ungerechtfertigte Bereicherung (§ 812 ff. BGB) heraus zu verlangen.

4.4. Fund in öffentlicher Behörde oder Verkehrsanstalt; § 978 BGB

§ 978 BGB (Auszug)

Abs. 1: **Wer eine Sache in den Geschäftsräumen oder den Beförderungsmitteln einer öffentlichen Behörde oder einer dem öffentlichen Verkehr dienenden Verkehrsanstalt findet und an sich nimmt, hat die Sache unverzüglich an die Behörde oder die Verkehrsanstalt oder an einen ihrer Angestellten abzuliefern. Die Vorschriften der §§ 965 bis 967 und 969 bis 977 finden keine Anwendung.**

Abs. 2: Ist die Sache nicht weniger als 50,00 € wert, so kann der Finder von dem Empfangsberechtigten einen Finderlohn verlangen. Der Finderlohn besteht in der Hälfte des Betrags, der sich bei Anwendung des § 971 Abs. 1 Satz 2, 3 ergeben würde. Der Anspruch ist ausgeschlossen, wenn der Finder Bediensteter der Behörde oder der Verkehrsanstalt ist oder der Finder die Ablieferungspflicht verletzt....... Besteht ein Anspruch auf Finderlohn, so hat die Behörde oder die Verkehrsanstalt dem Finder die Herausgabe der Sache an einen Empfangsberechtigten anzuzeigen.

Erläuterungen:
Bezüglich des Begriffs der Geschäftsräume kann auf die Erläuterungen zum Hausfriedensbruch im Kapitel Straf- und Verfahrensrecht (vgl. V.3.2.2) verwiesen werden. Geschäftsräume sind auch mobile Räumlichkeiten, die gewerblichen, künstlerischen, wissenschaftlichen oder ähnlichen Zwecken dienen. Dazu gehören beispielsweise Gasthäuser, Büros, Werkstätten, Lagerhallen oder Marktbuden.

Unter den dem öffentlichen Verkehr dienenden Verkehrsanstalten sind alle Verkehrsunternehmen zu verstehen.

Bei einem Fund in den Räumen einer Behörde, in den Beförderungsmitteln einer Behörde oder in öffentlichen Verkehrsmitteln reduziert sich der Anspruch auf Finderlohn auf die Hälfte, aber nur, wenn die Sache mehr als 50,00 € wert ist.

V. Straf- und Verfahrensrecht

Nunmehr sollen das Straf- und das Strafverfahrensrecht erläutert werden:

1. Einleitung in das Strafrecht

Das Strafrecht ist nach herrschender Meinung dem Öffentlichen Recht zuzuordnen. Straftatbestände werden auch Delikte genannt, die mit Geld- oder Freiheitsstrafe geahndet werden und sich überwiegend aus dem Strafgesetzbuch (StGB) ergeben. Das Strafgesetzbuch wird das materielle Strafrecht genannt. Die später zu erläuternde Strafprozessordnung (StPO) wird das formelle Strafrecht genannt.

Mindest- und Höchstmaß der zeitigen Freiheitsstrafe sind gemäß § 38 StGB 1 Monat bis 15 Jahre Freiheitsstrafe. Das Höchstmaß der Freiheitsstrafe ist lebenslange Freiheitsstrafe. Freiheitsstrafen bis zu einer Höhe von zwei Jahren können für die Dauer von zwei bis fünf Jahren zur Bewährung ausgesetzt werden (§§ 56, 56a StGB). Bei der Geldstrafe erfolgt eine Festlegung von Anzahl der Tagessätze und Höhe eines Tagessatzes. Mindest- und Höchstmaß der Tagessätze sind 5 bis 720 Tagessätze (§§ 40, 53, 54 StGB). Mindest- und Höchstmaß der Tagessatzhöhe sind gemäß § 40 StGB 1,00 € bis 30.000,00 €. Mindest- und Höchstmaß der Geldstrafe betragen als Summe insgesamt also 5,00 € bis 21.600.000,00 €.
Geldstrafen dürfen regelmäßig in Raten gezahlt werden. Geldstrafen bis zu 180 Tagessätzen können für die Dauer von einem Jahr bis zu zwei Jahren zur Bewährung ausgesetzt werden. Dieses wird Verwarnung mit Strafvorbehalt genannt (§§ 59 ff. StGB).

2. Einleitung in das Strafverfahrensrecht

Das Strafverfahrensrecht ist der formelle Teil des Strafrechts, der sich weitgehend in der Strafprozessordnung (StPO) finden lässt. Die Strafprozessordnung ist grundsätzlich ein Gesetz für die Adressaten Polizei, Staatsanwaltschaften und Gerichte. Eine Ausnahme bildet das Recht zur Vorläufigen Festnahme nach § 127 Abs. 1 StPO, welches bereits im Kapitel IV. unter 3.6. erläutert wurde.

2.1. Rechte und Pflichten eines Beschuldigten

Sicherheitskräfte geraten im beruflichen Alltag schnell in Konfliktsituationen. Es kann nicht ausgeschlossen werden, dass Sicherheitskräfte in die Rolle eines Beschuldigten kommen zum Beispiel wegen einer Gegenstrafanzeige aus Rache. Mithin sollten Sicherheitskräfte die Grundzüge der Rechte des Beschuldigten in einem

Strafverfahren wissen. Beschuldigte in Strafverfahren müssen zu Vernehmungen bei der Polizei nicht erscheinen. Diese Pflicht besteht nur gegenüber der Staatsanwaltschaft und den Gerichten. Bei Nichterscheinen dort drohen Vorführung oder Verhaftung. Der Beschuldigte hat nach § 111 Ordnungswidrigkeitengesetz (OwiG) die Pflicht, seinen Namen, seinen Geburtstag, seinen Geburtsort, seinen Beruf und seine Anschrift zu nennen. Zu den weiteren persönlichen Verhältnissen und zur Sache darf der Beschuldigte sowohl gegenüber der Polizei als auch gegenüber der Staatsanwaltschaft und vor Gericht schweigen (§ 136 StPO). Sicherheitskräften ist gegebenenfalls zu raten, von diesem Recht vor der Beratung durch einen Rechtsanwalt auch Gebrauch zu machen, denn aus der Inanspruchnahme dieses Rechtes dürfen keine negativen Schlüsse gezogen werden. Die These, dass derjenige, der schweigt, doch etwas verheimlichen will, trifft insoweit nicht zu.
Der Beschuldigte hat gemäß § 140 StPO u.a. dann einen Anspruch auf einen Pflichtverteidiger, wenn

- ihm ein Verbrechen vorgeworfen wird,
- eine Strafe von mehr als einem Jahr zu erwarten ist,
- er sich in Untersuchungshaft oder länger als 3 Monate in Haft befindet,
- die Sach- oder Rechtslage schwierig ist.

Kontrollfrage:

Der Beschuldigte hat das Recht, zum Tatvorwurf zu schweigen.
Welche Aussage ist zutreffend?

○ Wird mir als Beschuldigtem ein Tatvorwurf eröffnet, sollte ich jedenfalls dann eine Aussage machen, wenn ich unschuldig bin.
Sonst denkt die Vernehmungsperson, ich habe etwas zu verbergen.

○ Wird mir als Beschuldigtem ein Tatvorwurf eröffnet, sollte ich besser dann keine Aussage machen, wenn ich schuldig bin.

○ Wird mir als Beschuldigtem ein Tatvorwurf eröffnet, sollte ich mir immer des Rechts bewusst sein, ohne Besprechung mit einem Rechtsanwalt keine Aussage machen zu müssen. Aus meinem Schweigen dürfen keine negativen Schlüsse gezogen werden.

Erläuterung:

Die dritte Antwort ist richtig. Der Beschuldigte darf eine Aussage machen. Der Beschuldigte muss aber keine Aussage machen. Da jeder Beschuldigte dieses Recht hat, eine Aussage zu verweigern, sind die erste und zweite Antwort falsch, zumal aus der Wahrnehmung dieses Rechtes keine Schlüsse gezogen werden dürfen.

2.2. Rechte und Pflichten eines Zeugen

Sicherheitskräfte werden häufig auch als Zeugen benötigt. Mithin sollten Sicherheitskräfte Kenntnisse von den Rechten und Pflichten eines Zeugen haben.
Bei der Polizei müssen Zeugen nicht erscheinen oder aussagen. Allerdings ist zum Erscheinen zu raten, um die Zusammenarbeit mit der Polizei nicht zu stören.
Bei der Staatsanwaltschaft und bei Gericht müssen Zeugen gemäß § 51 StPO erscheinen. Unentschuldigtes Nichterscheinen bei der Staatsanwaltschaft oder bei Gericht kann finanzielle Folgen in Form von Ordnungsgeld bzw. Auferlegung der Kosten des Verfahrens haben. Nichterscheinen kann auch zur Festnahme bzw. Festnahme zur Nachtzeit, zu Vorführungen oder Ordnungshaft führen.
Zeugen müssen grundsätzlich die Wahrheit sagen. Falsche Zeugenaussagen bei der Polizei oder der Staatsanwaltschaft können zu einer Bestrafung wegen zum Beispiel Falscher Verdächtigung oder Strafvereitelung führen. Falsche Aussagen vor einem Gericht können zu einer Bestrafung wegen Uneidlicher Falschaussage oder wegen eines Meineids bzw. Strafvereitelung führen.
Zeugen haben das Recht, das Zeugnis (§ 52 StPO) oder die Auskunft (§ 55 StPO) zu verweigern. Niemand muss gegen sich selbst oder gegen ihm nahestehende Personen aussagen. Niemand muss sich, einen Angehörigen oder einen Lebenspartner belasten.

> **§ 55 StPO:**
> **Jeder Zeuge kann die Auskunft auf solche Fragen verweigern, deren Beantwortung ihm ... die Gefahr zuziehen würde, wegen einer Straftat ... verfolgt zu werden.**

Beispiel: T. beabsichtigt, von einem Pkw. eine Antenne abzubrechen. S. kann dieses durch Festhalten des T. verhindern und T. vorläufig festnehmen. Beim Eintreffen der Polizei erstattet T. gegen S. eine Strafanzeige wegen Freiheitsberaubung. T. behauptet wahrheitswidrig, S. habe ihn ohne Grund mit Gewalt festgenommen.
Nach dem so genannten Legalitätsprinzip besteht eine Verpflichtung der Polizei, zwei Strafanzeigen aufzunehmen bzw. zwei Strafverfahren einzuleiten. Das eine Verfahren richtet sich gegen den Beschuldigten T. wegen des Verdachts einer versuchten Sachbeschädigung. In diesem Verfahren wäre S. Zeuge. Das andere Verfahren richtet sich gegen den Beschuldigten S. wegen des Verdachts einer Freiheitsberaubung. In diesem Verfahren wäre T. Zeuge.
Es wäre das Recht des Zeugen S. in dem Verfahren gegen T. ohne Beratung mit einem Rechtsanwalt gemäß § 55 StPO bei der Polizei, der Staatsanwaltschaft und beim Gericht die Auskunft zu verweigern.
In dem Strafverfahren gegen S. hätte S. als Beschuldigter ohnehin das Recht, ohne Beratung mit einem Rechtsanwalt zu schweigen.

3. Grundlagen des Strafrechts

Das Strafgesetzbuch (StGB) enthält die meisten aber nicht alle Tatbestände, die auch Delikte genannt werden. Einige Tatbestände stehen in Spezialgesetzen wie zum Beispiel dem später erläuterten Betäubungsmittel- bzw. Waffengesetz oder der Abgabenordnung (Steuerdelikte).

Das Strafgesetzbuch besteht aus zwei Teilen:
§§ 1 – 79b StGB: Allgemeiner Teil
§§ 80 – 358 StGB: Besonderer Teil

Im Allgemeinen Teil des Strafgesetzbuches stehen Vorschriften, die für alle Straftatbestände gelten.
Hier finden sich die Vorschriften zu den

- Grundlagen der Strafbarkeit (§§ 13 - 21 StGB)
- des Versuchs (§§ 22 - 24 StGB)
- der Täterschaft, Anstiftung und Beihilfe (§§ 25 - 31 StGB)
- der Rechtfertigungs- und Entschuldigungsgründe (§§ 32 - 35 StGB)
- der Bestrafung (§§ 38 - 79b StGB).

Die bereits erläuterten Rechtfertigungsgründe des Strafgesetzbuches, die ja auch Jedermannsrechte genannt werden, stehen also im Allgemeinen Teil des Strafgesetzbuches in § 32 und § 34 StGB.

Im Besonderen Teil des Strafgesetzbuches sind die einzelnen Delikte/Straftatbestände enthalten. Der Besondere Teil des Strafgesetzbuches ist nach dem zu schützenden Rechtsgut gegliedert. Deliktsgruppen sind beispielsweise:

- Körperverletzungsdelikte (§§ 223 ff. StGB)
- Tötungsdelikte (§§ 211 ff. StGB)
- Eigentumsdelikte (§§ 242 ff. StGB)
- Vermögensdelikte (§§ 263 ff. StGB)

Hinweise zu den Lernzielen - Der Leser sollte erklären können:

- welche Arten von Strafen es gibt,
- was unter materiellem und formellen Strafrecht zu verstehen ist,
- welche Rechte und Pflichten Beschuldigte und Zeugen haben,
- wie das Strafgesetzbuch aufgebaut ist.

3.1. Strafrecht – Allgemeiner Teil

Die Grundzüge des Allgemeinen Teils des Strafgesetzbuches sollen nachfolgend erläutert werden.

3.1.1. Keine Strafe ohne Gesetz

§ 1 StGB:
Eine Tat kann nur verfolgt werden, wenn die Strafbarkeit gesetzlich bestimmt war, bevor die Tat begangen wurde.

Die so genannte Garantiefunktion des Rechts steht in § 1 StGB. Sie soll den Bürger vor willkürlichen Bestrafungen schützen. Nur das geschriebene Gesetz lässt eine Bestrafung zu.

Auch der Bestimmtheitsgrundsatz ist § 1 StGB zu entnehmen. Das geschriebene Gesetz muss dem Bürger darüber Klarheit verschaffen, was erlaubt und was verboten ist. Ferner müssen Tragweite und Anwendungsbereich der Strafvorschriften für den Bürger erkennbar sein.

§ 1 StGB ist letztlich auch das so genannte Rückwirkungsverbot zu entnehmen. Strafschärfende oder strafbegründende Gesetze gelten erst ab ihrem Erlass und nicht rückwirkend.

3.1.2. Verbrechen und Vergehen

Die Delikte des Besonderen Teils des Strafgesetzbuches unterscheiden sich durch die Höhe der angedrohten Mindest- oder Höchststrafe.

Ein Delikt mit einer sehr geringen Strafandrohung ist die Beleidigung.

§ 185 StGB:
Die Beleidigung wird mit Freiheitsstrafe bis zu einem Jahr oder mit Geldstrafe ... bestraft.

Ein Delikt mit einer sehr hohen Strafandrohung ist der Mord.

§ 211 Abs. 1 StGB:
Der Mörder wird mit lebenslanger Freiheitsstrafe bestraft.

Aus der Strafandrohung des Besonderen Teils des Strafgesetzbuches ergibt sich die Einteilung in Vergehen und Verbrechen.

Verbrechen; § 12 Abs. 1 StGB:
Verbrechen sind rechtswidrige Taten, die im Mindestmaß mit Freiheitsstrafe von einem Jahr oder darüber bedroht sind.

Ein Beispiel für ein Verbrechen ist der Meineid:

§ 154 Abs. 1 StGB:
Wer Gericht ... falsch schwört, wird mit Freiheitsstrafe nicht unter einem Jahr bestraft.

Vergehen; § 12 Abs. 2 StGB:
Vergehen sind rechtswidrige Taten, die im Mindestmaß mit einer geringeren Freiheitsstrafe (als einem Jahr Freiheitsstrafe) oder die mit Geldstrafe bedroht sind.

Ein Beispiel für ein Vergehen ist die gefährliche Körperverletzung:

§ 224 Abs. 1 Nr. 2 StGB:
Wer die Körperverletzung mittels einer Waffe ... begeht, wird mit Freiheitsstrafe von sechs Monaten bis zu zehn Jahren bestraft.

Die Einteilung in Verbrechen und Vergehen ist u.a. wichtig für die Frage, ob die Straftat als so genanntes Offizialdelikt von Amts wegen (siehe in diesem Kapitel unter 3.1.8.) oder als so genanntes Antragsdelikt nur auf Strafantrag des Verletzten (siehe in diesem Kapitel unter 3.1.8.) hin verfolgt wird. Verbrechen werden immer von Amts wegen verfolgt. Zudem ergeben sich daraus einige strafprozessuale Folgen. Verbrechen müssen vor dem Schöffen- oder Landgericht verhandelt werden. Beim Verdacht eines Verbrechens muss ein Verteidiger gemäß § 140 Abs. 1 Nr. 2 StPO bestellt werden. Die Wahrscheinlichkeit der Anordnung von Untersuchungshaft gemäß §§ 112 ff. StPO ist höher.
Die meisten für das Sicherheitsgewerbe wichtigen Straftatbestände sind Vergehen. Als Verbrechen bilden

- Meineid
- Schwere Körperverletzung
- Raub, Räuberischer Diebstahl, Räuberische Erpressung
- Brandstiftung

die Ausnahmen. Auch im Betäubungsmittelgesetz gibt es Verbrechen (z.B. Abgabe von Betäubungsmitteln an Minderjährige).

3.1.3. Vollendung und Versuch

Die zuvor beschriebene Unterscheidung zwischen Verbrechen und Vergehen ist insbesondere wichtig für die Strafbarkeit des Versuchs. Denn nicht alle Delikte werden auch vollendet. Es wurde bereits in einem Beispiel erläutert, dass das Abbrechen einer Pkw-Antenne durch Ergreifen des Täters vereitelt wurde. Hier hat der Täter die Verwirklichung des Straftatbestandes der Sachbeschädigung nur versucht.

Versuch; § 22 StGB:
Eine Straftat versucht, wer nach seiner Vorstellung von der Tat zur Verwirklichung des Tatbestandes unmittelbar ansetzt.

Ein solcher Versuch ist immer strafbar, wenn es sich bei dem vom Täter versuchten Delikt um ein Verbrechen handelt.

Strafbarkeit eines versuchten Verbrechens: § 23 Abs. 1 StGB:
Der Versuch eines Verbrechens ist stets strafbar ...

Beispiel: A. versucht B. von hinten heimtückisch zu erschießen; wegen der Dunkelheit trifft er B. aber nicht. B. überlebt. Der versuchte Mord wäre strafbar gemäß §§ 211, 23 Abs. 1 StGB.

Handelt es sich bei dem versuchten Delikt „nur" um ein Vergehen, ist der Versuch nur strafbar, wenn dieses im Besonderen Teil des Strafgesetzbuches ausdrücklich so beschrieben ist.

Strafbarkeit eines versuchten Vergehens: § 23 Abs. 1 StGB:
Der Versuch eines ... Vergehens ist nur dann strafbar, wenn das Gesetz es ausdrücklich bestimmt.

Beispiel für die Strafbarkeit des Versuchs bei einem Vergehen: T. beabsichtigt, von einem Pkw. eine Antenne abzubrechen. S. kann dieses durch Festhalten des T. verhindern und T. vorläufig festnehmen.
Da es zu keiner Beschädigung der Antenne gekommen ist, macht sich T. „nur" der versuchten Sachbeschädigung gemäß §§ 303, 22 StGB schuldig.

Sachbeschädigung; § 303 StGB:
Wer rechtswidrig eine fremde Sache beschädigt ..., wird mit Freiheitsstrafe bis zu zwei Jahren oder mit Geldstrafe bestraft.

Aus der Mindeststrafandrohung der Sachbeschädigung von weniger als einem Jahr Freiheitsstrafe folgt, dass die Sachbeschädigung ein Vergehen ist. Die Strafbarkeit eines Versuchs müsste im Besonderen Teil des Strafgesetzbuches ausdrücklich beschrieben sein.
Die versuchte Sachbeschädigung ist nach einer Vorschrift des Besonderen Teils des

Strafgesetzbuches strafbar.

§ 303 Abs. 2 StGB: Der Versuch ist strafbar.

Beispiel für die Strafbarkeit des Versuchs bei einem Verbrechen: T. ärgert sich über die Festnahme durch S. und versucht, S. mit einem Messer zu erstechen. S. kann den Stich abwehren und überlebt.
T. muss sich „nur" wegen eines versuchten Totschlags gemäß §§ 212, 22 StGB verantworten.

Totschlag; § 212 Abs. 1 StGB:
Wer einen Menschen tötet ..., wird mit Freiheitsstrafe nicht unter fünf Jahren bestraft.

Aus der Mindeststrafandrohung von mehr als einem Jahr Freiheitsstrafe folgt, dass der Totschlag ein Verbrechen ist. Der Versuch eines Verbrechens ist immer strafbar. Mithin ist auch der versuchte Totschlag strafbar.

Der Versuch folgender für das Sicherheitsgewerbe wichtigen Vergehen ist strafbar:

- Vertraulichkeit des Wortes; § 201 Abs. 4 StGB
- Körperverletzung; § 223 Abs. 2 StGB
- Freiheitsberaubung; § 239 Abs. 2 StGB
- Nötigung; § 240 Abs. 3 StGB
- Diebstahl; § 242 Abs. 2 StGB
- Erpressung; § 253 Abs. 3 StGB
- Strafvereitelung; § 258 Abs. 4 StGB
- Hehlerei; § 259 Abs. 3 StGB
- Betrug; § 263 Abs. Abs. 2 StGB
- Computerbetrug; § 263a StGB
- Urkundenfälschung; § 267 Abs. 2 StGB
- Missbrauch von Ausweispapieren; § 281 Abs. 1 Satz 2 StGB
- Sachbeschädigung; § 303 Abs. 2 StGB
- Einige Vergehen des Betäubungsmittelgesetzes

3.1.4. Handlung und Unterlassen

Nachfolgend sollen die Begriffe Handlung und Unterlassen erläutert werden.
Als so genannte Begehungsdelikte setzen die meisten Straftatbestände des Besonderen Teils des Strafgesetzbuches ein aktives Tun (Handeln) des Täters voraus.
Eine Handlung ist jedes vom Willen getragene menschliche Verhalten. Reflexe und Körperreaktionen sind keine Tathandlungen. In den nachfolgenden beiden Beispielen liegt keine Handlung im Sinne des Strafgesetzbuches vor:

Beispiel 1: Auf einer gefüllten Rolltreppe stürzen die Menschen von oben herunter, da auf der obersten Stufe jemand gestolpert ist.
Beispiel 2: Der Orthopäde untersucht den Kniereflex seines Patienten.
Ein Straftatbestand kann aber auch durch bloßes Nichtstun (Unterlassen) erfüllt werden. Es muss zwischen echten und unechten Unterlassungsdelikten unterschieden werden.

3.1.4.1. Echte Unterlassungsdelikte

Wird durch eine rechtlich gebotene, aber unterlassene Handlung ein Straftatbestand des Besonderen Teils des Strafgesetzbuches erfüllt, spricht man von einem echten Unterlassungsdelikt. Beispiel: Unterlassene Hilfeleistung; § 323c StGB (siehe in diesem Kapitel unter 3.2.39.):

> **Wer bei Unglücksfällen oder gemeiner Gefahr oder Not nicht Hilfe leistet, obwohl dies erforderlich und ihm den Umständen nach zuzumuten, insbesondere ohne erhebliche eigene Gefahr und ohne Verletzung anderer wichtiger Pflichten möglich ist, wird mit Freiheitsstrafe bis zu einem Jahr oder mit Geldstrafe bestraft.**

Das Gesetz verlangt vom Täter die gebotene Hilfe. Wird diese nicht erbracht, ist der Straftatbestand erfüllt. Beispiele: Untätigbleiben eines Passanten, der bemerkt, dass ein Rollstuhlfahrer in einen See gerollt ist. Ferner Nichtanzeige eines geplanten Mordes; § 138 Abs. 1 Nr. 6 StGB (siehe in diesem Kapitel unter 3.2.6.).

3.1.4.2. Unechte Unterlassungsdelikte

Beim so genannten unechten Unterlassungsdelikt macht sich strafbar, wer trotz einer rechtlichen Verpflichtung den Eintritt des Erfolgs eines Straftatbestandes des Besonderen Teils des Strafgesetzbuches nicht verhindert.

> **§ 13 Abs. 1 StGB:**
> **Wer es unterlässt, einen Erfolg abzuwenden, der zum Tatbestand eines Strafgesetzes gehört, ist nach diesem Gesetz nur dann strafbar, wenn er rechtlich dafür einzustehen hat, dass der Erfolg nicht eintritt, und wenn das Unterlassen der Verwirklichung des gesetzlichen Tatbestandes durch ein Tun entspricht.**

Diese rechtliche Verpflichtung, den Eintritt eines Erfolges zu verhindern, nennt man Garantenpflicht bzw. Garantenstellung. Garantenstellungen können sich u.a. ergeben aus:

- einem Vertrag (z.B. zwischen Auftraggeber und Sicherheitsunternehmen)
- der Schaffung von Gefahren (Liegenbleiben eines Fahrzeugs auf der Autobahn)
- dem Gesetz (z.B. Eltern-Kind-Verhältnis)
- einer engen natürlichen Verbundenheit (z.B. Wohngemeinschaft; Ehe; Partnerschaft).

Beispiel: Ein gelähmtes Kind sitzt in einem Rollstuhl und wird von seinem Krankenpfleger an einen See gefahren. Die Bremse des Rollstuhls löst sich und das Kind rollt mit dem Rollstuhl in den See. Der Pfleger bleibt untätig. Das Kind ertrinkt. Der Pfleger wäre aus dem Pflegevertrag verpflichtet gewesen, zu versuchen, den Tod des Kindes zu verhindern. Der Pfleger hatte eine Garantenstellung. Er könnte wegen eines Tötungsdeliktes durch Unterlassen bestraft werden.

Beispiel: Sicherheitskraft S. wird durch einen Vertrag verpflichtet, die Beschädigung von ausgestellten Fahrzeugen eines Autohauses zu verhindern. S. hat eine Garantenstellung aus einem Vertrag. Obwohl S. aus dem Vertrag ausdrücklich verpflichtet ist, die Beschädigung der Fahrzeuge zu verhindern, bleibt er untätig, als ein Besucher eine Antenne eines Fahrzeugs abbricht. S. könnte wegen einer Sachbeschädigung durch Unterlassen gemäß §§ 303, 13 StGB bestraft werden.

3.1.5. Vorsatz und Fahrlässigkeit

Nunmehr sollen Vorsatz und Fahrlässigkeit erläutert werden.

3.1.5.1. Vorsatz

Die meisten Delikte des Besonderen Teils des Strafgesetzbuches setzen eine vorsätzliche Handlung voraus.

> **§ 15 StGB:**
> **Strafbar ist nur vorsätzliches Handeln, wenn nicht das Gesetz fahrlässiges Handeln ausdrücklich mit Strafe bedroht.**

Diese allgemeine Regel für sämtliche Strafvorschriften des Besonderen Teils des Strafgesetzbuches lässt es zu, darauf zu verzichten, in jedem der unzähligen Tatbestände das Wort „Vorsatz" oder „vorsätzlich" ausdrücklich zu erwähnen.
Vorsatz bedeutet Wissen und Wollen der Verwirklichung des Tatbestandes. Der Täter weiß, was er macht, und er will auch den zum Tatbestand gehörenden Erfolg.

Beispiel: Sicherheitskraft B. wehrt mit einer großen Handleuchte einen angreifenden Hund ab. B. weiß, was er macht und er will auch den jeweiligen Erfolg. Er handelt in Kenntnis des Umstandes, dass es zu einer Beschädigung der Handleuchte sowie der Verletzung oder Tötung des Hundes kommt. Er handelt also jeweils vorsätzlich. Dass B. nicht rechtswidrig handelt, ist im Kapitel IV. unter Punkt 3. bereits erläutert worden.

3.1.5.2. Fahrlässigkeit

Aus § 15 StGB folgt also, dass fahrlässiges Handeln nur dann unter Strafe steht, wenn der Begriff Fahrlässigkeit im jeweiligen Tatbestand des Besonderen Teils des Strafgesetzbuches ausdrücklich erwähnt ist. Dieses ist insbesondere bei vier für das Sicherheitsgewerbe wichtigen Deliktsgruppen der Fall:

- Vorschriften zum Schutz der körperlichen Unversehrtheit
  Beispiel: Fahrlässige Körperverletzung; § 229 StGB:
  Wer durch Fahrlässigkeit die Körperverletzung einer anderen Person verursacht, wird mit Freiheitsstrafe bis zu drei Jahren oder mit Geldstrafe bestraft.
- Vorschriften zum Schutz des Lebens
  Beispiel: Fahrlässige Tötung; § 222 StGB
- Vorschriften zum Schutz der Umwelt;
  Beispiel: Fahrlässige Gewässerverunreinigung; §§ 324 Abs. 3 StGB
- Vorschriften zum Schutz vor Feuer
  Beispiel: Fahrlässige Brandstiftung; § 306 d StGB

Fahrlässigkeit liegt vor, wenn der Täter zwar den Erfolg nicht will, aber die im Verkehr erforderliche Sorgfalt außer Acht lässt, sodass der Erfolg eintritt. Eine Form der Fahrlässigkeit ist die Leichtfertigkeit. Bei der Leichtfertigkeit lässt der Täter die gebotene Sorgfalt in ungewöhnlich hohem Maße außer Acht.

Beispiel: Sicherheitskraft B. trägt eine Handleuchte. Diese rutscht ihm aus seinen feuchten Händen, so dass die Handleuchte einer Kollegin K. auf den Fuß fällt. K. bricht sich einen Zeh. Die Glühbirne der Handleuchte geht dabei ebenfalls kaputt.

B. verletzt objektiv die Tatbestände der Körperverletzung gemäß § 223 Abs. 1 StGB sowie der Sachbeschädigung gemäß § 303 Abs. 1 StGB. B. hat die K. körperlich misshandelt und eine fremde Leuchte beschädigt. B. hat diese beiden objektiven Erfolge aber nicht gewollt und mithin nicht vorsätzlich herbeigeführt. B. darf also nicht wegen einer vorsätzlichen Körperverletzung gemäß § 223 Abs. 1 StGB bzw. wegen einer vorsätzlichen Sachbeschädigung gemäß § 303 Abs. 1 StGB bestraft werden.
B. handelte „nur" fahrlässig. B. hat nämlich die im Verkehr erforderliche Sorgfalt außer Acht gelassen. B. hätte seine Hände abtrocknen und die Handleuchte besser festhalten müssen.
B. könnte wegen einer fahrlässigen Körperverletzung gemäß § 229 StGB bestraft werden. B. kann nicht wegen einer fahrlässigen Sachbeschädigung bestraft werden, da diese straflos ist.

3.1.6. Putativnotwehr

Nach der Erläuterung der Fahrlässigkeit muss der Hinweis auf die Putativnotwehr erfolgen.

Bei einer Putativnotwehr wird eine Notwehrlage irrtümlich angenommen.

Beispiel: Sicherheitskraft B. geht nachts Streife. Plötzlich steht einer Person M. hinter B. B. befürchtet einen Angriff des M. und schlägt mit seiner Handleuchte auf M. ein. Tatsächlich wollte M. kontrollieren, ob B. ordnungsgemäß arbeitet.

B. erfüllt tatbestandsmäßig, rechtswidrig und schuldhaft das Delikt einer Gefährlichen Körperverletzung gemäß §§ 223, 224 Abs. 1 Nr. 2 StGB und wäre mit mindestens 6 Monaten Freiheitsstrafe zu bestrafen.

B. hatte sich aber einen Angriff und mithin eine Notwehrlage vorgestellt, so dass wegen seines Irrtums (Putativnotwehr) im subjektiven Tatbestand der Vorsatz entfällt. B. kann also nicht wegen einer Gefährlichen Körperverletzung gemäß §§ 223, 224 Abs. 1 Nr. 2 StGB, sondern allenfalls wegen einer Fahrlässigen Körperverletzung gemäß § 229 StGB bestraft werden.

Das Ermittlungsverfahren gegen B. könnte von der Staatsanwaltschaft wegen Geringfügigkeit gemäß § 153 Abs. 1 StPO eingestellt oder auf die Privatklage verwiesen werden.

3.1.7. Täterschaft und Teilnahme

Täterschaft und Teilnahme werden nunmehr erläutert.

3.1.7.1. Täterschaft

Begeht nur eine Person eine Straftat, so wird diese nach § 25 Abs. 1 StGB Alleintäter genannt. Begehen mindestens zwei oder mehrere Personen gemeinschaftlich eine Straftat, so spricht man von Mittätern.

§ 25 StGB - Täterschaft

Abs. 1: Als Täter wird bestraft, wer die Straftat selbst ... begeht.

Abs. 2: Begehen mehrere die Tat gemeinschaftlich, so wird jeder als Täter bestraft (Mittäter).

Mittäterschaft liegt vor, wenn jeder Mittäter Interesse am Taterfolg hat und die Tat als eigene will, betrachtet und bewertet. In der Regel wird jeder Mittäter selbst eine Tathandlung am Tatobjekt bzw. Tatort begehen. Dieses ist aber nicht zwingend erforderlich.

Beispiel: R. hat Kenntnisse, in welchem Gebäude drei hochwertige Computer lagern. Er informiert S. und T. Es wird Teilung der Beute vereinbart. S. und T. brechen in das Gebäude ein, während R. ins Kino geht. Nach dem Einbruch erhält jeder einen Computer.

Obwohl R. nicht selbst in das Gebäude eingebrochen ist, kann er als Mittäter des Einbruchsdiebstahls gemäß §§ 242, 243 Abs. 1 Satz 2 Nr. 1, 25 Abs. 2 StGB bestraft werden, denn R. hatte ein Interesse am Taterfolg. Er wollte einen Computer haben. Mithin wollte er die Tat als eigene Tat.

3.1.7.2. Teilnahme

Die Beteiligung an einer fremden Tat nennt man Teilnahme. Fremd ist eine Tat, bei der man selbst kein eigenes Interesse am Taterfolg hat.
Es gibt zwei Teilnahmeformen:

- Anstiftung gemäß § 26 StGB
- Beihilfe gemäß § 27 StGB.

Anstiftung gemäß § 26 StGB:
§ 26 StGB; Anstiftung
Als Anstifter wird gleich einem Täter bestraft, wer vorsätzlich einen anderen zu dessen vorsätzlich begangener rechtswidriger Tat bestimmt.

Bestimmen bedeutet, in dem Täter den Entschluss zur Tat hervorzurufen, zum Beispiel durch Überreden, Belohnung, Drohung.
Beispiel: R. hat sich über seinen Chef C. geärgert und möchte sich an ihm rächen. R. hat Kenntnisse davon, dass im Gebäude des C. zwei hochwertige Computer lagern. R. informiert seine Freunde S. und T., die bei C. einbrechen, die beiden Computer entwenden, um diese für sich zu behalten.
R. kann wegen einer Anstiftung zum Einbruchsdiebstahl gemäß §§ 242, 243 Abs. 1 Satz 2 Nr. 1, 26 StGB bestraft werden.

Die andere Form der Teilnahme ist die Beihilfe gemäß § 27 StGB:
§ 27 StGB; Beihilfe
Abs. 1: Als Gehilfe wird bestraft, wer vorsätzlich einem anderen zu dessen vorsätzlich begangener rechtswidriger Tat Hilfe geleistet hat.
Abs. 2: Die Strafe für den Gehilfen richtet sich nach der Strafandrohung für den Täter ... sie ist zu mildern ...

Hilfeleisten ist die Förderung der Tat durch physische oder psychische Unterstützung.
Beispiele: Zureden und Bestärken, wenn der Täter zwar bereits selbst auf den Gedanken zur Tatbegehung gekommen ist, aber noch Bedenken hat, die Tat zu begehen; Beschaffen eines Schlüsselabdrucks; Ausleihen einer Code-Karte.
Beispiel: S. und T. möchten aus dem Gebäude des C. zwei hochwertige Computer stehlen. R. ist Angestellter des C. und leiht S. und T. auf ihre Bitte hin seine Code-

karte für die Eingangstür, damit S. und T. die Computer entwenden und für sich behalten können.
R. kann wegen einer Beihilfe zum Einbruchsdiebstahl gemäß §§ 242, 243 Abs. 1 Satz 2 Nr. 2, 27 StGB bestraft werden.

3.1.8. Offizial-, Antrags- und Privatklagedelikte

Der Polizei und den staatlichen Behörden werden nur ein geringer Teil der unzähligen Ordnungswidrigkeiten (z.B. Falschparken) und Straftaten (z.B. Nötigung auf der Autobahn) bekannt, die jeden Tag verübt werden. Nur wenige Delikte werden durch eigene Wahrnehmung der Polizei bzw. durch Strafanzeigen bekannt.
Von den vermeintlichen Straftaten, die der Polizei bekannt oder dort angezeigt werden, ist nur ein geringer Anteil einem konkreten Täter nachzuweisen. Die Aufklärung von beispielsweise nächtlichen Fahrraddiebstählen oder Sachbeschädigungen ist schwierig. Von den nachweisbaren Straftaten wird nur ein kleiner Anteil tatsächlich mit Geld- oder Freiheitsstrafe geahndet. Einerseits kann der Staat wegen Geringfügigkeit der Tat das Verfahren gemäß §§ 153 ff. StPO einstellen. Andererseits überlässt es der Staat dem Opfer, eine Ahndung der Tat im Wege einer so genannten Privatklage zu bewirken. Wegen Geringfügigkeit können kleinere Fälle des Warenhausdiebstahls oder des Tankbetrugs bei jüngeren Ersttätern durch die Staatsanwaltschaft gemäß § 153 StPO eingestellt werden.
Kommt es beispielsweise in der Familie oder der Nachbarschaft zu Straftaten wie Hausfriedensbruch (§ 123 StGB), Beleidigung (§ 185 StGB), Körperverletzung (§ 223 StGB), Bedrohung (§ 241 StGB) oder Sachbeschädigung (§ 303 StGB) mit geringen Schäden, so verzichtet die Staatsanwaltschaft bei Ersttätern gelegentlich auf eine Bestrafung und verweist die Opfer gemäß §§ 374, 376 StPO auf den Privatklageweg. Die Praxis der Staatsanwaltschaften ist bei Einstellungen wegen Geringfügigkeit bzw. Verweisung auf den Privatklageweg allerdings in den verschiedenen Bundesländern sehr unterschiedlich. Diesbezüglich sei auf das angeblich neue Phänomen der Nachstellung (Stalking) hingewiesen. Hier erfolgt zurzeit eine strengere Ahndung.
Die Unterscheidung zwischen Verbrechen und Vergehen wurde in diesem Kapitel bereits unter Punkt 3.1.2. beschrieben. Verbrechen sind gemäß

> **§ 12 Abs. 1 StGB rechtswidrige Taten, die im Mindestmaß mit Freiheitsstrafe von einem Jahr oder darüber bedroht sind.**

Diese Unterscheidung zwischen Verbrechen und Vergehen ist auch wichtig für die Erläuterung der Offizial- und Antragsdelikte. Sämtliche Verbrechen müssen Polizei und Staatsanwaltschaften von Amts wegen verfolgen. Delikte, die von Amts wegen verfolgt werden müssen, werden Offizialdelikte genannt. Auch die meisten Vergehen sind Offizialdelikte. Ist die Verfolgung eines Deliktes aber von einem mündli-

chen oder schriftlichen Strafantrag abhängig, dann wird es Antragsdelikt genannt. Antragsdelikte sind beispielsweise der Hausfriedensbruch gemäß § 123 Abs. 2 StGB sowie der Familiendiebstahl gemäß § 247 StGB. Das Opfer muss gemäß § 158 Abs. 2 StPO einen schriftlichen Strafantrag gemäß § 77b StGB binnen drei Monate nach Bekanntwerden der Tat und des Täter stellen. Anderenfalls darf der Staat absolute Antragsdelikte nicht ahnden.
Beispiel: Ein Zivilfahnder auf einer Veranstaltung sieht, wie der 15-jährige Sohn S. des R. aus der Geldbörse seines Vaters R. heimlich Geld stiehlt. Es handelt sich um ein absolutes Antragsdelikt des Familiendiebstahls gemäß §§ 242, 247 StGB. Nur wenn R. einen Strafantrag gegen seinen Sohn stellt, kann es zu einer Bestrafung seines Sohnes S. kommen. Anderenfalls ist eine Bestrafung nicht möglich, obwohl ein Polizeibeamter Zeuge der Tat war. Der Schutz der Familie geht hier dem Interesse des Staates an einer Strafverfolgung vor.

Für das Sicherheitsgewerbe wichtige absolute Antragsdelikte sind u.a.
- Hausfriedensbruch; § 123 Abs. 2 StGB.
- Beleidigung; § 194 StGB.
- Verletzung des Briefgeheimnisses; § 205 StGB.
- Verletzung der Vertraulichkeit des Wortes; § 205 StGB.
- Ausspähen von Daten; § 205 StGB.
- Haus- und Familiendiebstahl, Haus- und Familienhehlerei, Haus- und Familienbetrug, Haus- und Familienerschleichung von Leistungen, Haus- und Familiencomputerbetrug; § 247 StGB.
- Begünstigung; § 257 Abs. 4 StGB, wenn die Vortat ein absolutes Antragsdelikt ist.

Bei den so genannten relativen Antragsdelikten verfolgt der Staat die Straftat in der Regel ebenfalls nur, wenn das Opfer einen mündlichen oder schriftlichen Strafantrag stellt. Ausnahmsweise werden die Ermittlungen von der Polizei und der Staatsanwaltschaft bei besonderen öffentlichem Interesse geführt. Beispiele für relative Antragsdelikte sind die Sachbeschädigung (§§ 303, 303c StGB), die vorsätzliche sowie die fahrlässige Körperverletzung (§§ 223, 229, 230 StGB) und der Diebstahl geringwertiger Sachen (§§ 242, 248a StGB).

Für das Sicherheitsgewerbe wichtige relative Antragsdelikte sind u.a.:
- Körperverletzung; § 230 StGB.
- Diebstahl, Hehlerei, Betrug, Computerbetrug, Erschleichen von Leistungen, Begünstigung geringwertiger Sachen; § 248a StGB (Wertgrenze 25,00 € bis 50,00 €).

- Sachbeschädigung; § 303c StGB.
- Datenveränderung; § 303c StGB.

Vom Strafantrag, bei welchem das Opfer einen förmlichen (schriftlichen) und fristgebundenen Antrag stellt, ist die Strafanzeige zu unterscheiden. Eine Strafanzeige kann jeder erstatten. Einen Strafantrag können nur das Opfer bzw. der Antragsberechtigte stellen. Bei einem Strafantrag begehrt das Opfer, dass zum Beispiel die Person, die das Opfer geschlagen hat, bestraft wird. Bei einer Strafanzeige gegen Unbekannt zeigt ein Bürger an, dass ein unbekannter Straftäter eine Straftat begangen haben soll (z.B. unbekannter Passant hat ein Kleinkind geohrfeigt). Bei einer Strafanzeige gegen eine bekannte Person zeigt ein Bürger an, dass ein bekannter Straftäter eine Straftat begangen haben soll (z.B. ich habe gesehen, dass der Sportlehrer P. einen Schüler geschlagen hat).

Hinweise zu den Lernzielen - Der Leser sollte erklären können.

- was der Unterschied zwischen Vergehen und Verbrechen ist,
- weshalb zwischen Vergehen und Verbrechen unterschieden werden muss,
- was ein Versuch ist und unter welchen Voraussetzungen dieser strafbar ist,
- was unter Handlung und Unterlassen zu verstehen ist,
- was echte und unechte Unterlassungsdelikte sind,
- was unter einer Garantenstellung zu verstehen ist,
- woraus sich Garantenstellung ergeben können,
- was unter Vorsatz zu verstehen ist,
- was unter Fahrlässigkeit zu verstehen ist,
- in welchen Deliktsbereichen eine fahrlässige Begehung strafbar ist,
- was unter Putativnotwehr zu verstehen ist
- welche rechtlichen Konsequenzen sich aus einer Putativnotwehr ergeben,
- welche Täterschaftsformen es gibt,
- welche Teilnahmeformen es gibt,
- was Offizialdelikte sind,
- was Antragsdelikte sind und welche beide Formen von Antragsdelikten es gibt,
- was Privatklagedelikte sind.

3.1.9. Deliktsaufbau im Strafrecht

Nach der Erläuterung der wesentlichen Bestandteile des Allgemeinen Teils des Strafgesetzbuches muss nunmehr der Begriff der „verfolgbaren Straftat" detaillierter betrachtet werden.
Eine Straftat ist ein strafbares Verhalten (Handeln oder Unterlassen), das den Tatbestand eines Strafgesetzes erfüllt und außerdem rechtswidrig und schuldhaft ist.

Eine Straftat ist also eine

- tatbestandsmäßige,
- rechtswidrige,
- schuldhafte

Gesetzesverletzung (Strafgesetz).

Verfolgbar ist eine Straftat, wenn die so genannten Verfahrens- bzw. Prozessvoraussetzungen vorliegen.

TATBESTANDSMÄSSIGKEIT

\+

RECHTSWIDRIGKEIT

\+

SCHULD

\+

VERFAHRENSVORAUSSETZUNGEN

=

VERFOLGBARE STRAFTAT

Die Tatbestandsmäßigkeit und die Rechtswidrigkeit werden auch das Unrecht genannt. Unrecht und Schuld gemeinsam führen zu einer Bestrafung.
Im Folgenden werden die vorgenannten vier Begriffe erläutert.

3.1.9.1. Tatbestandsmäßigkeit

Die Unrechtsmerkmale des Straftatbestandes des Besonderen Teils des Strafgesetzbuches bezeichnet man als den Tatbestand; die Verwirklichung durch einen Menschen nennt man die Tatbestandsmäßigkeit.

Die Tatbestandsmäßigkeit untergliedert sich in den objektiven und den subjektiven Tatbestand.

Objektiver Tatbestand

\+

Subjektiver Tatbestand

=

TATBESTANDSMÄSSIGKEIT

Der objektive Tatbestand wird auch der äußere Tatbestand genannt. Er enthält die Umstände, die das äußere Erscheinungsbild der Tat prägen.
Beschrieben werden im objektiven Tatbestand

- Tatsubjekt (wer begeht die Straftat?),
- Tatobjekt (gegen wen oder gegen was richtet sich die Straftat?),
- Ausführungshandlung (wie wird die Tat begangen?),
- evtl. besondere Begehungsweisen,
- evtl. Tatmittel (z.B. mittels eines gefährlichen Werkzeugs),
- evtl. besondere Tatmodalitäten.

Die Erläuterung erfolgt auch hier am Beispiel der Sachbeschädigung:

Sachbeschädigung; § 303 StGB:
Wer rechtswidrig eine fremde Sache beschädigt oder zerstört, wird mit Freiheitsstrafe bis zu zwei Jahren oder mit Geldstrafe bestraft.

Beispiel: Sicherheitskraft B. verursacht mit dem Firmenfahrrad des S. aus Unachtsamkeit einen Unfall. Das Fahrrad des S. und des Unfallgegners U. werden an der Gabel beschädigt.
Das Tatsubjekt (wer) ist hier B. Tatobjekte sind als fremde Sachen die beiden Fahrräder, da beide nicht im Eigentum des B. stehen. Eigentümer der Fahrräder sind S. und U. Ausführungshandlung hier in Form des Beschädigens ist die Verursachung des Unfalls mit der Folge der Beschädigung der beiden Fahrräder.

Der gesetzliche Tatbestand wird in der Regel anhäufend (kumulativ; erkennbar an dem Wort „und") oder wahlweise (alternativ; erkennbar an dem Wort „oder")

beschrieben. Von den beiden Handlungsalternativen der Sachbeschädigung „beschädigen" bzw. „zerstören" muss also wahlweise nur eine erfüllt sein, da diese beiden Tatbestandsmerkmale durch das Wort „oder" verbunden sind.
B. erfüllt also den objektiven Tatbestand der Sachbeschädigung gemäß § 303 StGB, denn B. hat fremde bewegliche Sachen beschädigt.

Der subjektive Tatbestand wird auch der innere Tatbestand genannt. Er beinhaltet die Umstände, die dem psychisch-seelischen Bereich sowie der Vorstellungswelt des Täters zuzuordnen sind. Die meisten Straftatbestände des Besonderen Teils des Strafgesetzbuches verlangen – wie bereits in diesem Kapitel unter Punkt 3.1.5.1. ausgeführt – im subjektiven Tatbestand gemäß § 15 StGB Vorsatz. Auch die Sachbeschädigung gemäß § 303 StGB setzt Vorsatz voraus. Vorsatz bedeutet in der Kurzbeschreibung „Wissen und Wollen" der Verwirklichung des objektiven Tatbestandes.
B. verursacht den Verkehrsunfall aus Unachtsamkeit. B. hat den tatbestandsmäßigen Erfolg der Beschädigung von zwei Fahrrädern nicht gewollt. B. hat diese Beschädigungen mithin nicht vorsätzlich verursacht. B. handelt „nur" fahrlässig. Eine fahrlässige Sachbeschädigung ist aber gemäß § 15 StGB straflos, da der Text des § 303 StGB fahrlässiges Verhalten nicht unter Strafe stellt.
B. hat also nur den objektiven aber nicht den subjektiven Tatbestand einer Sachbeschädigung erfüllt. B. hat sich nicht der Sachbeschädigung strafbar gemacht.

Fährt B. aber aus Verärgerung mit seinem Fahrrad gegen das Fahrrad seines Kollegen U., dann beschädigt B. beide Fahrräder vorsätzlich. In einem solchen Fall würde B. den Tatbestand der Sachbeschädigung gemäß § 303 Abs. 1 StGB jeweils objektiv und subjektiv erfüllen.

3.1.9.2. Rechtswidrigkeit

Hinsichtlich der Rechtswidrigkeit, die ja das Unrecht meint, kann auf die Ausführungen zu den Jedermannsrechten im Kapitel IV. unter Punkt 3. verwiesen werden.
Es muss in Erinnerung gebracht werden, dass es um die Prüfung geht, oder der Täter sich auf einen Rechtfertigungsgrund berufen kann oder nicht.

3.1.9.3. Schuld

Nunmehr soll der Begriff Schuld erklärt werden. Bei dem Begriff der Schuld in diesem Sinne geht es nicht um die Frage von „schuldig" oder „überführt".
Die Tatbestandsmäßigkeit und die Rechtswidrigkeit bilden das Unrecht. Bei der Schuld geht es um die Problematik, ob dem Täter sein rechtswidriges Unrecht auch von der Gesellschaft persönlich vorgeworfen werden kann.

Schuldfähigkeit:
Grundsätzlich ist jeder Mensch schuldfähig, wenn er nicht ausnahmsweise zu den Schuldunfähigen zu zählen ist.

Schuldunfähigkeit:
Schuldunfähig sind Kinder und Menschen mit seelischen Störungen.

> **§ 19 StGB; Schuldunfähigkeit des Kindes**
> **Schuldunfähig ist, wer bei Begehung der Tat noch nicht vierzehn Jahre alt ist.**
> **§ 20 StGB; Schuldunfähigkeit wegen seelischer Störung**
> (ab 01.01.2016 nicht mehr Inhalt der Sachkundeprüfung)
> **Ohne Schuld handelt, wer bei Begehung der Tat wegen einer krankhaften seelischen Störung, wegen einer tiefgreifenden Bewusstseinsstörung oder wegen Schwachsinns oder einer schweren anderen seelischen Abartigkeit unfähig ist, das Unrecht der Tat einzusehen oder nach dieser Einsicht zu handeln.**

Da auch ein schuldunfähiger Mensch eine rechtswidrige Handlung begehen kann, dürfen einige Rechtfertigungsgründe auch für Maßnahmen gegen Schuldunfähige herangezogen werden.
Beispiel: Detektiv D. erwischt den 9-jährigen K. im Warenhaus bei einem Diebstahl. Als D. die Herausgabe des Diebesgutes verlangt, greift K. den D. mit Tränengas an. Der Einsatz des Tränengases durch K. erfüllt tatbestandsmäßig und rechtswidrig das Delikt der Gefährlichen Körperverletzung gemäß § 224 Abs. 1 Nr. 2 StGB. K. kann als schuldunfähiges Kind gemäß § 19 StGB aber nicht bestraft werden.
D. dürfte K. also nicht gemäß § 127 Abs. 1 StPO vorläufig festnehmen, da keine verfolgbare Straftat des K. vorliegt.
D. darf aber den tatbestandsmäßigen und auch rechtswidrigen Angriff des K. mit dem Tränengas abwehren, da eine Notwehrlage gemäß § 32 StGB vorliegt.

Entschuldigungsgründe:
Neben den bereits erwähnten Jedermannsrechten bzw. Rechtfertigungsgründen enthält der Allgemeine Teil des Strafgesetzbuches aber auch so genannte Entschuldigungsgründe.
Bei Vorliegen eines Entschuldigungsgrundes sind Unrechts- und Schuldgehalt so stark reduziert, dass für die Gesellschaft eine Bestrafung des Täters unangemessen erscheint.

3.1.9.3.1. Entschuldigender Notstand; § 35 StGB

(ab 01.01.2016 nicht mehr Inhalt der Sachkundeprüfung)
Zunächst soll der Entschuldigende Notstand gemäß § 35 StGB angesprochen werden:

> **§ 35 StGB:**
> **Wer in einer gegenwärtigen, nicht anders abwendbaren Gefahr für Leben, Leib oder Freiheit eine rechtswidrige Tat begeht, um die Gefahr von sich, einem Angehörigen oder einer anderen ihm nahestehenden Person abzuwenden, handelt ohne Schuld. Dies gilt nicht, soweit dem Täter nach den Umständen, namentlich weil er die Gefahr selbst verursacht hat oder weil er in einem besonderen Rechtsverhältnis stand, zugemutet werden konnte, die Gefahr hinzunehmen; ...**

Die Erläuterung soll anhand eines Beispiels erfolgen:
Sicherheitskraft B. soll vor Gericht als Zeuge gegen den Chef G. einer Einbrecherbande aussagen. Unmittelbar vor der Aussage erreichen B. auf seinem Handy mehrere Nachrichten (MMS) mit Bildern. Darauf ist zu sehen, dass sich die Kinder des B. in der Gewalt Fremder befinden und gefesselt und geknebelt sind. Der Text dazu lautet: Sag bloß nicht gegen G. aus, sonst siehst Du Deine Kinder nie wieder!! B. sagt als Zeuge die Unwahrheit.
B. macht sich tatbestandsmäßig und rechtswidrig der Uneidlichen Falschaussage gemäß § 153 StGB schuldig. B. kann aber nicht bestraft werden, da er nicht schuldhaft handelte. Es greift der Entschuldigende Notstand gemäß § 35 StGB. B. handelte nämlich, um eine gegenwärtige, nicht anders abwendbare Gefahr für Leib und körperliche Unversehrtheit seiner Angehörigen abzuwenden.

3.1.9.3.2. Überschreiten der Notwehr; § 33 StGB

(ab 01.01.2016 nicht mehr Inhalt der Sachkundeprüfung)
Es kann auch Situationen geben, bei welchen die Grenzen der Notwehr überschritten werden:

> **§ 33 StGB:**
> **Überschreitet der Täter die Grenzen der Notwehr aus Verwirrung, Furcht oder Schrecken, so wird er nicht bestraft.**

Grundsätzlich darf niemand die Grenzen der Jedermannsrechte überschreiten. Es kann aber zu Situationen kommen, in welchen versehentlich unverhältnismäßige Mittel eingesetzt werden, da die Auswahl des Mittels in Konfliktsituationen zum Teil in Bruchteilen von Sekunden erfolgen muss. Das Verlassen der Grenzen der Jedermannsrechte erfüllt regelmäßig einen Straftatbestand des Besonderen Teils des Strafgesetzbuches tatbestandsmäßig und rechtswidrig. Es muss aber nicht zwangsläufig auch zu einer Bestrafung kommen.
Lagen dem Verlassen der Grenzen der Notwehr nämlich Verwirrung oder Furcht oder Schrecken zugrunde, unterbleibt eine Bestrafung. Die Begriffe Verwirrung, Furcht und Schrecken erklären sich aus dem Sprachgebrauch. Es sei wiederholt, dass Wut, Zorn, Hass oder Kampfeslust nicht damit gemeint sind. Bei der Überprüfung wird bei Sicherheitskräften ein strenger Maßstab anzulegen sein.

3.1.9.4. Verfahrensvoraussetzungen

Letzter Punkt der verfolgbaren Straftat sind die Verfahrens- oder Prozessvoraussetzungen. Diese müssen vorliegen, damit Straftaten von Polizei und Staatsanwaltschaften sowie Gerichten auch verfolgt werden dürfen.
Es wurde bereits erläutert, dass bei einigen Delikten eine Strafverfolgung nur möglich ist, wenn das Opfer einen Strafantrag stellt. Dieser Strafantrag ist bei den absoluten Antragsdelikten eine Verfahrensvoraussetzung.
Weitere Verfahrensvoraussetzungen sind u.a.

- dass der Beschuldigte lebt und
- die Tat noch nicht verjährt ist.

Hinweise zu den Lernzielen - Der Leser sollte erklären können:

- den Deliktsaufbau im Strafrecht,
- den Begriff der Tatbestandsmäßigkeit,
- die Begriffe objektiver und subjektiver Tatbestand,
- den Begriff der Rechtswidrigkeit,
- die Begriffe Jedermannsrechte bzw. Rechtfertigungsgründe,
- den Begriff der Schuld,
- die Begriffe der Schuldunfähigkeit,
- was unter einer Notwehrüberschreitung zu verstehen ist,
- den Begriff der Verfahrensvoraussetzungen.

3.2. Besonderer Teil des StGB - Ausgewählte Straftatbestände

In den nachfolgenden Kapiteln sollen nunmehr die für Sicherheitskräfte wichtigsten Straftatbestände des Besonderen Teils des Strafgesetzbuchs sowie des Betäubungsmittelgesetzes erläutert werden. Der Rahmenplan für die Sachkundeprüfung diente einer Orientierung. Bisweilen geht die Darstellung über diesen Plan hinaus.
Die Darstellung ist so detailliert, dass die Autoren in diesem Kapitel auf Kontrollfragen und Hinweise zu den Lernzielen weitgehend verzichtet haben.

3.2.1. Widerstand gegen Vollstreckungsbeamte; § 113 StGB

Abs. 1: Wer einen Amtsträger ..., der zur Vollstreckung von Gesetzen, Rechtsverordnungen, Urteilen, Gerichtsbeschlüssen oder Verfügungen berufen ist, bei der Vornahme einer solchen Diensthandlung mit Gewalt oder durch Drohung mit Gewalt Widerstand leistet oder ihn dabei tätlich angreift, wird mit Freiheitsstrafe bis zu zwei Jahren oder mit Geldstrafe bestraft.

Die Vorschrift schützt die in ihr genannten Amtsträger. Amtsträger müssen ihre Aufgaben erfüllen können, ohne dabei angegriffen zu werden.

Zu den geschützten Personen gehören insbesondere die Beamten der Polizei-, Zoll-, Passbehörden und Bedienstete der Gerichte während einer Vollstreckungshandlung im Rahmen ihrer örtlichen und sachlichen Zuständigkeit (§ 113 Abs. 3 StGB).

Tathandlungen des objektiven Tatbestandes sind alternativ

- Widerstand zu leisten

oder

- tätlich anzugreifen.

Widerstand zu leisten bedeutet, den Amtsträger in der Ausübung seines Amtes durch die Androhung oder Begehung einer Nötigung oder Körperverletzung zu stören.
Beispiel: Körperliche Gegenwehr eines Straftäters, der verhaftet werden soll.

Tätlich anzugreifen bedeutet eine unmittelbare auf den Körper des Amtsträgers gerichtete feindselige Einwirkung, ohne dass es zu einer Berührung kommen muss.
Beispiel: Gezielte Tritte oder Schläge in Richtung des Amtsträgers.

Subjektiver Tatbestand
Der subjektive Tatbestand des Widerstandes verlangt Vorsatz. Der fahrlässige Widerstand ist straflos.
Sonstiges
Der Widerstand ist ein Vergehen. Der versuchte Widerstand ist straflos. Der Widerstand ist ein Offizialdelikt.

3.2.2. Hausfriedensbruch; § 123 StGB

Abs. 1: Wer in die Wohnung, in die Geschäftsräume oder in das befriedete Besitztum eines anderen oder in abgeschlossene Räume, welche zum öffentlichen Dienst oder Verkehr bestimmt sind, widerrechtlich eindringt, oder wer, wenn er ohne Befugnis darin verweilt, auf die Aufforderung des Berechtigten sich nicht entfernt, wird mit Freiheitsstrafe bis zu einem Jahr oder mit Geldstrafe bestraft.

Abs. 2: Die Tat wird nur auf Antrag verfolgt.

Die Vorschrift schützt das so genannte Hausrecht, welches bereits im Kapitels IV. unter Punkt 3.1. erläutert wurde. Kern des Hausrechts ist die Freiheit der Entscheidung darüber, wer sich innerhalb der geschützten Räume und des befriedeten Besitztums aufhalten darf und wer nicht. Der Hausrechtsinhaber muss nicht zwingend Eigentümer des Tatobjekts sein. Es reicht, dass ihm die Befugnis zusteht, über den Zugang und den Aufenthalt in der geschützten Räumlichkeit entscheiden zu können.
Das (Haus-) Recht muss stärker sein als das Recht des Störers. So ist beispielsweise der Pächter Hausrechtsinhaber seiner Kneipe, die im Eigentum des Verpächters steht.

Objektiver Tatbestand: Geschützt als Tatobjekte sind alternativ

- Wohnungen,
- Geschäftsräume,
- das befriedete Besitztum
  oder
- zum öffentlichen Dienst oder Verkehr bestimmte abgeschlossene Räume.

Wohnungen sind Räume, die Menschen zum Wohnen dienen. Dazu gehören beispielsweise auch Keller, Speicher, Hausflure, Hotelzimmer, Wohnwagen, Zelte und Schiffe. Kraftfahrzeuge sind keine Wohnungen, sondern Beförderungsmittel.

Geschäftsräume sind auch mobile Räumlichkeiten, die gewerblichen, künstlerischen, wissenschaftlichen oder ähnlichen Zwecken dienen.

Dazu gehören beispielsweise Gasthäuser, Büros, Werkstätten, Lagerhallen oder Marktbuden.

Das befriedete Besitztum ist ein äußerlich erkennbar gegen Betreten gesichertes Grundstück. Befriedet ist es, wenn es zum Beispiel durch Mauern, Zäune, Gräben, Draht oder Bepflanzungen eingehegt ist.
Dazu gehören beispielsweise Friedhöfe, eingefriedete Äcker, Wiesen, Weiden und Schonungen; ferner Höfe und Vorgärten.

Zum öffentlichen Dienst oder Verkehr bestimmte abgeschlossene Räume sind zum Beispiel Schulen, Kirchen, Gerichte, öffentliche Verkehrsmittel und -einrichtungen, Bahnhöfe und Flughäfen.

Tathandlungen sind ebenfalls alternativ

- widerrechtlich einzudringen

oder

- unbefugt zu verweilen und sich auf die Aufforderung des Berechtigten nicht zu entfernen.

Widerrechtlich einzudringen bedeutet, gegen oder ohne den Willen des Hausrechtsinhabers mit dem Körper oder mit einem Teil des Körpers in die geschützte Räumlichkeit zu gelangen.
Beispiele: Übersteigen des Zaunes des Werkgeländes; Hineingreifen zwecks Lösens der Sicherungskette
Das Einverständnis des Hausrechtsinhabers schließt ein Eindringen aus, auch dann, wenn dieses erschlichen ist.
Behauptet also der Täter bei der Einlasskontrolle zu einem Konzertsaal wahrheitswidrig, er müsse einem Künstler ein gereinigtes Hemd liefern, obwohl der Täter tatsächlich nur den Eintritt sparen möchte, so macht sich der Täter nicht des widerrechtlichen Eindringens und mithin nicht des Hausfriedensbruchs schuldig, wenn ihn der Kontrolleur hinein lässt. Die Bestrafung wegen (versuchten) Erschleichens von Leistungen gemäß § 265a StGB (siehe Punkt 3.2.31. in diesem Kapitel) bleibt davon unberührt.

Bei Räumlichkeiten, die dem allgemeinen Publikumsverkehr offen stehen, wie zum Beispiel Geschäften, Museen, Behörden oder Verkehrsmittel liegt eine generelle Zutrittserlaubnis für jedermann vor. Hier macht sich nur des Hausfriedensbruchs schuldig, wer sich trotz zuvor ausdrücklich erteilten Hausverbots in diese Räumlichkeit begibt.

Unbefugtes Verweilen und sich auf die Aufforderung des Berechtigten nicht zu entfernen bedeutet, dass der Aufenthalt in der geschützten Räumlichkeit zunächst rechtmäßig war und das Recht zum Aufenthalt dann erloschen ist. Dieses ist beispielsweise in einem Supermarkt der Fall, wenn alle Kunden vom Personal gebeten werden, den Supermarkt zu verlassen, da in Kürze geschlossen werden soll.

Subjektiver Tatbestand
Der subjektive Tatbestand des Hausfriedensbruchs verlangt Vorsatz. Der fahrlässige Hausfriedensbruch ist straflos.

Sonstiges
Der Hausfriedensbruch ist ein Vergehen. Der versuchte Hausfriedensbruch ist straflos. Der Hausfriedensbruch ist ein absolutes Antragsdelikt sowie ein Privatklagedelikt gemäß § 374 Abs. 1 Nr. 1 StPO.

3.2.3. Störung des öffentlichen Friedens durch Androhung von Straftaten; § 126 StGB
(ab 01.01.2016 nicht mehr Inhalt der Sachkundeprüfung)

§ 126 StGB (Auszug des Absatzes 1 und des Absatzes 2 mit Vereinfachung)

Abs. 1: Wer in einer Weise, die geeignet ist, den öffentlichen Frieden zu stören, einen Landfriedensbruch, ein vorsätzliches Tötungsdelikt, eine schwere Körperverletzung, schwere Straftaten gegen die persönliche Freiheit, einen Raub, eine räuberische Erpressung, eine Brandstiftung oder ein schweres Straßenverkehrsdelikt androht, wird mit Freiheitsstrafe bis zu drei Jahren oder mit Geldstrafe bestraft.

Abs. 2: Ebenso wird bestraft, wer in einer Weise, die geeignet ist, den öffentlichen Frieden zu stören, wider besseren Wissens vortäuscht, die Verwirklichung einer der in Absatz 1 genannten rechtswidrigen Taten stehe bevor.

Die Vorschrift schützt den öffentlichen Frieden. Die Bevölkerung möchte nämlich in Ruhe und Frieden leben.

Tathandlungen sind
- Androhen der im Text genannten schweren Straftaten, was das Ankündigen bevorstehender oder andauernder rechtswidriger Taten bedeutet;
- in einer Weise, die geeignet ist, den öffentlichen Frieden zu stören bedeutet, dass die Mitteilung in die Öffentlichkeit gelangen muss.

Für Sicherheitskräfte ist § 126 StGB insbesondere deshalb von Bedeutung, da

- § 126 Abs. 1 StGB die Strafbarkeit von so genannten Bombendrohungen

und

- § 126 Abs. 2 StGB die Strafbarkeit von so genannten Schreckanrufen enthält.

Subjektiver Tatbestand
Der subjektive Tatbestand verlangt Vorsatz. Die fahrlässige Begehung ist straflos.

Sonstiges
Die Störung des öffentlichen Friedens ist ein Vergehen. Der Versuch ist straflos. Es ist ein Offizialdelikt.

3.2.4. Amtsanmaßung; § 132 StGB

§ 132 StGB:

Wer unbefugt sich mit der Ausübung eines öffentlichen Amtes befasst oder eine Handlung vornimmt, welche nur kraft eines öffentlichen Amtes vorgenommen werden darf, wird mit Freiheitsstrafe bis zu zwei Jahren oder mit Geldstrafe bestraft.

Die Bevölkerung muss Vertrauen in die Echtheit und Zuverlässigkeit von Hoheitsakten haben dürfen. Mithin schützt diese Vorschrift die staatliche Organisation und die Staatsgewalt vor unbefugter Ausübung eines öffentlichen Amtes.

Alternativ sind zwei Tathandlungen strafbedroht:

- sich unbefugt mit der Ausübung eines öffentlichen Amtes zu befassen

oder

- eine Handlung vorzunehmen, die nur kraft eines öffentlichen Amtes vorgenommen werden darf.

In der ersten Alternative gibt sich der Täter also wahrheitswidrig als Amtsinhaber aus und führt eine Amtshandlung durch, die Amtsträgern vorbehalten ist.
Beispiel: Sicherheitskraft B. gibt sich als Polizeibeamter aus und durchsucht das Fahrzeug einer verdächtigen Person.

In der zweiten Alternative nimmt der Täter eine Amtshandlung vor, ohne sich als Amtsträger auszugeben.
Beispiel: Sicherheitskraft B. stellt heimlich ein Halteverbotsschild auf. Ihn stören die Fahrzeuge vor dem Firmengelände. Von den Fahrern verlangt B. Verwarnungsgelder.

Subjektiver Tatbestand
Der subjektive Tatbestand verlangt Vorsatz. Die fahrlässige Amtsanmaßung ist straflos.

Sonstiges
Die Amtsanmaßung ist ein Vergehen. Die versuchte Amtsanmaßung ist straflos. Die Amtsanmaßung ist ein Offizialdelikt.

3.2.5. Missbrauch von Titeln, Berufsbezeichnungen und Abzeichen; § 132a StGB

§ 132a StGB (Auszug und Vereinfachung aus 1. und 2. Absatz):
Wer unbefugt

1. **inländische oder ausländische Amts- oder Dienstbezeichnungen, akademische Grade, Titel oder öffentliche Würden führt,**
2. **Berufsbezeichnungen wie Arzt, Apotheker oder Rechtsanwalt führt,**
3. **die Bezeichnung öffentlich bestellter Sachverständiger führt oder**
4. **Uniformen, Amtskleidungen oder Amtsabzeichen trägt, oder etwas führt oder trägt, was zum Verwechseln ähnlich ist,**

wird mit Freiheitsstrafe bis zu einem Jahr oder mit Geldstrafe bestraft.

Die Vorschrift schützt die Allgemeinheit vor dem Auftreten von Personen, die einen falschen Schein erwecken.

Tathandlungen sind alternativ:

- Führen der genannten Titel oder ähnlicher Titel
- Tragen der genannten Dinge oder ähnlicher Dinge.

Subjektiver Tatbestand
Der subjektive Tatbestand verlangt Vorsatz. Die fahrlässige Begehung ist straflos.

Sonstiges
Der Missbrauch von Titeln ist ein Vergehen. Der Versuch ist straflos. Es ist ein Offizialdelikt.

3.2.6. Nichtanzeige geplanter Straftaten; § 138 StGB
(ab 01.01.2016 nicht mehr Inhalt der Sachkundeprüfung)

§ 138 StGB (verkürzt und vereinfacht):

Abs. 1: Wer von dem Vorhaben oder der Ausführung ...

Nr. 6: eines Mordes oder Totschlags ...

Nr. 7: eines Menschenraubes oder einer Geiselnahme ...

Nr. 8: eines Raubes oder einer Räuberischen Erpressung ...

Nr. 9: einer Brandstiftung

zu einer Zeit, zu der die Ausführung oder der Erfolg noch abgewendet werden kann, glaubhaft erfährt und es unterlässt, der Behörde oder dem Bedrohten rechtzeitig Anzeige zu machen, wird mit Freiheitsstrafe bis zu fünf Jahren oder mit Geldstrafe bestraft.

Die Vorschrift schützt einerseits die staatliche Rechtspflege und andererseits das durch die geplante Tat bedrohte Rechtsgut sowie den Rechtsgutinhaber.

Objektiver Tatbestand
Das Delikt ist eines der beiden für Sicherheitskräfte wichtigen echten Unterlassungsdelikte. Strafbedroht ist es, die Behörde (Polizei) oder den Bedrohten nicht rechtzeitig zu informieren.

Subjektiver Tatbestand
Der subjektive Tatbestand verlangt Vorsatz. Die leichtfertige (fahrlässige) Nichtanzeige geplanter Straftaten ist gemäß § 138 Abs. 3 StGB strafbar.

Sonstiges
Die Nichtanzeige geplanter Straftaten ist ein Vergehen. Der Versuch ist straflos. Es ist ein Offizialdelikt.

3.2.7. Missbrauch von Notrufen und Beeinträchtigung von Unfallverhütungs- und Nothilfemitteln; § 145 StGB

§ 145 StGB: (ab 01.01.2016 nicht mehr Inhalt der Sachkundeprüfung)

Abs. 1: Wer absichtlich oder wissentlich

1. Notrufe oder Notzeichen missbraucht

oder

2. vortäuscht, dass wegen eines Unglücksfalls oder wegen gemeiner Gefahr oder Not die Hilfe anderer erforderlich sei,

wird mit Freiheitsstrafe bis zu einem Jahr oder mit Geldstrafe bestraft.

Abs. 2: Wer absichtlich oder wissentlich

1. die zur Verhütung von Unglücksfällen oder wegen gemeiner Gefahr dienenden Warn- oder Verbotszeichen beseitigt, unkenntlich macht oder in ihrem Sinn entstellt

oder

2. die zur Verhütung von Unglücksfällen oder wegen gemeiner Gefahr dienenden Schutzvorrichtungen oder die zur Hilfeleistung bei Unglücksfällen oder gemeiner Gefahr bestimmten Rettungsgeräte oder anderen Sachen beseitigt, verändert oder unbrauchbar macht,

wird mit Freiheitsstrafe bis zu zwei Jahren oder mit Geldstrafe bestraft ...

Das geschützte Rechtsgut ist das Funktionieren sämtlicher Notruf- und Rettungssysteme.

Objektiver Tatbestand § 145 Abs. 1 Nr. 1 StGB:

- Missbrauch von Notrufen oder Notzeichen: Notrufe und Notzeichen sind z.B. Polizeinotruf „110", der Feuernotruf „112", Notbremsen, Handfeuermelder, Hilferuf eines Menschen.
- Missbrauch bedeutet, keine Berechtigung zu besitzen, den Notruf oder das Notzeichen zu verwenden bzw. es besteht gar keine Not.

Objektiver Tatbestand § 145 Abs. 1 Nr. 2 StGB: Vortäuschen eines Unglücksfalls

- Unglücksfall, gemeine Gefahr oder Not erklären sich aus dem allgemeinen Sprachgebrauch.
- Vortäuschen bedeutet Aufstellen einer wahrheitswidrigen Behauptung.

Objektiver Tatbestand § 145 Abs. 2 Nr. 1 StGB: Beseitigung von Warn- oder Verbotszeichen

- Warn- und Verbotszeichen sind Schilder mit Texten, Zeichnungen oder Symbolen, wie z.B. Warnschilder vor Hochspannung oder Stufen oder Rauchverbotsschilder.
- Beseitigen, unkenntlich machen oder entstellen erklären sich aus dem allgemeinen Sprachgebrauch.

Objektiver Tatbestand § 145 Abs. 2 Nr. 2 StGB: Beseitigung von Schutzvorrichtungen und Rettungsgeräten

- Schutzvorrichtungen sind z.B. Abschaltsicherungen, Schutzgitter, Geländer, Kindersicherungen, Lichtschranken.
- Rettungsgeräte sind z.B. Branddecken, Verbandskasten, Rettungswesten, Rettungsringe, Rettungsboote, Schleudersitze, Fallschirme, Atemgeräte, Feuerlöscher.
- Beseitigen, verändern oder unbrauchbar machen erklären sich aus dem allgemeinen Sprachgebrauch.

Subjektiver Tatbestand
Der subjektive Tatbestand verlangt Vorsatz in der gesteigerten Form von Absicht oder Wissentlichkeit. Dem Täter muss es zielgerichtet auf sein missbräuchliches Verhalten ankommen.

Sonstiges
Der Missbrauch von Notrufen ist ein Vergehen. Der Versuch ist straflos. Es ist ein Offizialdelikt.

3.2.8. Falsche uneidliche Aussage; § 153 StGB

§ 153 StGB:
Wer vor einem Gericht als Zeuge falsch aussagt, wird mit Freiheitsstrafe von 3 Monaten bis zu 5 Jahren bestraft.

Die Vorschrift schützt die staatliche Rechtspflege, die durch falsche Aussagen gefährdet wäre.

Objektiver Tatbestand:
Der objektive Tatbestand setzt eine falsche Aussage voraus. Eine Aussage ist falsch, wenn sie objektiv nicht der Wahrheit entspricht.

Subjektiver Tatbestand:
Der subjektive Tatbestand verlangt Vorsatz. Die fahrlässige Falsche uneidliche Aussage ist straflos.

Sonstiges:
Die Falsche uneidliche Aussage ist ein Vergehen. Der Versuch ist straflos. Es ist ein Offizialdelikt.

3.2.9. Meineid; § 154 StGB

§ 154 StGB (verkürzt)

Abs. 1: Wer vor Gericht falsch schwört, wird mit Freiheitsstrafe nicht unter einem Jahr bestraft.

Die Vorschrift schützt als Qualifikation (Norm mit einer höheren Strafandrohung als der Grundtatbestand) der Falschen uneidlichen Aussage ebenfalls die staatliche Rechtspflege.

Objektiver Tatbestand:
Der objektive Tatbestand setzt voraus, dass die falsche Aussage beschworen wird.

Subjektiver Tatbestand:
Der subjektive Tatbestand verlangt Vorsatz. Der Fahrlässige Falscheid ist gemäß § 161 StGB strafbar.

Sonstiges:
Der Meineid ist ein Verbrechen. Der Versuch ist strafbar. Es ist ein Offizialdelikt.

3.2.10. Falsche Verdächtigung; § 164 StGB

§ 164 StGB:

Wer einen anderen bei einer Behörde oder öffentlich wider besseren Wissens einer rechtswidrigen Tat in der Absicht verdächtigt, ein behördliches Verfahren oder eine behördliche Maßnahme gegen ihn herbeizuführen oder fortdauern zu lassen, wird mit Freiheitsstrafe bis zu fünf Jahren oder Geldstrafe bestraft.

Die Vorschrift schützt die inländische staatliche Rechtspflege sowie den Unschuldigen vor irrtumsbedingten staatlichen Maßnahmen.

Objektiver Tatbestand:
Der objektive Tatbestand setzt voraus, dass eine andere Person falsch verdächtigt wird. Dieses bedeutet, einen unwahren Verdacht auf eine bestimmte Person zu lenken. Diese bestimmte Person muss identifizierbar sein. Die Tat muss bei einer Behörde begangen werden, also im Regelfall bei der Polizei oder der Staatsanwaltschaft.

Subjektiver Tatbestand:
Der subjektive Tatbestand verlangt Vorsatz in der Form des wider besseren Wissens. Der Täter muss also Kenntnis von der Unwahrheit der geäußerten Verdächtigung haben. Zudem verlangt der subjektive Tatbestand die Absicht der Herbeiführung eines behördlichen Verfahrens. Es muss dem Täter in der Regel also darauf ankommen, dass ein Ermittlungsverfahren eingeleitet wird. Alternativ kann die Absicht auch auf die Herbeiführung einer behördlichen Maßnahme gerichtet sein. Dieses wäre zum Beispiel die vorläufige Entziehung der Fahrerlaubnis nach § 111a StPO oder die Inhaftierung.

Sonstiges:
Die Falsche Verdächtigung ist ein Vergehen. Der Versuch ist straflos. Es ist ein Offizialdelikt.

3.2.11. Beleidigung; § 185 StGB

Die Beleidigung wird mit Freiheitsstrafe bis zu einem Jahr oder mit Geldstrafe bestraft und, wenn die Beleidigung mittels einer Tätlichkeit begangen wird, mit Freiheitsstrafe bis zu zwei Jahren oder mit Geldstrafe bestraft.

Die Vorschrift schützt die persönliche Ehre, also den inneren Wert und die Würde des Menschen.

Tathandlung des objektiven Tatbestandes ist die Beleidigung.
Beleidigen bedeutet die Kundgabe der Miss- oder Nichtachtung gegenüber einem anderen, die von jemandem zur Kenntnis genommen werden muss. Die Kundgabe der Beleidigung erfolgt regelmäßig in mündlicher Form, sie kann aber auch durch Schrift, Bild, Symbol oder eine Tätlichkeit (z.B. Anspucken) erfolgen.
Beispiel: Sicherheitskraft D. verweigert einem Gast J. den Zutritt zu einer Diskothek. Daraufhin sagt J. zu D., dass er ein Arschgesicht ist.

Subjektiver Tatbestand
Der subjektive Tatbestand der Beleidigung verlangt Vorsatz. Die fahrlässige Beleidigung ist straflos.

Sonstiges
Die Beleidigung ist ein Vergehen. Die versuchte Beleidigung ist straflos. Die Beleidigung ist ein absolutes Antragsdelikt.

§ 194 Abs. 1 Satz 1 StGB: Die Beleidigung wird nur auf Antrag verfolgt.

Besonderer Rechtfertigungsgrund für die Beleidigung ist § 193 StGB:

§ 193 StGB: Tadelnde Urteile über wissenschaftliche, künstlerische oder gewerbliche Leistungen, desgleichen Äußerungen, welche zur Ausführung oder Verteidigung von Rechten oder zur Wahrnehmung berechtigter Interessen gemacht werden, sowie Vorhaltungen und Rügen der Vorgesetzten gegen ihre Untergebenen, dienstliche Anzeigen oder Urteile von Seiten eines Beamten und ähnliche Fälle sind nur insofern strafbar, als das Vorhandensein einer Beleidigung aus der Form der Äußerung oder aus den Umständen, unter welchen sie geschah, hervorgeht.

Beispiel: Die Lehrerin H. sagt einem Schüler, dass er faul und seine Leistungen ungenügend seien. H. verletzt den objektiven und den subjektiven Tatbestand einer Beleidigung gemäß § 185 BGB. Sie kann aber nicht bestraft werden, denn sie handelt nicht rechtswidrig. Das Verhalten der H. ist nach § 193 StGB erlaubt, da sie ein dienstliches Urteil über einen Schüler abgibt.

Weitere Ehrverletzungsdelikte sind die Üble Nachrede (§ 186 StGB) sowie die Verleumdung (§ 187 StGB).

3.2.12. Verletzung der Vertraulichkeit des Wortes; § 201 StGB

§ 201 StGB:

Abs. 1: Mit Freiheitsstrafe bis zu drei Jahren oder mit Geldstrafe wird bestraft, wer unbefugt

1. das nichtöffentlich gesprochene Wort eines anderen auf einen Tonträger aufnimmt

oder

2. eine so hergestellte Aufnahme gebraucht oder einem Dritten zugänglich macht.

Abs. 2: Ebenso wird bestraft, wer unbefugt

1. das nicht zu seiner Kenntnis bestimmte nichtöffentlich gesprochene Wort eines anderen mit einem Abhörgerät abhört

oder

2. das nach Absatz 1 Nr. 1 aufgenommene oder nach Absatz 2 Nr. 1

abgehörte nichtöffentlich gesprochene Wort eines anderen im Wortlaut oder seinem wesentlichen Inhalt nach öffentlich mitteilt.

Abs. 4: Der Versuch ist strafbar.

Das geschützte Rechtsgut ist die Vertraulichkeit der Gespräche der Menschen untereinander.

Objektiver Tatbestand
Das Tatobjekt ist das nichtöffentlich gesprochene Wort. Dieses muss gesprochen oder gesungen werden. Die Äußerung ist nicht für die Allgemeinheit bestimmt; sie ist für Außenstehende nicht oder nicht ohne besondere Mühe wahrnehmbar. Beispiele: Gespräche in der eigenen Wohnung, Betriebsversammlungen, Vorstandssitzungen.

Tathandlungen des objektiven Tatbestandes sind alternativ:

- auf einen Tonträger aufzunehmen, wie z.B. Tonband, Video, digitale Aufzeichnung.
- Gebrauchen einer Aufnahme, wie z.B. Abspielen, Vorspielen, Kopieren.
- Aufnahme Dritten zugänglich zu machen, wie z.B. Übergeben des Tonträgers.
- Abhören mit Abhörgeräten wie Wanzen, Anzapfen des Telefons.
- Öffentlichmachen des Aufgenommenen oder Abgehörten durch z.B. Verbreiten.

Subjektiver Tatbestand
Der subjektive Tatbestand verlangt Vorsatz.

Rechtswidrigkeit
Neben der Rechtswidrigkeit im eigentlichen Sinne verlangt § 201 Abs. 2 StGB eine Interessenabwägung zur Feststellung der Rechtswidrigkeit. Das Interesse am Schutz der Intimsphäre muss gegebenenfalls überragenden öffentlichen Interessen weichen. Dieses kann insbesondere zur Aufklärung von schweren Straftaten wie zum Beispiel Verbrechen der Fall sein.

Sonstiges
Die Verletzung der Vertraulichkeit des Wortes ist ein Vergehen. Der Versuch ist gemäß § 201 Abs. 4 StGB strafbar. Es ist ein absolutes Antragsdelikt gemäß § 205 Abs. 1 StGB.

3.2.13. Verletzung des Briefgeheimnisses; § 202 StGB

§ 202 StGB:

Abs. 1: Wer unbefugt

1. einen verschlossenen Brief oder ein anderes verschlossenes Schriftstück, die nicht zu seiner Kenntnis bestimmt sind,

oder

2. sich vom Inhalt eines solchen Schriftstücks ohne Öffnung des Verschlusses unter Anwendung technischer Mittel Kenntnis verschafft, wird mit Freiheitsstrafe bis zu einem Jahr oder mit Geldstrafe bestraft, sofern die Tat nicht nach § 206 StGB (Verletzung des Post- und Fernmeldegeheimnisses) mit Strafe bedroht ist.

Abs. 2: Ebenso wird bestraft, wer sich unbefugt vom Inhalt eines Schriftstücks, das nicht zu seiner Kenntnis bestimmt und durch ein verschlossenes Behältnis gegen Kenntnisnahme besonders gesichert ist, Kenntnis verschafft, nachdem er dazu das Behältnis geöffnet hat.

Die Vorschrift schützt das Briefgeheimnis.

Objektiver Tatbestand
Tatobjekte des objektiven Tatbestandes sind alternativ:

- Briefe und verschlossene Schriftstücke (Absatz 1), wie z.B. Tagebücher, Notizen, Pläne.
- In einem Behältnis verschlossene Schriftstücke (Absatz 2), wie z.B. Kassette, Tresor, Schrank, verschließbare Aktentasche.

Tathandlungen des objektiven Tatbestandes sind alternativ:

- Öffnen bedeutet Verletzung oder Überwindung des Verschlusses (Absatz 1), wie z.B. Brief über heißem Wasserdampf zu öffnen.
- Kenntnisnahme unter Verwendung technischer Mittel (Absatz 1), wie z.B. Durchleuchtungsvorrichtung, Tränken des Papiers mit Flüssigkeiten.
- Öffnen des Behältnisses zum Zweck der Kenntnisnahme (Absatz 2).

Subjektiver Tatbestand
Der subjektive Tatbestand verlangt Vorsatz.

Sonstiges
Die Verletzung des Briefgeheimnisses ist ein Vergehen. Der Versuch ist straflos. Es ist ein absolutes Antragsdelikt gemäß § 205 Abs. 1 StGB sowie ein Privatklagedelikt gemäß § 374 Abs. 1 Nr. 3 StPO.

3.2.14. Ausspähen von Daten; § 202a StGB

§ 202a StGB:

Abs. 1: Wer unbefugt Daten, die nicht für ihn bestimmt und die gegen unberechtigten Zugang besonders gesichert sind, sich oder einem Dritten verschafft, wird mit Freiheitsstrafe bis zu drei Jahren oder mit Geldstrafe bestraft.

Abs. 2: Daten im Sinne des Absatzes 1 sind nur solche, die elektronisch, magnetisch oder sonst nicht unmittelbar wahrnehmbar gespeichert sind oder übertragen werden.

Die Vorschrift schützt Datenbanken und Datenverarbeitungssysteme vor unbefugten Zugriffen.

Objektiver Tatbestand
Tatobjekt sind Daten im Sinne des Absatzes 2, wobei der Datenbegriff über personenbezogene Daten des § 43 Bundesdatenschutzgesetzes hinausgeht (vergleiche Kapitel III.). Die Daten dürfen nicht mit den natürlichen Sinnen, sondern nur künstlich wahrnehmbar sein (Mikroskop, Sensor, Drucker, Bildschirm, Tagebücher, Notizen, Pläne). Die Daten können gespeichert sein (z.B. digital oder analog; Festplatten, Diskette, CD), übermittelt werden (z.B. durch Online-Daten-Übertragung) oder „sonst" gespeichert sein (z.B. CD-ROM oder andere neue Speichermethoden wie USB-Sticks). Die Tathandlung ist, sich oder einem Dritten Daten zu verschaffen. Dieses kann zum Beispiel durch Kopieren einer System-CD oder Computerhacken in das System eines anderen geschehen.

Subjektiver Tatbestand
Der subjektive Tatbestand verlangt Vorsatz.

Sonstiges
Ausspähen von Daten ist ein Vergehen. Der Versuch ist straflos. Es ist ein absolutes Antragsdelikt gemäß § 205 Abs. 1 StGB.

Datenveränderungen sind gemäß § 303a StGB strafbar. Darunter ist das Löschen, Unterdrücken, Unbrauchbarmachen oder Verändern von Daten zu verstehen. Hier ist der Versuch gemäß § 303a Abs. 2 StGB strafbar. Die Datenveränderung ist gemäß § 303c StGB ein relatives Antragsdelikt.

3.2.15. Aussetzung; § 221 StGB

Abs. 1: Wer einen Menschen

1. in eine hilflose Lage versetzt
oder
2. in einer hilflosen Lage im Stich lässt, obwohl er ihn in seiner Obhut hat oder ihm sonst beizustehen verpflichtet ist

und ihn dadurch der Gefahr des Todes oder einer schweren Gesundheitsschädigung aussetzt, wird mit Freiheitsstrafe von drei Monaten bis zu fünf Jahren bestraft.

Die Vorschrift schützt vor der Gefährdung hilfloser Personen an Leib und Leben.

Objektiver Tatbestand § 221 Abs. 1 Nr. 1 StGB:
Versetzen in hilflose Lage bedeutet, dass der Täter die hilflose Lage herbeiführt und dass das Opfer außerstande ist, sich selbst zu helfen; es wird aus gesicherter Lage in eine gefährliche Lage gebracht. Täter kann jedermann sein.
Beispiel: Sicherheitskraft B. hat sich darüber geärgert, dass eine volltrunkene Person A. sich in einer Gaststätte übergeben hat. B. bringt A. in ein angrenzendes Waldstück und legt ihn dort ab, obwohl frostiges Wetter ist.

Objektiver Tatbestand § 221 Abs. 1 Nr. 2 StGB:

- Im Stich zu lassen bedeutet, sich der Beistandspflicht tatsächlich oder räumlich zu entziehen. Hier findet der Täter eine Person in einer hilflosen Lage vor. Es handelt sich um ein echtes Unterlassungsdelikt.
- Täter muss eine Obhut- oder Beistandspflicht haben; es muss also eine Garantenstellung bestehen bzw. ein Schutz- und Betreuungsverhältnis.

Folge der Aussetzungshandlung des § 221 Abs. 1 Nr. 1 und 2 StGB muss eine konkrete Gefahr des Todes oder einer schweren Gesundheitsschädigung sein.

Subjektiver Tatbestand
Der subjektive Tatbestand verlangt Vorsatz.

Sonstiges
Die Aussetzung ist ein Vergehen. Der Versuch ist straflos. Es ist ein Offizialdelikt.

3.2.16. Vorsätzliche Körperverletzung; § 223 StGB

§ 223 StGB:

Abs. 1: Wer eine andere Person körperlich misshandelt oder an der Gesundheit beschädigt, wird mit Freiheitsstrafe bis zu fünf Jahren oder Geldstrafe bestraft.

Abs. 2: Der Versuch ist strafbar.

Die Körperverletzungsdelikte schützen die körperliche Unversehrtheit des Menschen unter Einschluss seines körperlichen und gesundheitlichen Wohlbefindens.

Geschützt als Tatobjekt ist jeder andere lebende Mensch. Das Leben des Menschen beginnt mit den Eröffnungswehen bzw. der Öffnung des Uterus und endet mit dem Hirntod. Selbstverletzungen sind grundsätzlich straflos und allenfalls als Wehrpflichtentziehung nach § 17 Wehrstrafgesetzbuch bzw. § 109 StGB strafbar.

Objektiver Tatbestand
Tathandlungen der so genannten einfachen Körperverletzung sind alternativ

- körperliches Misshandeln

oder

- Beschädigen der Gesundheit.

Eine körperliche Misshandlung ist jede üble, unangemessene Behandlung, durch die das Opfer in seinem körperlichen Wohlbefinden oder in seiner körperlichen Unversehrtheit nicht nur unerheblich beeinträchtigt wird.
Beispiele: Zufügen von Prellungen oder Wunden, Zähne ausschlagen, Haare oder Bart abschneiden, Defloration.

Eine Gesundheitsschädigung ist das Hervorrufen oder Steigern eines vom Normalzustand der körperlichen Funktionen des Opfers nachteilig abweichenden krankhaften Zustandes körperlicher oder seelischer Art. Eine Schmerzzufügung ist nicht erforderlich.
Beispiele: Übertragung einer Krankheit, wie z.B. HIV, Betäubung, Verabreichung von Drogen, Herbeiführung eines Schockzustandes.

Subjektiver Tatbestand
Der subjektive Tatbestand der einfachen Körperverletzung verlangt Vorsatz.

Sonstiges
Die fahrlässige (siehe nachfolgend Punkt 3.2.16.1.) und die vorsätzliche Körperver-

letzung sind Vergehen. Bei der vorsätzlichen Körperverletzung ist der Versuch gemäß § 223 Abs. 2 StGB strafbar.
Die fahrlässige und die vorsätzliche Körperverletzung sind gemäß § 230 StGB relative Antragsdelikte sowie Privatklagedelikt gemäß § 374 Abs. 1 Nr. 4 StPO.

3.2.16.1. Fahrlässige Körperverletzung

Die fahrlässige Körperverletzung ist nach § 229 StGB strafbar.

> **§ 229 StGB;**
> **Wer durch Fahrlässigkeit die Körperverletzung einer anderen Person verursacht, wird mit Freiheitsstrafe bis zu drei Jahren oder mit Geldstrafe bestraft.**

3.2.16.2. Einwilligung in die Körperverletzung

Besonderer Rechtfertigungsgrund für die einfache Körperverletzung ist die Einwilligung gemäß § 228 StGB:

> **Wer eine Körperverletzung mit Einwilligung der verletzten Person vornimmt, handelt nur dann rechtswidrig, wenn die Tat trotz der Einwilligung gegen die guten Sitten verstößt.**

Beispiel: Der Arzt, der eine Grippeimpfung als Injektion verabreicht, erfüllt den objektiven und subjektiven Tatbestand der Gefährlichen Körperverletzung gemäß §§ 223 Abs. 1, 224 Abs. 1 Nr. 1 und Nr. 2 StGB. Der Arzt handelt aber wegen der Einwilligung seines Patienten nicht rechtswidrig. Er kann sich auf den Rechtfertigungsgrund des § 228 StGB berufen und wird mangels Rechtswidrigkeit nicht bestraft.

3.2.17. Gefährliche Körperverletzung; § 224 StGB

Die einfache Körperverletzung wird unter bestimmten Voraussetzungen als Gefährliche Körperverletzung höher bestraft. Dieses nennt man -wie bereits ausgeführt- Qualifikation.

§ 224 StGB:

Abs. 1: Wer die Körperverletzung

1. durch Beibringen von Gift oder anderen gesundheitsschädlichen Stoffen,
2. mittels einer Waffe oder eines anderen gefährlichen Werkzeugs,
3. mittels eines hinterlistigen Überfalls,
4. mit einem anderen Beteiligten gemeinschaftlich
oder
5. mittels einer das Leben gefährdenden Behandlung

begeht, wird mit Freiheitsstrafe von sechs Monaten bis zu zehn Jahren, in minder schweren Fällen mit Freiheitsstrafe von drei Monaten bis zu fünf Jahren bestraft.

Abs. 2: Der Versuch ist strafbar.

Objektiver Tatbestand
Tatbestandsalternativen des objektiven Tatbestandes sind:

Nr. 1:
Gifte sind Stoffe, die durch chemische oder chemisch-physikalische Wirkung die Gesundheit zerstören. Beispiele: Knollenblätterpilz, Schlangengifte, Rauschgifte, Arsen, Blei, Zyankali.
Gesundheitsschädliche Stoffe wirken mechanisch oder thermisch. Beispiele: Säuren, Reizgas, heiße Flüssigkeit.

Nr. 2:
Waffen sind Waffen im technischen Sinne. Beispiele: Schusswaffen, Hieb-, Stich- oder Stoßwaffen.
Werkzeuge sind bewegliche Gegenstände, die nach der Art ihrer Beschaffenheit und nach der Art ihrer Benutzung konkret geeignet sind, erhebliche Verletzungen herbeizuführen. Beispiele: Baseball-Schläger, bissige Hunde.
Körperteile auch der Kampfsportler und Boxer scheiden aus, da sie keine Gegenstände sind. Der „feste" Schuh am Fuß kann abhängig von seiner Beschaffenheit aber ein anderes gefährliches Werkzeug sein. Mauern und Wände etc. scheiden aus, da diese nicht beweglich sind.

Nr. 3:
Ein Überfall ist jeder plötzliche, unerwartete Angriff, auf welchen sich das Opfer nicht vorbereiten kann.
Hinterlist bedeutet, dass der Täter seine wahre Absicht verdeckt und mit List vorgeht, um dem Angegriffenen die Verteidigung zu erschweren oder auszuschließen.

Beispiele: Stolperdraht spannen, Hand zur Versöhnung geben und dann schlagen oder treten, Opfer aus Versteck auflauern.

Nr. 4:
Die Tat wird von mehreren gemeinschaftlich verübt, wenn das Opfer mindestens zwei Angreifer antrifft und sich dadurch eingeschüchtert und in seiner Verteidigung gehemmt fühlt. Es ist nicht erforderlich, dass alle Angreifer das Opfer selbst attackieren.

Nr. 5:
Mittels einer das Leben gefährdenden Behandlung bedeutet, dass die Verletzungshandlung den konkreten Umständen nach generell bzw. abstrakt geeignet war, das Leben des Opfers in Gefahr zu bringen. Die tatsächliche Verletzung muss nicht lebensgefährlich sein.
Beispiele: Tritte und massive Schläge auf Unterleib oder Kopf, Flasche auf den Kopf schlagen, Würgen, Drosseln, in eiskaltes Wasser werfen, Partner mit HIV infizieren

Subjektiver Tatbestand
Der subjektive Tatbestand der gefährlichen Körperverletzung verlangt ebenfalls Vorsatz.

Sonstiges
Die Gefährliche Körperverletzung ist ein Vergehen. Die Versuchte gefährliche Körperverletzung ist gemäß § 224 Abs. 2 StGB strafbar. Die Gefährliche Körperverletzung ist ein Offizialdelikt.

Weitere Körperverletzungsdelikte sind:

- § 226 StGB: Schwere Körperverletzung (Verbrechen)
  - Verlust des Sehvermögens, des Gehörs.
  - Verlust des Sprechvermögens oder der Fortpflanzungsfähigkeit.
  - Verlust eines wichtigen Gliedes des Körpers.
  - Erhebliche Entstellung.
  - Opfer fällt in Siechtum, Lähmung, Behinderung oder geistige Krankheit.
- § 227 StGB: Körperverletzung mit Todesfolge (Verbrechen)
- § 225 StGB: Misshandlung von Schutzbefohlenen
- § 231 StGB: Beteiligung an einer Schlägerei

3.2.18. Nachstellung (Stalking); § 238 StGB

(ab 01.01.2016 nicht mehr Inhalt der Sachkundeprüfung)

§ 238 StGB:

Abs. 1: Wer einem Menschen unbefugt nachstellt, indem er beharrlich

1. **seine räumliche Nähe aufsucht,**
2. **unter Verwendung von Telekommunikationsmitteln oder sonstigen Mitteln der Kommunikation oder über Dritte Kontakt zu ihm herzustellen versucht,**
3. **unter missbräuchlicher Verwendung von dessen personenbezogenen Daten Bestellungen von Waren oder Dienstleistungen für ihn aufgibt, oder Dritte veranlasst, mit diesem Kontakt aufzunehmen,**
4. **ihn mit der Verletzung von Leben, körperlicher Unversehrtheit, Gesundheit oder Freiheit seiner selbst oder einer ihm nahe stehenden Person bedroht**

oder

5. **eine andere vergleichbare Handlung vornimmt, und dadurch seine Lebensgestaltung schwerwiegend beeinträchtigt,**

wird mit Freiheitsstrafe bis zu drei Jahren oder mit Geldstrafe bestraft.

Abs. 2: Auf Freiheitsstrafe von drei Monaten bis zu fünf Jahren ist zu erkennen, wenn der Täter das Opfer, einen Angehörigen des Opfers oder eine andere dem Opfer nahestehende Person durch die Tat in die Gefahr des Todes oder einer schweren Gesundheitsschädigung bringt.

Abs. 3: Nachstellung mit Todesfolge (Verbrechen)
Die Merkmale des objektiven und subjektiven Tatbestandes erklären sich nach dem allgemeinen Sprachgebrauch. Schwerere Fälle eines Stalkings dürfen auch zugleich andere Straftatbestände wie z.B. Körperverletzung, Nötigung, Freiheitsberaubung, Bedrohung etc. erfüllen.

Sonstiges: Der Grundtatbestand des Stalkings ist ein Vergehen. Der Versuch ist nicht strafbar. Der Grundtatbestand des § 238 Abs. 1 StGB ist nach § 238 Abs. 4 StGB ein relatives Antragsdelikt sowie ein Privatklagedelikt gemäß § 374 Abs. 1 Nr. 5 Strafprozessordnung. Tritt die in Absatz 3 genannte Todesfolge ein, handelt es sich um ein Verbrechen und mithin um ein Offizialdelikt.

3.2.19. Freiheitsberaubung; § 239 StGB

§ 239 StGB:

Abs. 1: Wer einen Menschen einsperrt oder auf andere Weise der Freiheit beraubt, wird mit Freiheitsstrafe bis zu fünf Jahren oder mit Geldstrafe bestraft.

Abs. 2: Der Versuch ist strafbar

Die Freiheitsberaubung schützt die Freiheit der Willensentschließung und Willensbetätigung bezogen auf die persönliche Fortbewegungsfreiheit, also die Freiheit, einen bestimmten Ort jederzeit ungehindert verlassen zu können.

Objektiver Tatbestand
Geschützt als Tatobjekt sind andere Personen, die in der Lage sind, ihren Aufenthaltsort willkürlich zu verändern. Mithin scheiden beispielsweise Säuglinge, Schlafende und Bewusstlose aus.

Tathandlungen sind alternativ

- Einsperren

oder

- auf sonstige Weise der Freiheit zu berauben.

Einsperren bedeutet, dass jemand durch äußere Vorrichtungen und gegen seinen Willen am Verlassen des Raumes gehindert wird, zum Beispiel Einschließen, Bewachung durch einen Hund.

Auf sonstige Weise der Freiheit zu berauben bedeutet, dem Opfer durch ein anderes Mittel die Möglichkeit der Fortbewegung zu nehmen, zum Beispiel durch Fesseln, Festbinden, Betäuben.

Subjektiver Tatbestand
Der subjektive Tatbestand der Freiheitsberaubung verlangt Vorsatz. Die fahrlässige Freiheitsberaubung ist straflos.

Sonstiges
Die Freiheitsberaubung ist ein Vergehen. Die versuchte Freiheitsberaubung ist gemäß § 239 Abs. 2 StGB strafbar. Die Freiheitsberaubung ist ein Offizialdelikt.

Hinweis: Am Delikt der Freiheitsberaubung wird deutlich, dass eine Sicherheitskraft beispielsweise bei der vorläufigen Festnahme eines Warenhausdiebes den objektiven und subjektiven Tatbestand einer Freiheitsberaubung erfüllt. Gleichwohl kann eine Bestrafung der Sicherheitskraft nicht erfolgen. Die Sicherheitskraft handelt nicht rechtswidrig. Es greift der Rechtfertigungsgrund der Vorläufigen Festnahme nach § 127 Abs. 1 StPO ein. Mithin mangelt es an der Rechtswidrigkeit.

Weitere Freiheitsberaubungsdelikte sind:

- § 239 Abs. 3 StGB: Schwere Freiheitsberaubung.
- § 239 Abs. 4 StGB: Freiheitsberaubung mit Todesfolge.
- § 239a StGB: Erpresserischer Menschenraub.
- § 239b StGB: Geiselnahme.

Wird eine Person gezwungen, den gegenwärtigen Aufenthaltsort zu verlassen, oder wird sie daran gehindert, einen bestimmten Ort aufsuchen zu können, erfüllt dieses nicht den Tatbestand der Freiheitsberaubung, sondern möglicherweise den nachfolgend erläuterten Tatbestand der Nötigung gemäß § 240 StGB.

3.2.20. Nötigung; § 240 StGB

§ 240 StGB:

Abs. 1: Wer einen Menschen rechtswidrig mit Gewalt oder durch Drohung mit einem empfindlichen Übel zu einer Handlung, Duldung oder Unterlassung nötigt, wird mit Freiheitsstrafe bis zu drei Jahren oder mit Geldstrafe bestraft.

Abs. 2: Rechtswidrig ist die Tat, wenn die Anwendung der Gewalt oder die Androhung des Übels zu dem angestrebten Zweck als verwerflich anzusehen ist.

Abs. 3: Der Versuch ist strafbar.

§ 240 StGB schützt die Freiheit der Willensentschließung und Willensbetätigung vor Angriffen, die mit Gewalt oder durch Drohung mit einem empfindlichen Übel begangen werden.

Die Vorschrift ist wie folgt aufgebaut: Ein bestimmtes Mittel (Gewalt oder Drohung mit einem empfindlichen Übel) wird eingesetzt (Nötigungshandlung), um das Opfer zu einem Nötigungserfolg (Handlung, Duldung oder Unterlassung) zu bringen, dessen Zweck verwerflich ist (§ 240 Abs. 2 StGB).

Objektiver Tatbestand
Nötigungsmittel können alternativ

- Gewalt

oder

- Drohung mit einem empfindlichen Übel

sein.
Gewalt ist der körperlich vermittelte Zwang zur Überwindung eines geleisteten oder erwarteten Widerstandes. Dabei kann die Gewalt so intensiv sein, dass sie die Gegenwehr des Opfers ganz ausschließt (z.B. durch Zusammenschlagen), oder die Gewalt kann den Willen des Opfers so beugen, dass das Opfer sich dem Täter fügt, weil es die Fortsetzung der Übelzufügung beenden will (z.B. dauerhafte Erteilung von Schlägen). Beispiele können sein: Verwendung von Fahrzeugen zum Zwecke der Blockade, absichtliches Linksfahren oder Drängeln auf einer Autobahn, Ausbremsen bei hoher Geschwindigkeit.
Drohung mit einem empfindlichen Übel ist das auf Einschüchterung des Opfers gerichtete Inaussichtstellen einer erheblichen Einbuße an Werten oder Zufügung von erheblichen Nachteilen, wie zum Beispiel Drohen mit der Entlassung, Drohen mit der Enterbung, Aufnahme in schwarze Listen etc.
Dieses Tatbestandsmerkmal ist nicht erfüllt, wenn beispielsweise gedroht wird, die Freundschaft zu kündigen, eine Dienstaufsichtsbeschwerde zu erheben, eine Strafanzeige zu erstatten oder vor Gericht zu ziehen, da dieses rechtlich zulässige Vorgehensweisen sind.

Der Nötigungserfolg muss alternativ als

- Handlung
- Duldung oder
- Unterlassung

vorliegen.

Fordert beispielsweise ein Erpresser das Opfer erfolgreich auf, die Geldbörse herauszugeben, so handelt das Opfer. Beugt sich das Opfer der Gewalt des Täters und lässt sich die Geldbörse wegnehmen, so duldet es diese Wegnahme und unterlässt es, sich gegen die Wegnahme zu wehren. Zu den Begriffen kann auf die Ausführungen zum Allgemeinen Teil des Strafgesetzbuches in diesem Kapitel verwiesen werden.

Subjektiver Tatbestand
Der subjektive Tatbestand der Nötigung verlangt Vorsatz. Die fahrlässige Nötigung ist straflos.

Sonstiges
Besonderheit des Nötigungstatbestandes ist, dass neben der Rechtswidrigkeit im eigentlichen Sinne auch der Zweck des Nötigungserfolgs verwerflich sein muss. Darunter versteht man einen erhöhten Grad sittlicher Missbilligung; das Verhalten muss sozial unerträglich sein. Zu einheitlichen Lösungen und Auffassungen wird man hier nicht kommen. Demonstrieren beispielsweise Arbeitnehmer für eine bessere Bezahlung, so wird ein Teil unserer Gesellschaft dieses nicht beanstanden. Die von der Demonstration betroffenen Verkehrsteilnehmer oder die Arbeitgeber könnten dazu eine andere Position einnehmen.

Die Nötigung ist ein Vergehen. Die versuchte Nötigung ist gemäß § 240 Abs. 3 StGB strafbar. Die Nötigung wird als Offizialdelikt ohne Strafantrag von Amts wegen verfolgt. Hinweis: Das Delikt der Nötigung macht deutlich, dass jede Sicherheitskraft, die zum Beispiel gewaltsam den Zutritt eines Betrunken zu einer Diskothek verhindern muss, den objektiven und subjektiven Tatbestand der Nötigung verletzt. Gleichwohl kann die Sicherheitskraft nicht bestraft werden, da sie nicht rechtswidrig handelt. Sie kann sich zum Beispiel auf den Rechtfertigungsgrund der Notwehr gemäß § 32 StGB berufen, so dass die Rechtswidrigkeit entfällt.

Die (versuchte) Nötigung trifft häufig mit einer Bedrohung gemäß § 241 StGB zusammen:

> **§ 241 Abs. 1 StGB:** (ab 01.01.2016 nicht mehr Inhalt der Sachkundeprüfung)
> **Wer einen Menschen mit der Begehung eines gegen ihn oder eine ihm nahestehende Person gerichteten Verbrechens bedroht, wird mit Freiheitsstrafe bis zu einem Jahr oder mit Geldstrafe bestraft.**

3.2.21. Diebstahl; § 242 StGB

§ 242 StGB:

Abs. 1: Wer eine fremde bewegliche Sache einem anderen in der Absicht wegnimmt, die Sache sich oder einem Dritten rechtswidrig zuzueignen, wird mit Freiheitsstrafe bis zu fünf Jahren oder mit Geldstrafe bestraft.

Abs. 2: Der Versuch ist strafbar.

Im Bereich der Vermögens- und Eigentumsdelikte im weiteren Sinne ist im Diebstahl die zentrale Vorschrift zum Schutz des Eigentums zu sehen.

Objektiver Tatbestand
Der objektive Tatbestand verlangt

- die Wegnahme

einer

- fremden beweglichen Sache.

Sachen sind – wie bereits im Kapitel IV. unter Punkt 1.2. ausgeführt – alle körperlichen Gegenstände unabhängig von ihrer Beschaffenheit (fest, flüssig, gasförmig), mithin zum Beispiel Sparbücher, Autoradios, Nahrungsmittel. Keine Sachen sind der Körper des lebenden Menschen, Daten, Rechte, Forderungen, Ideen oder elektrische Energie. Insoweit hat der Gesetzgeber Spezialnormen geschaffen, wie zum Beispiel Urheberschutz- oder Patentgesetze.

Beweglich ist eine Sache, wenn sie fortbewegt werden kann, auch wenn diese erst von ihrer Befestigung gelöst werden muss, wie zum Beispiel Zigarettenautomaten, Heizkörper, Waschbecken oder Tannenbäume.

Fremd ist die Sache, wenn sie nach Bürgerlichen Recht ganz oder teilweise im Eigentum eines anderen steht, also weder herrenlos ist noch ausschließlich dem Dieb selbst gehört. Hinsichtlich des Eigentums kann auf die Ausführungen im Kapitel IV. zu Punkt 1.1. verwiesen werden. Herrenlos sind Sachen, an welchen der frühere Eigentümer sein Recht willentlich aufgab, wie beispielsweise die ausgelesene Zeitung, die in der Straßenbahn liegengelassen wird oder die weggeworfene Getränkedose bzw. Pfandflasche. Ferner sind zum Beispiel die freie Luft und fließendes Wasser nicht fremd.

Wegnahme bedeutet den Bruch fremden und die Begründung neuen, nicht notwendigerweise tätereigenen Gewahrsams. Gewahrsam ist die von einem natürlichen Herrschaftswillen getragene tatsächliche Sachherrschaft eines Menschen über eine Sache.

Zum Verständnis müssen hier drei Schritte bedacht werden:

1. Bestand zum Zeitpunkt der Wegnahme fremder Gewahrsam?
2. Wurde dieser Gewahrsam aufgehoben und neuer begründet?
3. Erfolgte dieses ohne oder gegen den Willen des Berechtigten?

Wer seine Handleuchte in einer Gürtelhalterung trägt, übt tatsächliche Sachherrschaft aus. Die Handleuchte ist in seinem Gewahrsam. Dieser Gewahrsam wäre für den Dieb fremd. Gewahrsam wird auch nicht durch Lockerung zum Beispiel wegen

Ortsabwesenheit aufgehoben, wenn die Handleuchte zum Beispiel im Firmenfahrzeug oder im Dienstzimmer liegt (1. Schritt). Wird die Handleuchte von einem Dieb genommen, kommt es zu einem Gewahrsamsbruch (2. Schritt) gegen den Willen des Berechtigten (3. Schritt).
Bei kleineren Sachen ist der Diebstahl bereits vollzogen, wenn der Gegenstand ergriffen und eingesteckt worden ist (z.B. USB-Stick). Bei größeren Gegenständen muss der Dieb den Tatort (z.B. das Firmengelände, die Kassenzone, die Wohnung etc.) mit dem Diebesgut verlassen, um den Diebstahl zu vollenden. Wird er vorher bei der Tatausführung erwischt, kann der Dieb wegen versuchten Diebstahls gemäß § 242 Abs. 2 StGB bestraft werden.

Subjektiver Tatbestand
Der subjektive Tatbestand des Diebstahls verlangt

- Vorsatz

und

- die Absicht, die Sache sich oder einem Dritten rechtswidrig zuzueignen.

Die Absicht, die Sache sich oder einem Dritten rechtswidrig zuzueignen, bedeutet, sich die Sache selbst oder einem Dritten anzueignen und den bisherigen Eigentümer dauerhaft aus seiner Position als Eigentümers verdrängen zu wollen. Der Dieb will also selbst wie ein Eigentümer mit der Sache umgehen (z.B. behalten, verbrauchen, verkaufen, verschenken). Der fahrlässige Diebstahl ist straflos.

Sonstiges
Der Diebstahl ist ein Vergehen. Der versuchte Diebstahl ist gemäß § 242 Abs. 2 StGB strafbar. Ein versuchter Diebstahl liegt insbesondere bei der für das Sicherheitsgewerbe wichtigen so genannten Diebesfalle (zur Überführung des Täters werden mit Fangmittel markierte Geldscheine ausgelegt) vor.
Der Haus- und Familiendiebstahl (§ 247 StGB) ist ein absolutes Antragsdelikt. Der Diebstahl geringwertiger Sachen – Wertgrenze ca. 25,00 € bis 50,00 € – (strittig; siehe Text des § 248a StGB) ist ein relatives Antragsdelikt. Die übrigen Fälle des Diebstahls werden ohne Strafantrag von Amts wegen verfolgt.

Auffangtatbestand für jede andere rechtswidrige Sachzueignung ist die Unterschlagung gemäß § 246 StGB:

§ 246 StGB:

Abs. 1: Wer eine fremde, bewegliche Sache sich oder einem Dritten rechtswidrig zueignet, wird mit Freiheitsstrafe bis zu drei Jahren oder mit Geldstrafe bestraft, wenn die Tat nicht in anderen Vorschriften mit schwerer Strafe bedroht ist.

Abs. 2: Ist in den Fällen des Absatzes 1 die Sache dem Täter anvertraut, so ist die Strafe Freiheitsstrafe bis zu fünf Jahren oder Geldstrafe.

Abs. 3: Der Versuch ist strafbar.

3.2.22. Besonders schwerer Fall des Diebstahls; § 243 StGB

Neben bereits erläuterten Qualifikationen schreibt das Gesetz bei vielen Delikten des Besonderen Teils des Strafgesetzbuches auch vor, dass die Strafe bei Vorliegen eines Regelbeispiels milder (minder schwerer Fall) oder härter (besonders schwerer Fall) als im Normalfall des Gesetzes ausfallen soll. § 243 Satz 2 Nr. 1 bis 7 StGB enthält solche besonders schweren Fälle des Diebstahls.

§ 243 StGB:

Abs. 1: In besonders schweren Fällen wird der Diebstahl mit Freiheitsstrafe von drei Monaten bis zu zehn Jahren bestraft. Ein besonders schwerer Fall liegt in der Regel vor, wenn der Täter

1. zur Ausführung der Tat in ein Gebäude, einen Dienst- oder Geschäftsraum oder in einen anderen umschlossenen Raum einbricht, einsteigt, mit einem falschen Schlüssel oder einem anderen nicht zur ordnungsgemäßen Öffnung bestimmten Werkzeug eindringt oder sich in dem Raum verborgen hält,

2. eine Sache stiehlt, die durch ein verschlossenes Behältnis oder eine andere Schutzvorrichtung gegen Wegnahme besonders gesichert ist,

3. gewerbsmäßig stiehlt,

4. aus einer Kirche oder einem anderen der Religionsausübung dienenden Gebäude oder Raum eine Sache stiehlt, die dem Gottesdienst gewidmet ist oder religiösen Verehrung dient,

5. eine Sache von Bedeutung für Wissenschaft, Kunst oder Geschichte oder für die technische Entwicklung stiehlt, die sich in einer allgemein zugänglichen Sammlung befindet oder öffentlich ausgestellt ist,

6. stiehlt, indem er die Hilflosigkeit einer anderen Person, einen Unglücksfall oder eine gemeine Gefahr ausnutzt,

oder

7. eine Handfeuerwaffe, zu deren Erwerb es nach dem Waffengesetz der Erlaubnis bedarf, ein Maschinengewehr, eine Maschinenpistole, ein voll- oder halbautomatisches Gewehr oder Sprengstoff enthaltende Kriegswaffen im Sinne des Kriegswaffenkontrollgesetzes oder Sprengstoff stiehlt.

Abs. 2: In den Fällen des Absatzes 1 Satz 2 Nr. 1 bis 6 ist ein besonders schwerer Fall ausgeschlossen, wenn sich die Tat auf eine geringwertige Sache bezieht.

Die Regelbeispiele des § 243 Abs. 1 Satz 2 Nr. 1 bis 7 StGB nennen besondere Erschwernisgründe, die in der Regel zu einer höheren Bestrafung führen sollen. Die Aufzählung ist nicht abschließend.

Objektive Merkmale
Regelbeispielsalternativen, die hier behandelt werden sollen, sind u.a.:

Nr. 1: Einbruchs-, Einsteige-, Nachschlüssel- und Verweildiebstahl:
Neben den Begriffen des Gebäudes, Dienst- oder Geschäftsraums, die allgemein verständlich sind bzw. bereits in diesem Kapitel beim Hausfriedensbruch unter 3.2.2. erklärt wurden, ist hier Tatobjekt auch ein anderer umschlossener Raum. Darunter ist jedes Raumgebilde zu verstehen, das auch zum Betreten durch Menschen bestimmt und mit Vorrichtungen versehen ist, die das Eindringen von Unbefugten abwehren sollen.
Beispiele: Fahrgastzelle eines Autos, Schiffe, Wohnwagen

Einbrechen bedeutet, die Umschließung des geschützten Raumes gewaltsam zu öffnen. Der Täter muss nicht in das Tatobjekt gelangen, „hineinlangen" oder „herausangeln" genügen.
Beispiele: Tür aufbrechen, Schloss knacken, Fenster einschlagen.

Einsteigen ist das mit Schwierigkeiten verbundene Eindringen durch eine nicht zum ordnungsgemäßen Eintritt bestimmte Öffnung. Hier genügen „hineinlangen" oder „herausangeln" nicht; der Täter muss im Tatobjekt „Fuß gefasst" haben.
Beispiele: Herablassen an einem Seil, Überwinden eines hohen Zauns oder einer hohen Mauer, Erklimmen eines offenen Dachfensters.

Der Begriff des Eindringens wurde ebenfalls bereits beim Hausfriedensbruch in diesem Kapitel unter 3.2.2. erläutert. Der Täter verwendet einen falschen Schlüssel zum Zwecke des Eindringens, wenn er einen entwidmeten Schlüssel benutzt. Entwidmung bedeutet, dass der berechtigte Schlüsselinhaber zum Zeitpunkt der Tathandlung dem

Schlüssel die Bestimmung zum Öffnen entzogen hat.
Beispiele: Unberechtigt hergestellter Nachschlüssel, Verwendung eines nach Beendigung eines Miet- oder Arbeitsverhältnisses behaltenen Schlüssels.

Andere nicht zum ordnungsgemäßen Öffnen bestimmte Werkzeuge sind alle Geräte und Hilfsmittel, die geeignet sind, auf den Verschlussmechanismus des geschützten Raumes einzuwirken.
Beispiele: Dietriche, Drähte, Sperrhaken, Plastikkarten zum Wegschieben der Schlossfalle.

Der Täter hält sich im Raum verborgen, wenn er sich zunächst erlaubt oder verbotenerweise im Raum versteckt, um von dort aus ungestört seinen Diebstahl zu begehen.
Beispiel: Ein Angestellter lässt sich nach Geschäftsschluss im Kaufhaus einschließen.

Nr. 2: Überwinden besonderer Schutzvorrichtungen:
Eine Sache ist durch ein verschlossenes Behältnis gegen Wegnahme besonders gesichert, wenn sie sich zur Tatzeit in einem der Aufnahme von Sachen dienenden, umschlossenen Raumgebilde befindet.
Beispiele: Briefkasten, Warenautomat, Wandtresor, Kofferraum eines Pkws, Geldkassette, Schreibtischschublade.

Andere Schutzvorrichtungen sind Vorkehrungen und technische Mittel, die dazu bestimmt und geeignet sind, vor der Wegnahme zu schützen oder diese jedenfalls zu erschweren.
Beispiele: Fahrradschlösser, Anketten von Pelzmänteln.

Sicherungsetiketten und Alarmanlagen sind keine anderen Schutzvorrichtungen im Sinne des § 243 Abs. 1 Satz 2 Nr. 2 StGB weil sie nicht technisch vor der Wegnahme schützen, sondern nur der Alarmierung zur Ergreifung des Täters oder zur Wiedererlangung des Diebesguts dienen.

Nr. 3: Gewerbsmäßiger Diebstahl:
Der Begriff der Gewerbsmäßigkeit ist stark umstritten. Gewerbsmäßig handelt nach herrschender Meinung, wem es darauf ankommt, sich aus der wiederholten Tatbegehung eine Einnahmequelle von einiger Dauer und einigem Umfang zu schaffen.
Beispiele: Taschendiebe, Drogenkranke.

Nr. 6: Ausnutzen fremder Notsituationen:
Eine Hilflosigkeit einer anderen Person liegt bei Kleinkindern, Behinderten oder Schwerkranken vor.

Beispiel: Der Besucher bestiehlt den mit einem Gipsbein im Bett liegenden Patienten.

Unglücksfälle sind plötzliche Ereignisse, die erhebliche Gefahren für Menschen oder Sachen mit sich bringen.
Beispiel: Brand eines Gebäudes; Unfälle im Straßenverkehr.

Gemeine Gefahren sind beispielsweise Hochwasser, Strom- oder Wasserausfall.

Ausnutzen bedeutet, die bestehende Situation zur Begehung des Diebstahls zu nutzen.

Nr. 7: Diebstahl gefährlicher Schusswaffen oder von Sprengstoff:
Bei § 243 Abs. 1 Satz 2 Nr. 7 StGB geht es um den Diebstahl von Waffen oder Sprengstoff.
Wenn der Täter bei der Ausführung eines Diebstahls sich einer Waffe ermächtigt (z.B. Dieb stiehlt eine Gaswaffe), kann neben einem Diebstahl von Waffen bei der weiteren Tatausführung auch der nachfolgend erläuterte Diebstahl mit Waffen vorliegen. Gegebenenfalls greifen beide Tatbestände.
Subjektive Merkmale
Hinsichtlich sämtlicher Regelbeispiele des § 243 Abs. 1 StGB muss Vorsatz vorliegen.

Sonstiges
§ 243 Abs. 2 StGB enthält eine zwingende Ausschlussklausel. Eine Bestrafung wegen eines besonders schweren Falls des Diebstahls nach § 243 Abs. 1 StGB scheidet gemäß § 243 Abs. 2 StGB immer dann aus, wenn sich die Tat auf eine geringwertige Sache bezieht. Die Wertgrenze wird bei ca. 25,00 € bis 50,00 € gezogen.
Beispiel: Ein Dieb schlägt eine Scheibe eines Büros ein, um einen auf dem Schreibtisch liegenden 5-€-Schein zu entnehmen. Der Dieb kann „nur" wegen (einfachen) Diebstahls geringwertiger Sachen gemäß §§ 242 Abs. 1, 248a StGB (Geldschein) und wegen Sachbeschädigung gemäß § 303 Abs. 1 StGB (Einschlagen der Scheibe) bestraft werden. Eine Bestrafung wegen eines besonders schweren Falls des Diebstahls gemäß § 243 Abs. 1 Satz 2 Nr. 1 StGB scheidet wegen der Geringwertigkeit des Stehlguts mit einem Wert von unter ca. 25 € bis 50 € gemäß § 243 Abs. 2 StGB aus.

3.2.23. Diebstahl mit Waffen; Wohnungseinbruchdiebstahl; § 244 StGB

Qualifikationen des Diebstahls gemäß § 242 StGB sind u.a. der Diebstahl mit Waffen gemäß § 244 Abs. 1 Nr. 1 StGB sowie der Wohnungseinbruchsdiebstahl gemäß § 244 Abs. 1 Nr. 3 StGB.

§ 244 StGB:

Abs. 1: Mit Freiheitsstrafe von sechs Monaten bis zu zehn Jahren wird bestraft, wer

1. einen Diebstahl begeht, bei dem er oder ein anderer Beteiligter

a. eine Waffe oder ein anderes gefährliches Werkzeug bei sich führt,

b. sonst ein Werkzeug oder Mittel bei sich führt, um den Widerstand einer anderen Person mit Gewalt zu verhindern oder zu überwinden,

...

3. einen Diebstahl begeht, bei dem er zur Ausführung der Tat in eine Wohnung einbricht, einsteigt, mit einem falschen Schlüssel oder einem anderen nicht zur ordnungsgemäßen Öffnung bestimmten Werkzeug eindringt oder sich in der Wohnung verborgen hält.

Abs. 2: Der Versuch ist strafbar.

Objektiver Tatbestand
Tatbestandsalternativen sind: Nr. 1 a. und b.: Diebstahl mit Waffen:

Zu Nr. 1 a.:
Hinsichtlich des Begriffs der Waffe und des anderen gefährlichen Werkzeugs soll auf die Erläuterungen bei der Gefährlichen Körperverletzung gemäß § 224 Abs. 1 Nr. 2 StGB in diesem Kapitel unter Punkt 3.2.17. verwiesen werden.
Beisichführen bedeutet nicht, dass der Täter den Gegenstand einsetzt. Es genügt, dass der Täter auf den Gegenstand im Bewusstsein der Einsatzfähigkeit tatsächlich zugreifen kann.
Beispiel: Sicherheitskraft B. führt während des Dienstes eine Tränengasdose in der Jackentasche bei sich. B. entwendet aus einer offenen Packung eines Kollegen einen Riegel Schokolade. B. macht sich des Diebstahls mit Waffen gemäß §§ 242, 244 Abs. 1 Nr. 1 a StGB strafbar.

Zu Nr. 1 b.:
Sonstige Werkzeuge und Mittel sind alle Gegenstände, die nach der objektiven Beschaffenheit oder der Art ihrer geplanten Verwendung ungefährlich sind. Der Täter muss sie einsetzen wollen, um durch Gewalt oder Drohung mit Gewalt den Widerstand anderer Personen zu verhindern oder zu überwinden. Der Täter muss also hier eine konkrete Verwendungsabsicht haben.
Beispiele: Scheinwaffen, Seidentuch (zur Fesselung), Klebeband, Springerstiefel.

Nr. 3: Wohnungseinbruchsdiebstahl:
Der Wohnungseinbruchsdiebstahl des § 244 Abs. 1 Nr. 3 StGB ist abgesehen vom Tatobjekt mit dem bereits behandelten Besonders schweren Fall des Diebstahls

gemäß § 243 Abs. 1 Satz 2 Nr. 1 StGB vollen Umfangs identisch.
Das Tatobjekt „Wohnung" ist bereits in diesem Kapitel unter Punkt 3.2.2. beim Hausfriedensbruch gemäß § 123 StGB erklärt worden.

Subjektiver Tatbestand
Der subjektive Tatbestand des Diebstahls mit Waffen gemäß § 244 Abs. 1 Nr. 1 StGB sowie des Wohnungseinbruchsdiebstahls gemäß § 244 Abs. 1 Nr. 3 StGB verlangt jeweils Vorsatz.
Beim Diebstahl mit Waffen gemäß § 244 Abs. 1 Nr. 1 a. StGB genügt das Bewusstsein, die Waffe oder das andere gefährliche Werkzeug bei sich zu führen. Eine Verwendungsabsicht ist nicht erforderlich.
Beim Diebstahl mit Waffen gemäß § 244 Abs. 1 Nr. 1 b. StGB ist hingegen eine Verwendungsabsicht bezüglich des sonstigen Werkzeugs oder Mittels erforderlich.

Sonstiges
Der Diebstahl mit Waffen und der Wohnungseinbruchsdiebstahl sind Vergehen und Offizialdelikte. Der Versuch ist gemäß § 244 Abs. 2 StGB strafbar.
Im Gegensatz zum Besonders schweren Fall des Diebstahls gemäß § 243 Abs. 2 StGB gibt es bei der Qualifikation des § 244 StGB keine Geringwertigkeitsklausel. Dieses führte oft zu äußerst unbilligen Sanktionen, so dass der Gesetzgeber mit § 244 Abs. 3 StGB einen minder schweren Fall eingefügt hat (Freiheitsstrafe von 3 Monaten bis zu 5 Jahren).
Weitere Diebstahlsdelikte sind:

- § 244 Abs. 1 Nr. 2 StGB: Bandendiebstahl.
- § 244a StGB: Schwerer Bandendiebstahl.

3.2.24. Raub; § 249 StGB

§ 249 StGB:

Abs. 1: Wer mit Gewalt gegen eine Person oder unter Anwendung von Drohungen mit gegenwärtiger Gefahr für Leib oder Leben eine fremde bewegliche Sache einem anderen in der Absicht wegnimmt, die Sache sich oder einem Dritten rechtswidrig zuzueignen, wird mit Freiheitsstrafe nicht unter einem Jahr bestraft.

Objektiver Tatbestand
Der objektive Tatbestand dieses Verbrechens setzt sich aus den bereits in diesem Kapitel erläuterten Vergehen der Nötigung (3.2.20.) und des Diebstahls (3.2.21.) zusammen. Beim Raub muss die Nötigung Mittel zur Wegnahme sein.

Subjektiver Tatbestand
Es kann auf die Ausführungen zum Diebstahl verwiesen werden (siehe 3.2.21.).

Sonstiges
Der Raub ist ein Verbrechen; mithin ist der Versuch strafbar. Es ist ein Offizialdelikt.

Weitere Raubdelikte sind:
- Schwerer Raub; § 250 StGB.
- Raub mit Todesfolge; § 251 StGB.
  - hinsichtlich des Raubes liegt Vorsatz vor.
  - hinsichtlich der Todesfolge liegt „nur" Fahrlässigkeit vor.

3.2.25. Räuberischer Diebstahl; § 252 StGB

§ 252 StGB:
Wer, bei einem Diebstahl auf frischer Tat betroffen, gegen eine Person Gewalt verübt oder Drohungen mit gegenwärtiger Gefahr für Leib oder Leben anwendet, um sich im Besitz des gestohlenen Gutes zu erhalten, ist gleich einem Räuber zu bestrafen.

Der objektive Tatbestand setzt folgende zeitliche Reihenfolge voraus:
- zunächst kommt es zu einer gewaltlosen Begehung eines Diebstahls,
- nach dem Diebstahl wird der Täter auf frischer Tat betroffen,
- nachdem der Täter auf frischer Tat betroffen wurde, kommt es zum Einsatz eines Nötigungsmittels zur Sicherung des Diebesgutes,
- dabei verfolgt der Täter das Ziel, um jeden Preis das Diebesgut zu sichern und zu behalten.

Subjektiver Tatbestand
Es kann auf die Ausführungen zum Raub in diesem Kapitel verwiesen werden (siehe Kapitel 3.2.24.). Dem Täter muss es darauf ankommen, sich das Diebesgut zu sichern.

Sonstiges
Der Räuberische Diebstahl ist ein Verbrechen; mithin ist der Versuch strafbar. Es ist ein Offizialdelikt.

Die Qualifikationen des Raubes sind anwendbar:
- Schwerer Räuberischer Diebstahl; §§ 252, 249, 250 StGB.
- Räuberischer Diebstahl mit Todesfolge; §§ 252, 249, 251 StGB.

3.2.26. Erpressung; § 253 StGB

§ 253 StGB:

Abs. 1: Wer einen Menschen rechtswidrig mit Gewalt oder durch Drohung mit einem empfindlichen Übel zu einer Handlung, Duldung oder Unterlassung nötigt und dadurch dem Vermögen des Genötigten oder eines anderen Nachteil zufügt, um sich oder einen Dritten zu Unrecht zu bereichern, wird mit Freiheitsstrafe bis zu fünf Jahren oder mit Geldstrafe bestraft.

Abs. 2: Rechtswidrig ist die Tat, wenn die Anwendung der Gewalt oder die Androhung des Übels zu dem angestrebten Zweck als verwerflich anzusehen ist.

Abs. 3: Der Versuch ist strafbar.

Objektiver Tatbestand

Der objektive Tatbestand setzt sich aus der bereits in diesem Kapitel erläuterten Nötigung (siehe Punkt 3.2.20.) und Elementen des Betruges (siehe Punkt 3.2.31.) zusammen. Bei der Erpressung muss die Nötigung Mittel zur Vermögensverfügung sein. Die Vermögensverfügung ist ein so genanntes ungeschriebenes Tatbestandsmerkmal. Unter einer Vermögensverfügung ist jedes Handeln, Dulden oder Unterlassen zu verstehen, welches sich unmittelbar vermögensmindernd auswirkt (z.B. erzwungene Herausgabe von Gegenständen oder Geld). Folge der Vermögensverfügung muss ein Vermögensschaden sein. Ein Vermögensschaden liegt vor, wenn ein Vergleich der Vermögenslagen vor und nach der Verfügung ein Minus ergibt. Der Vermögensvorteil des Täters muss zudem rechtswidrig sein d.h., der Täter hat keinen Anspruch bzw. kein Recht auf den Vermögensvorteil.

Subjektiver Tatbestand

Der subjektive Tatbestand verlangt Vorsatz sowie die Absicht, sich oder einen Dritten zu bereichern. Zur Absicht kann grundsätzlich auf den in diesem Kapitel unter 3.2.21. erläuterten Diebstahl verwiesen werden. Die fahrlässige Erpressung ist straflos.

Hinweis:

Wie bei der bereits in diesem Kapitel unter 3.2.20. erläuterten Nötigung muss auch bei der Erpressung neben der Rechtswidrigkeit im eigentlichen Sinne auch der Zweck des Nötigungserfolgs verwerflich sein (§ 253 Abs. 2 StGB).

Sonstiges:

Die Erpressung ist ein Vergehen. Der Versuch ist gemäß § 253 Abs. 3 StGB strafbar. Es ist ein Offizialdelikt.

3.2.27. Räuberische Erpressung; § 255 StGB

§ 255 StGB:

Wird die Erpressung durch Gewalt gegen eine Person oder unter Anwendung von Drohungen mit gegenwärtiger Gefahr für Leib und Leben begangen, so ist der Täter gleich einem Räuber zu bestrafen.

Das Verbrechen der Räuberischen Erpressung gemäß § 255 StGB ist eine Qualifikation der Erpressung (3.2.26.).

Objektiver Tatbestand:
Der Begriff der Gewalt ist bereits in diesem Kapitel unter 3.2.20. bei der Nötigung erläutert worden. Die Gewalt muss sich gegen eine Person richten. Hinsichtlich der Drohung mit gegenwärtiger Gefahr für Leib und Leben kann auf die Ausführungen in diesem Kapitel zum Räuberischen Diebstahl unter Punkt 3.2.25. verwiesen werden.

Subjektiver Tatbestand:
Hinsichtlich des subjektiven Tatbestandes kann auf den Grundtatbestand der Erpressung (3.2.26.) verwiesen werden.

Sonstiges:
Die Räuberische Erpressung ist ein Verbrechen. Mithin ist der Versuch strafbar und es ist ein Offizialdelikt.

Als Qualifikationen sind weitere Erpressungsdelikte:

- §§ 253, 255, 249, 250 StGB: Schwere Räuberische Erpressung.
- §§ 253, 255, 249, 251 StGB: Räuberische Erpressung mit Todesfolge.

3.2.28. Begünstigung; § 257 StGB

§ 257 StGB:

Abs. 1: Wer einem anderen, der eine rechtswidrige Tat begangen hat, in der Absicht Hilfe leistet, ihm die Vorteile der Tat zu sichern, wird mit Freiheitsstrafe bis zu fünf Jahren oder mit Geldstrafe bestraft.

Die Vorschrift schützt die Rechtspflege.

Objektiver Tatbestand
Die bereits in diesem Kapitel unter 3.1.7.2. erläuterten Teilnahmeformen der Anstiftung und der Beihilfe werden vor bzw. während der Begehung einer Tat verübt.

Die Begünstigung setzt im Gegensatz dazu aber voraus, dass eine fremde Tat bereits begangen worden ist. Die Vortat muss eine tatbestandsmäßige und rechtswidrige nicht aber zwingend auch schuldhafte Tat sein. Die Vortat muss dem (Haupt-) Täter einen Vorteil verschafft haben. Begünstigung bedeutet Hilfeleistung in Form von Rat oder Tat.
Beispiele: Verstecken des Diebesgutes, Umlackieren von Fahrzeugen. Ziel der Begünstigung muss es sein, die Vorteile der Vortat dem (Haupt-) Täter vor Zugriffen des Verletzten oder des Staates zu sichern.

Subjektiver Tatbestand
Der subjektive Tatbestand verlangt Vorsatz. Ferner muss die Absicht vorliegen, dem (Haupt-)Täter die Vorteile der Vortat zu sichern. Die fahrlässige Begünstigung ist straflos.

Sonstiges
Die Begünstigung ist ein Vergehen. Die versuchte Begünstigung ist straflos. Grundsätzlich ist die Begünstigung ein Offizialdelikt. Ist aber die Vortat ein absolutes oder relatives Antragsdelikt, so ist die Begünstigung gemäß § 257 Abs. 4 StGB ebenfalls ein absolutes oder relatives Antragsdelikt. Eine Begünstigung bezüglich geringwertiger Sachen (Wertgrenze ca. 25,00 € bis 50,00 €) ist gemäß §§ 257 Abs. 4 Satz 2, 248a StGB ein relatives Antragsdelikt.

3.2.29. Strafvereitelung; § 258 StGB
(ab 01.01.2016 nicht mehr Inhalt der Sachkundeprüfung)

§ 258 StGB (Auszug):

Abs. 1: Wer absichtlich oder wissentlich ganz oder zum Teil vereitelt, dass ein anderer dem Strafgesetz gemäß wegen einer rechtswidrigen Tat bestraft ... wird, wird mit Freiheitsstrafe bis zu fünf Jahren oder mit Geldstrafe bestraft.

Abs. 4: Der Versuch ist strafbar.

Die Vorschrift schützt die Rechtspflege. Der Staat darf nicht daran gehindert werden, jeden Straftäter auch zu bestrafen.

Objektiver Tatbestand
Es muss wie bei der in diesem Kapitel unter 3.2.28. erläuterten Begünstigung eine Vortat verübt worden sein. Auch hier muss die Vortat tatbestandsmäßig und rechtswidrig aber nicht zwingend schuldhaft begangen worden sein.

Die Vereitelung der Bestrafung kann durch ein Tun oder Unterlassen erfolgen. Durch die Strafvereitelungshandlung wird der (Vor-) Täter besser gestellt und seine Aburteilung jedenfalls auf Zeit verhindert. Beispiele sind das Beseitigen von Tatspuren, das Verbergen des Täters, das Gewähren einer Fluchthilfe oder das Bestreiten eines Zeugen, etwas zu wissen, trotz prozessualer Auskunftspflicht.

Subjektiver Tatbestand
Der subjektive Tatbestand verlangt Vorsatz in der gesteigerten Form von Absicht und Wissentlichkeit. Es muss dem Täter zielgerichtet auf die Verhinderung einer Bestrafung ankommen. Die fahrlässige Strafvereitelung ist straflos.

Sonstiges
Die Strafvereitelung ist ein Vergehen. Die versuchte Strafvereitelung ist gemäß § 258 Abs. 4 StGB strafbar. Die Strafvereitelung ist ein Offizialdelikt.
Gemäß § 258 Abs. 5 StGB ist die Strafvereitelung straflos, wenn zugleich vereitelt werden soll, selbst bestraft zu werden.
Gemäß § 258 Abs. 6 StGB ist die Strafvereitelung zugunsten Angehöriger straffrei.
Gemäß § 11 Abs. 1 Nr. 1 StGB sind Angehörige zum Beispiel Verwandte und Verschwägerte gerader Linie, der Ehegatte, der Lebenspartner, der bzw. die Verlobte.
Ein weiteres Delikt ist gemäß § 258a StGB die Strafvereitelung im Amt.

3.3.30. Hehlerei; § 259 StGB

§ 259 StGB:

Abs. 1: Wer eine Sache, die ein anderer gestohlen oder sonst durch eine gegen fremdes Vermögen gerichtete rechtswidrige Tat erlangt hat, ankauft oder sonst sich oder einem Dritten verschafft, sie absetzt oder absetzen hilft, um sich oder einen Dritten zu bereichern, wird mit Freiheitsstrafe bis zu fünf Jahren oder mit Geldstrafe bestraft.

Abs. 3: Der Versuch ist strafbar.

Es ist zutreffend, wenn der „Volksmund" sagt, dass der Hehler bestraft wird wie der „Stehler". Die Hehlerei ist ein Delikt zum Schutz des Vermögens. Es soll verhindert werden, dass die durch die Vortat geschaffene rechtswidrige Vermögenslage durch einvernehmliches Zusammenwirken zwischen dem Hehler und dem Vortäter aufrechterhalten bleibt.

Objektiver Tatbestand

Hinsichtlich des Begriffs der erlangten Sache kann auf das in diesem Kapitel erläuterte Delikt des Diebstahls (3.2.21.) verwiesen werden. Auch hier muss die Vortat eine tatbestandsmäßige und rechtswidrige aber nicht zwingend auch schuldhafte Tat sein. Vortaten können zum Beispiel sein:

- Diebstahl gemäß § 242 StGB.
- Unterschlagung gemäß § 246 StGB.
- Erpressung gemäß § 253 StGB.
- Raub gemäß § 249 StGB.
- Betrug gemäß § 263 StGB.
- Untreue gemäß § 266 StGB.

Die Vortat muss eine Tat eines anderen sein. Daraus folgt, dass Täter und Mittäter (vgl. in diesem Kapitel unter Punkt 3.1.7.1.) der Vortat nicht als Hehler bestraft werden können. Es ist umstritten, ob Anstifter und Gehilfen (vgl. in diesem Kapitel unter Punkt 3.1.7.2.) der Vortat als Hehler bestraft werden können. Die herrschende Meinung verneint dieses.

Tathandlungen der Hehlerei sind alternativ:

- Ankaufen; dieser Begriff erklärt sich aus dem allgemeinen Sprachgebrauch.
- Sich oder einem Dritten zu verschaffen bedeutet, dass der (Vor-)Täter die Verfügungsgewalt über die Sache verliert und der Hehler die Verfügungsgewalt über die Sache erlangt; Beispiel: verschenken.
- Abzusetzen bedeutet, die Sache im Einverständnis und im Interesse des Vortäters selbstständig und entgeltlich wirtschaftlich zu verwerten;
Beispiel: Verkauf des Diebesguts für den Dieb.
- Abzusetzen helfen bedeutet das im wirtschaftlichen Interesse des Vortäters liegende, unselbstständige, somit weisungsgebundene Unterstützen des Vortäters bei seinen Absatzbemühungen; Beispiel: Vermittlung eines Kaufinteressenten an den Dieb.

Subjektiver Tatbestand

Der subjektive Tatbestand verlangt Vorsatz sowie die Absicht, sich oder einen Dritten zu bereichern. Bezüglich der Absicht kann auf die Ausführungen zum Diebstahl in diesem Kapitel verwiesen werden (3.2.21.). Die fahrlässige Hehlerei ist straflos.

Sonstiges

Die Hehlerei ist ein Vergehen. Die versuchte Hehlerei ist gemäß § 259 Abs. 3 StGB strafbar. Die Haus- und Familienhehlerei ist gemäß §§ 259 Abs. 2, 247 StGB ein

absolutes Antragsdelikt. Die Hehlerei geringwertiger Sachen (Wertgrenze ca. 25,00 € bis 50,00 €) ist gemäß §§ 259 Abs. 2, 248a StGB ein relatives Antragsdelikt. Ansonsten ist die Hehlerei ein Offizialdelikt.
Weitere Hehlereidelikte sind:

- § 260 StGB; Gewerbsmäßige Hehlerei; Bandenhehlerei
- § 260a StGB; Gewerbsmäßige Bandenhehlerei
- § 261 StGB; Geldwäsche

3.2.31. Betrug; § 263 StGB

§ 263 StGB:

Abs. 1: Wer in der Absicht, sich oder einem Dritten einen rechtswidrigen Vermögensvorteil zu verschaffen, das Vermögen eines anderen dadurch beschädigt, dass er durch Vorspiegelung falscher oder durch Entstellung oder Unterdrückung wahrer Tatsachen einen Irrtum erregt oder unterhält, wird mit Freiheitsstrafe bis zu fünf Jahren oder mit Geldstrafe bestraft.

Abs. 2: Der Versuch ist strafbar.

Das geschützte Rechtsgut ist das Vermögen in seiner Gesamtheit als Inbegriff aller wirtschaftlichen Güter.

Objektiver Tatbestand
Besonderheit des objektiven Tatbestandes des Betruges ist wie bei der Erpressung (vgl. in diesem Kapitel unter Punkt 3.2.26.), dass es ein so genanntes ungeschriebenes Tatbestandsmerkmal der „Vermögensverfügung" gibt.

Die Tathandlung des objektiven Tatbestandes des Betruges ist die Täuschungshandlung, die eine irrtumsbedingte Vermögensverfügung zur Folge hat, welche zu einem Vermögensschaden führt.

Die Täuschungshandlung ist die wahrheitswidrige Behauptung über Tatsachen zur Einwirkung auf das Vorstellungsbild eines anderen. Tatsachen sind konkrete Vorgänge oder Zustände, die dem Beweise zugänglich sind. Beispiel: Anzahl der Vorbesitzer oder Unfallfreiheit bzw. Kilometerstand eines Autos.
Werturteile, Meinungsäußerungen, übertriebene Anpreisung und marktschreierische Reklame (meine Wurst schmeckt am besten; der Wagen läuft wie geschmiert) sind keine Tatsachen.
Eine Tatsachenbehauptung ist falsch, wenn ihr Inhalt der objektiven Sachlage bzw.

Wahrheit widerspricht.
Die Tatsachen sind entstellt, wenn wesentliche Einzelheiten hinzugefügt oder weggelassen werden. Beispiel: Erheblicher Unfallschaden wird als kleine Beule beim Einparken beschrieben.

Die Täuschung kann durch aktives Tun oder so genanntes schlüssiges (konkludentes) Handeln geschehen. Wer beispielsweise ein Eis in einer Eisdiele bestellt, erklärt schlüssig, es auch zu bezahlen. Ferner gibt es auch Täuschung durch Unterlassen bei einer bestehenden, rechtlichen Aufklärungspflicht.
Beispiel: Bei der Verlängerung eines Vertrages mit einem Auftraggeber weist ein Sicherheitsunternehmer nicht darauf hin, dass er den Vertrag nicht wird erfüllen können, da er bereits Konkurs angemeldet und sein Personal entlassen hat.
Der Irrtum muss durch die Täuschung erregt oder unterhalten werden. Ein Irrtum ist jede unrichtige, der Wirklichkeit nicht entsprechende Vorstellung. Erregen des Irrtums bedeutet Hervorrufen des Irrtums. Unterhalten des Irrtums bedeutet Bestärkung einer vorhandenen Fehlvorstellung oder Verhinderung oder Erschwerung ihrer Aufklärung.

Der Getäuschte muss eine Vermögensverfügung vornehmen. Hinsichtlich der Erläuterung der Vermögensverfügung sowie des Vermögensschadens kann auf die Ausführungen zur Erpressung in diesem Kapitel unter 3.2.26. verwiesen werden.

Zu erwähnen ist noch, dass es nicht den Tatbestand des Betruges erfüllt, einen bestehenden Irrtum auszunutzen. Beispiele: Abhebung eines durch einen Fehler überwiesenen Geldbetrages vom Konto; Annahme von zu viel Wechselgeld.

Subjektiver Tatbestand
Der subjektive Tatbestand verlangt Vorsatz sowie die Absicht, sich oder einen Dritten zu bereichern. Zur Absicht kann grundsätzlich auf den Diebstahl verwiesen werden (siehe Kapitel 3.2.21.). Der fahrlässige Betrug ist straflos.

Sonstiges
Der Betrug ist ein Vergehen. Der versuchte Betrug ist gemäß § 263 Abs. 2 StGB strafbar. Der Haus- und Familienbetrug ist gemäß §§ 263 Abs. 4, 247 StGB ein absolutes Antragsdelikt. Der Betrug geringwertiger Sachen (Wertgrenze ca. 25,00 € bis 50,00 €) ist gemäß §§ 263 Abs. 4, 248a StGB ein relatives Antragsdelikt. Ansonsten ist der Betrug ein Offizialdelikt.

Wie beim Diebstahl gibt es gemäß § 263 Abs. 3 StGB auch einen Besonders schweren Fall des Betruges. Hinsichtlich der Systematik kann auf den Besonders schweren Fall des Diebstahls verwiesen werden (siehe in diesem Kapitel Punkt 3.2.22.).

- § 263 Abs. 3 Satz 2 Nr. 1 StGB – Gewerbsmäßigkeit
- § 263 Abs. 3 Satz 2 Nr. 2 StGB
  - Vermögensverlust größeren Ausmaßes (ab ca. 50.000,00 €)
  - Große Zahl von Menschen (ab ca. 12 Personen) in die Gefahr des Verlustes von Vermögenswerten bringen.
- § 263 Abs. 3 Satz 2 Nr. 3 StGB - andere Person in wirtschaftliche Not bringen, d.h. den Verlust des Lebensunterhaltes bewirken

Weitere Betrugsdelikte sind:

- § 263 Abs. 5 StGB; Gewerbsmäßiger Bandenbetrug (Verbrechen)
- § 264 StGB; Subventionsbetrug
- § 264a StGB; Kapitalanlagebetrug
- § 265 StGB; Versicherungsmissbrauch
- § 265a StGB; Erschleichen von Leistungen
  - Erschleichen von Leistungen eines Automaten oder eines öffentlichen Zwecken dienenden Telekommunikationsnetzes
  - Beförderung durch ein Verkehrsmittel (Schwarzfahren)
  - Zutritt zu einer Veranstaltung oder Einrichtung
  - Versuch ist strafbar; § 265a Abs. 2 StGB
- § 265b StGB; Kreditbetrug

3.2.32. Computerbetrug; § 263a StGB

(ab 01.01.2016 nicht mehr Inhalt der Sachkundeprüfung)
Der Computerbetrug ist grundsätzlich mit dem in diesem Kapitel unter 3.2.31. erläuterten Betrug identisch. Allerdings setzen die Tathandlungen ergänzend voraus, dass der Vermögensschaden dadurch entsteht, dass das Ergebnis eines Datenverarbeitungsvorgangs beeinflusst wird durch unrichtige Gestaltung des Programms oder durch die Verwendung unrichtiger oder unvollständiger Daten bzw. durch unbefugte Verwendung von Daten sowie durch sonstige unbefugte Einwirkung auf den Ablauf. Hauptanwendungsfälle sind also der Missbrauch eines Bankautomaten bzw. Manipulationen beim so genannten Home-Banking.
Der versuchte Computerbetrug ist gemäß §§ 263a Abs. 2, 263 Abs. 2 StGB strafbar.

3.2.33. Urkundenfälschung; § 267 StGB

§ 267 StGB

Abs. 1: Wer zur Täuschung im Rechtsverkehr eine unechte Urkunde herstellt, eine echte Urkunde verfälscht oder eine unechte oder verfälschte Urkunde gebraucht, wird mit Freiheitsstrafe bis zu fünf Jahren oder mit Geldstrafe bestraft.

Abs. 2: Der Versuch ist strafbar.

Die Urkundenfälschung schützt die Sicherheit und Zuverlässigkeit des Rechtsverkehrs mit Urkunden.

Objektiver Tatbestand
Tatobjekte sind echte oder unechte Urkunden.
Eine Urkunde ist eine echte Urkunde, wenn sie in gegenwärtiger Gestalt vom angegebenen Aussteller stammt.
Eine Urkunde ist eine unechte Urkunde, wenn die Erklärung nicht von demjenigen stammt, der in der Urkunde als Aussteller bezeichnet ist.

Urkunden sind verkörperte Gedankenerklärungen, die zum Beweis im Rechtsverkehr geeignet und bestimmt sind und ihren Aussteller erkennen lassen. Es gibt Absichtsurkunden (Arbeitszeugnis, Ausweispapier), Deliktsurkunden (beleidigender Brief), Zufallsurkunden (Notizbuch), Alleinurkunden (Scheck), zusammengesetzte Urkunden (Ware mit Preisschild, Motor- und Fahrgestellnummer, Kennzeichen mit TÜV/ASU-Plakette) und Gesamturkunden (Postanweisungen, notarieller Kaufvertrag).
Der Aussteller der Urkunde muss an Unterschrift, Kopf der Urkunde, Namens- oder Handzeichen erkennbar sein.
Kopien, Telefax, Computerfax und E-Mail sind regelmäßig keine Urkunden.

Tathandlungen sind alternativ:

- Herstellen einer unechten Urkunde bedeutet Verursachung der Existenz einer unechten Urkunde. Beispiel: Ausfüllen/Unterschreiben eines fremden Überweisungsträgers.
- Verfälschen einer echten Urkunde bedeutet nachträgliche Veränderung des gedanklichen Inhalts der Urkunde. Beispiel: Änderung des Betrages in einem ausgefüllten und unterschriebenen Überweisungsträgers.
- Gebrauchen einer unechten oder einer verfälschten Urkunde bedeutet, die Urkunde dem zu Täuschenden zugänglich zu machen, sodass der Getäuschte die Urkunde wahrnehmen kann. Beispiel: Vorlage des Überweisungsträgers bei der Bank.

Schriftliche Lügen erfüllen nicht den Tatbestand der Urkundenfälschung. Schriftliche Lügen von Ärzten sind aber strafbar (Falsche ärztliche Atteste; § 278 StGB).

Subjektiver Tatbestand
Der subjektive Tatbestand verlangt Vorsatz und die Absicht, im Rechtsverkehr zu täuschen. Die fahrlässige Urkundenfälschung ist straflos.

Sonstiges
Die Urkundenfälschung ist ein Vergehen. Die versuchte Urkundenfälschung ist gemäß § 267 Abs. 2 StGB strafbar. Sie ist ein Offizialdelikt.
Wie beim Diebstahl und beim Betrug gibt es gemäß § 267 Abs. 3 StGB auch einen Besonders schweren Fall der Urkundenfälschung.
Hinsichtlich der Systematik kann auf den Besonders schweren Fall des Diebstahls in diesem Kapitel unter 3.2.22. verwiesen werden.

- § 267 Abs. 3 Satz 2 Nr. 1 StGB – Gewerbsmäßigkeit.
- § 267 Abs. 3 Satz 2 Nr. 2 StGB - Vermögensverlust größeren Ausmaßes (ab ca. 50.000,00 €).
- § 267 Abs. 3 Satz 2 Nr. 3 StGB - durch große Zahl von Urkunden (ab ca. 100) die Sicherheit des Rechtsverkehrs erheblich gefährden.

Weitere Urkundendelikte sind:
- § 267 Abs. 4 StGB; Gewerbsmäßige Bandenurkundenfälschung (Verbrechen).
- § 268 StGB; Fälschung technischer Aufzeichnungen.
- § 269 StGB; Fälschung beweiserheblicher Daten.
- § 270 StGB; Täuschung im Rechtsverkehr bei Datenverarbeitung.
- § 271 StGB; Mittelbare Falschbeurkundung.
- § 273 StGB; Verändern von amtlichen Ausweisen.
- § 274 StGB; Urkundenunterdrückung; Veränderung einer Grenzbezeichnung.
- §§ 273-276a, 281 StGB; Fälschen von Ausweis- und Fahrzeugpapieren.
- §§ 277-279 StGB; Fälschen von Gesundheitszeugnissen.

3.2.34. Fälschung technischer Aufzeichnungen; § 268 StGB
Objektiver Tatbestand
Das Delikt der Fälschung technischer Aufzeichnungen ist hinsichtlich der Tathandlung der in diesem Kapitel unter 3.2.33. erläuterten Urkundenfälschung sehr verwandt. Technische Aufzeichnungen sind zum Beispiel Aufzeichnungen der

Verkehrsüberwachungskameras oder der Fahrtenschreiber sowie Aufzeichnungen von Röntgengeräten. Fotokopien, Fotografien, Tonbandaufzeichnungen sowie Film- und Fernsehaufnahmen sind keine technischen Aufzeichnungen.

Subjektiver Tatbestand
Der subjektive Tatbestand verlangt Vorsatz und die Absicht, im Rechtsverkehr zu täuschen. Die fahrlässige Fälschung technischer Aufzeichnungen ist straflos.

Sonstiges
Die Fälschung technischer Aufzeichnungen ist ein Vergehen. Der Versuch ist gemäß § 268 Abs. 4 StGB strafbar. Sie ist ein Offizialdelikt.

Die Besonders schweren Fälle der Urkundenfälschung (siehe 3.2.33.) gelten gemäß § 268 Abs. 5 StGB auch für das Fälschen technischer Aufzeichnungen.

3.2.35. Missbrauch von Ausweispapieren; § 281 StGB

§ 281 StGB

Abs. 1: Wer ein Ausweispapier, das für einen anderen ausgestellt ist, zur Täuschung im Rechtsverkehr gebraucht, oder wer zur Täuschung im Rechtsverkehr einem anderen ein Ausweispapier überlässt, das nicht für diesen ausgestellt ist, wird mit Freiheitsstrafe bis zu einem Jahr oder mit Geldstrafe bestraft. Der Versuch ist strafbar.

Abs. 2: Einem Ausweispapier stehen Zeugnisse und andere Urkunden gleich, die im Verkehr als Ausweis verwendet werden.

Die Vorschrift des Missbrauchs von Ausweispapieren ist zum 01.01.2016 in den Rahmenplan aufgenommen worden. Sie schützt die Sicherheit und Zuverlässigkeit des Rechtsverkehrs.

Objektiver Tatbestand
Tatobjekte im ersten Absatz sind Ausweispapiere und nach Absatz 2 der Vorschrift auch Zeugnisse, die im Verkehr als Ausweis verwendet werden.
Ausweispapiere, Zeugnisse und andere Urkunden sind Papiere, die dem Nachweis der Identität oder persönlicher Verhältnissen dienen sollen und von einer hoheitlichen Stelle ausgestellt sind.

Zu nennen sind hier insbesondere

- Personalausweise
- Pässe
- Führerscheine
- Schüler- und Studentenausweise
- Behindertenausweise
- Reisegewerbekarten
- Kraftfahrzeugpapiere
- Abschlusszeugnisse
- Führungszeugnisse.

Die Dokumente müssen eine Ausweisfunktion übernehmen, indem sie ein Lichtbild, Angaben zur Person und ggf. eine Unterschrift enthalten.
Mithin unterfallen private Dienstausweise, Scheck- oder Kreditkarten nicht diesem Tatbestand.

Tathandlungen sind alternativ das Gebrauchen oder das Überlassen:

- Ein Gebrauchen liegt vor, wenn der Ausweis in seiner Funktion als Ausweis einem anderen der sinnlichen Wahrnehmung zugänglich gemacht wird.
- Ein Überlassen ist die Übertragung der Verfügungsgewalt derart, dass der Empfänger das Ausweispapier gebrauchen kann.

Subjektiver Tatbestand
Der subjektive Tatbestand verlangt Vorsatz und die Absicht, im Rechtsverkehr zu täuschen. Der fahrlässige Missbrauch von Ausweispapieren ist straflos.

Sonstiges:
Der Missbrauch von Ausweispapieren ist ein Vergehen. Der versuchte Missbrauch von Ausweispapieren ist strafbar gemäß § 281 Abs. 1 Satz 2 StGB. Es ist ein Offizialdelikt.

Hinweise:
Fälschungen von Ausweispapieren sind nicht nach § 281 StGB, aber gegebenenfalls nach § 271 Abs. 2 StGB als Mittelbare Falschbeurkundung strafbar. Die Veränderung von amtlichen Ausweisen ist gemäß § 273 StGB strafbar.
Bezüglich weiterer Urkundendelikte wird auf die Ausführungen zur Urkundenfälschung und die dortige Aufzählung verweisen; vgl. Ausführungen zu V.3.2.33.

3.2.36. Sachbeschädigung; § 303 StGB

§ 303 StGB:

Abs. 1: Wer rechtswidrig eine fremde Sache beschädigt oder zerstört, wird mit Freiheitsstrafe bis zu zwei Jahren oder mit Geldstrafe bestraft.

Abs. 2: Ebenso wird bestraft, wer unbefugt das Erscheinungsbild einer in Absatz 1 bezeichneten Sache oder eines dort bezeichneten Gegenstandes nicht nur unerheblich und nicht vorübergehend verändert.

Abs. 3: Der Versuch ist strafbar.

Die Sachbeschädigung schützt das Eigentum vor Tauglichkeitsminderungen. Seit geraumer Zeit ist auch „Graffiti" gemäß § 303 Absatz 2 strafbar.

Der Begriff der fremden Sache ist in diesem Kapitel unter 3.2.21. bereits beim Diebstahl gemäß § 242 StGB erläutert worden. Geschützt werden hier nicht nur bewegliche, sondern auch unbewegliche Sachen.

Tathandlungen in § 303 Abs. 1 StGB sind alternativ

- beschädigen

oder

- zerstören.

Beschädigt ist eine Sache, wenn ihre Substanz nicht unerheblich so verändert wird, dass die bestimmungsgemäße Brauchbarkeit mehr als nur geringfügig beeinträchtigt wird.
Beispiele: Zerkratzen einer Fensterscheibe, Beschmieren von Wänden, Luftablassen aus Autoreifen.
Zerstört ist die Sache, wenn die Beschädigung so massiv ist, dass die Sache für ihren Zweck völlig unbrauchbar geworden ist.
Beispiele: Töten eines Tieres, Zertrümmern einer Glasscheibe, Verbrennen des Kaminholzes.

Tathandlung in § 303 Abs. 2 StGB ist

- das unbefugte und nicht nur unerhebliche und nicht nur vorübergehende Verändern des Erscheinungsbilds einer Sache oder eines Gegenstandes; insbesondere Graffiti und wildes Plakatieren.

Subjektiver Tatbestand
Der subjektive Tatbestand der Sachbeschädigung verlangt Vorsatz. Die fahrlässige Sachbeschädigung ist straflos.

Sonstiges
Die Sachbeschädigung ist ein Vergehen. Die versuchte Sachbeschädigung ist gemäß § 303 Abs. 2 StGB strafbar.

Die Sachbeschädigung ist gemäß § 303c StGB ein relatives Antragsdelikt.

§ 303c StGB:
In den Fällen des § 303 StGB ... wird die Tat nur auf Antrag verfolgt, es sei denn, dass die Strafverfolgungsbehörde wegen des besonderen öffentlichen Interesses an der Strafverfolgung ein Einschreiten von Amts wegen für geboten hält.

Die Sachbeschädigung ist ein Privatklagedelikt gemäß § 374 Abs. 1 Nr. 6 StGB.

Weitere Sachbeschädigungsdelikte sind:
- § 303a StGB: Datenveränderung.
- § 303b StGB: Computersabotage.
- § 304 StGB: Gemeinschädliche Sachbeschädigung.
- § 305 StGB: Zerstörung von Bauwerken.

3.2.37. Brandstiftung; § 306 StGB

§ 306 Abs. 1 StGB:
Wer fremde
1. Gebäude oder Hütten,
2. Betriebsstätten oder technische Einrichtungen, namentlich Maschinen,
3. Warenlager oder -vorräte,
4. Kraftfahrzeuge, Schienen-, Luft- oder Wasserfahrzeuge,
5. Wälder, Heiden oder Moore oder
6. land-, ernährungs- oder forstwirtschaftliche Anlagen oder Erzeugnisse
in Brand setzt oder durch eine Brandlegung ganz oder teilweise zerstört, wird mit Freiheitsstrafe von einem Jahr bis zu zehn Jahren bestraft.

Wegen der großen Gefahren, die von einem Feuer ausgeht, haftet den Brandstiftungsdelikten ein Element der Gemeingefährlichkeit bzw. -schädlichkeit an. Sie schützen Leben, Gesundheit und Eigentum.

Objektiver Tatbestand
Die im Gesetzestext in Absatz 1 Nr. 1 bis 6 alternativ aufgeführten Tatobjekte

bedürfen wegen des klaren Wortlauts keiner ergänzenden Erläuterung. Der Begriff „fremd" wurde bereits in diesem Kapitel beim Diebstahl erklärt (siehe 3.2.21.). Der Taterfolg in Form des ganz oder teilweisen zerstören kann in diesem Kapitel bei der Sachbeschädigung nachgelesen und aus den dortigen Erklärungen abgeleitet werden (siehe 3.2.36.).

Tathandlungen der Brandstiftung sind alternativ
- In-Brand-Setzen

oder
- Brandlegung.

In Brand gesetzt ist eine Sache, wenn sie vom Feuer in einer Weise erfasst ist, die ein Fortbrennen aus eigener Kraft, also ohne Fortwirken des Zündstoffs, ermöglicht. Bei einem Gebäude genügt das In-Brand-Setzen eines wesentlichen Bestandteils.
Beispiel: Der Täter entzündet in einem Zimmer einen Papierhaufen. Das Feuer greift auf Rahmen der Holztür und des Holzfensters über.

Brandlegung bedeutet jede andere Form eines Feuers mit geringerer Intensität als das In-Brand-Setzen. Durch dieses Merkmal wird dem Umstand Rechnung getragen, dass mittlerweile häufig feuerbeständige Baustoffe verwendet werden müssen.
Beispiel: In einem psychiatrischen Krankenhaus entzündet der Patient I. in seiner Zelle seine Kleidung und sein Bettzeug. Das Gebäude bzw. Gebäudeteile brennen nicht. Die Zelle wird aber durch Ruß stark verschmutzt, unbenutzbar und damit durch Brandlegung jedenfalls teilweise zerstört.

Subjektiver Tatbestand
Der subjektive Tatbestand setzt Vorsatz voraus. Die fahrlässige Brandstiftung ist nach § 306d StGB strafbar.

> **§ 306d Abs. 1 StGB:**
> **Wer in den Fällen des § 306 ... StGB fahrlässig handelt ..., wird mit Freiheitsstrafe bis zu fünf Jahren oder mit Geldstrafe bestraft.**

Sonstiges
Die einfache Brandstiftung ist ein Verbrechen. Der Versuch ist folglich strafbar. Die fahrlässige Brandstiftung gemäß § 306d StGB ist ein Vergehen. Brandstiftung ist ein Offizialdelikt.

3.2.38. Schwere Brandstiftung; § 306a StGB

Eine Qualifikation der Brandstiftung ist die Schwere Brandstiftung gemäß § 306a StGB.

§ 306a StGB:

Abs. 1: Mit Freiheitsstrafe nicht unter einem Jahr wird bestraft, wer

1. ein Gebäude, ein Schiff, eine Hütte oder eine andere Räumlichkeit, die der Wohnung von Menschen dient, ...

3. eine Räumlichkeit, die zeitweise dem Aufenthalt von Menschen dient, zu einer Zeit, in der Menschen sich dort aufzuhalten pflegen,

in Brand setzt oder durch eine Brandlegung ganz oder teilweise zerstört.

Abs. 2: Ebenso wird bestraft, wer eine in § 306 Abs. 1 Nr. 1 bis 6 bezeichnete Sache in Brand setzt oder durch eine Brandlegung ganz oder teilweise zerstört und dadurch einen anderen Menschen in die Gefahr einer Gesundheitsschädigung bringt.

Die generelle Gefährlichkeit der beschriebenen Handlungen für Leib und Leben von Menschen führt dazu, dass der Schutzbereich der Norm sich hier nicht nur auf fremde, sondern auch auf eigene Tatobjekte bezieht.

Objektiver Tatbestand

Alternativ sind in Absatz 1 des § 306a StGB insbesondere folgende Tatobjekte geschützt:

Nr. 1:

Räumlichkeiten, die der Wohnung von Menschen dienen, sind neben den genannten Gebäuden, Schiffen und Hütten alle abgeschlossenen Räume, soweit diese erlaubt oder verbotenerweise tatsächlich zu Wohnzwecken dienen.

Beispiel: Kellerschacht, in dem ein Obdachloser „wohnt".

Es ist egal, zu welcher Zeit das Feuer gelegt wird. Insbesondere muss sich zu dieser Zeit kein Mensch in dieser Räumlichkeit befinden.

Nr. 3:

Räumlichkeiten, die zeitweise dem Aufenthalt von Menschen dienen, sind zum Beispiel Geschäftsräume, Theater, Kinos, Stallgebäude und Scheunen. Anders als bei § 306a Absatz 1 Nr. 1 StGB muss das Feuer in einer Zeit gelegt werden, in der sich Menschen dort aufzuhalten pflegen. Allerdings muss sich auch zu dieser Zeit kein Mensch in dieser Räumlichkeit befinden.

§ 306a Abs. 2 StGB führt bei den in der einfachen Brandstiftung gemäß § 306 Abs. 1 Nr. 1 bis 6 StGB genannten eigenen oder fremden Tatobjekten dann zu einer höheren Bestrafung, wenn durch die Tathandlung ein anderer Mensch in die Gefahr einer

Gesundheitsschädigung gebracht wird. Hinsichtlich der Gesundheitsschädigung kann auf die Ausführungen bei der Körperverletzung gemäß § 223 Abs. 1 StGB in diesem Kapitel verwiesen werden (siehe 3.2.16.). Gefahr bedeutet, dass die Gesundheit des Menschen in eine kritische Situation kommt.

Subjektiver Tatbestand
Auch die Schwere Brandstiftung gemäß § 306a StGB verlangt Vorsatz. Hinsichtlich der Gefahr einer Gesundheitsschädigung in § 306a Abs. 2 StGB genügt gemäß § 18 StGB Fahrlässigkeit.

Sonstiges
Auch die Schwere Brandstiftung ist ein Verbrechen. Der Versuch ist strafbar.

Weitere Brandstiftungsdelikte sind:
- § 306b StGB: Besonders schwere Brandstiftung.
- § 306c StGB: Brandstiftung mit Todesfolge.

3.2.39. Herbeiführen einer Brandgefahr; § 306f StGB

Erläutert werden muss noch das Eigentumsgefährdungsdelikt des Herbeiführens einer Brandgefahr gemäß § 306f StGB.

§ 306f StGB:

Abs. 1: Wer fremde

1. feuergefährdete Betriebe oder Anlagen,

2. Anlagen oder Betriebe der Land- und Ernährungswirtschaft, in denen sich deren Erzeugnisse befinden,

3. Wälder, Hecken oder Moore

oder

4. bestellte Felder oder leicht entzündliche Erzeugnisse der Landwirtschaft, die auf Feldern lagern,

durch Rauchen, durch offenes Feuer oder Licht, durch Wegwerfen brennender oder glimmender Gegenstände oder in sonstiger Weise in Brandgefahr bringt, wird mit Freiheitsstrafe bis zu drei Jahren oder mit Geldstrafe bestraft.

Abs. 2: Ebenso wird bestraft, wer eine in Absatz 1 Nr. 1 bis 4 bezeichnete Sache in Brandgefahr bringt und dadurch Leib oder Leben eines anderen Menschen oder fremde Sachen von bedeutendem Wert gefährdet.

Die Vorschrift soll allen Brandgefahren begegnen.

Objektiver Tatbestand
Die im Gesetzestext alternativ aufgeführten Tatobjekte bedürfen wegen des klaren Wortlauts keiner ergänzenden Erklärung. Der Begriff „fremd" in Absatz 1 wurde bereits in diesem Kapitel beim Diebstahl (3.2.21.) erklärt. Absatz 2 erfasst auch eigene und nicht nur fremde Sachen, die ab ca. 750,00 € von bedeutendem Wert sind.
Die Tathandlung ist jedes Verursachen einer konkreten Brandgefahr. Absatz 2 fordert wie § 306a Abs. 2 StGB eine Gefahr für einen Menschen, wobei der Schutzbereich des § 306f Abs. 2 StGB auf bedeutende Sachen erweitert wurde.

Subjektiver Tatbestand
Der subjektive Tatbestand des Herbeiführens einer Brandgefahr verlangt Vorsatz. Hinsichtlich der in § 306f Abs. 2 StGB genannten Gefahren genügt gemäß § 18 StGB Fahrlässigkeit. Die Fahrlässige Herbeiführung einer Brandgefahr ist nach § 306f Abs. 3 StGB strafbar.

Sonstiges
Herbeiführen einer Brandgefahr ist ein Vergehen. Der Versuch ist denklogisch nicht möglich und mithin nicht strafbar. Herbeiführen einer Brandgefahr ist ein Offizialdelikt.

3.2.40. Unterlassene Hilfeleistung; § 323c StGB

§ 323c StGB:
Wer bei Unglücksfällen oder gemeiner Gefahr oder Not nicht Hilfe leistet, obwohl dies erforderlich und ihm den Umständen nach zuzumuten, insbesondere ohne erhebliche eigene Gefahr und ohne Verletzung anderer wichtiger Pflichten möglich ist, wird mit Freiheitsstrafe bis zu einem Jahr oder mit Geldstrafe bestraft.

Das Zusammenleben in unserer Gesellschaft ist darauf gerichtet, von jedem Mitglied der Gesellschaft ein gewisses Mindestmaß an Hilfsbereitschaft und mitmenschlicher Solidarität zu erwarten und zu verlangen. Versäumt jemand eine Gelegenheit zur Abwehr eines drohenden Schadens eines anderen, verletzt er dieses Gebot und mithin gegen die vorgenannten Allgemeininteressen und kann bestraft werden.

Objektiver Tatbestand
Es ist bereits in diesem Kapitel unter Punkt 3.1.4. ausgeführt worden, dass die Unterlassene Hilfeleistung ein echtes Unterlassungsdelikt ist.
Auch die im Tatbestand alternativ genannten Notlagen (Unglücksfall, gemeine Gefahr oder Not) sind in diesem Kapitel beim Besonders schweren Fall des Diebstahls

gemäß § 243 Abs. 1 Satz 2 Nr. 6 StGB bereits erläutert worden (siehe Punkt 3.2.22.). Der Umfang der Hilfspflicht wird durch die Begriffe Erforderlichkeit und Zumutbarkeit bestimmt.
Die gebotene Hilfe ist erforderlich, wenn das Opfer sich nicht selbst helfen kann. Ist bereits von anderer Seite Hilfe geleistet worden bzw. in Kürze zu erwarten (Polizei, Notarzt etc.) oder ist das Opfer bereits verstorben, ist keine Hilfe mehr erforderlich.
Zumutbar ist die Hilfe, wenn diese nach der Persönlichkeit des Helfenden und seinen psychischen und physischen Kräften und Fähigkeiten erwartet werden kann, ohne dass erhebliche eigene Gefahren entstehen und andere wichtige Pflichten verletzt werden.
Einer gesunden, jungen und trainierten Sportlehrerin wird man zumuten können, zu versuchen, eine in kaltem Wasser treibende hilflose Person zu retten. Dieses wird man einem herzkranken älteren Mann, der nicht schwimmen kann, nicht zumuten können. Die Grenzen hängen aber sehr vom Einzelfall ab und sind äußerst schwer zu beschreiben.
Ob Sicherheitskräfte bei körperlichen Auseinandersetzungen anderer Personen schlichtend eingreifen müssen, hängt sehr davon ab, ob dieses ohne Eigengefährdung möglich ist. Die Erfahrung lehrt leider, dass Personen, die schlichten und helfen wollen, häufig selbst attackiert werden. In der Regel dürfte es ausreichend sein, die Polizei anzurufen.

Subjektiver Tatbestand
Der subjektive Tatbestand verlangt Vorsatz. Die fahrlässige Unterlassene Hilfeleistung ist straflos.

Sonstiges
Die Unterlassene Hilfeleistung ist ein Vergehen. Die versuchte Unterlassene Hilfeleistung ist nicht denkbar und mithin straflos. Die Unterlassene Hilfeleistung ist ein Offizialdelikt.

3.2.41. Vorschriften des Umweltstrafrechts; § 324 ff. StGB
Nur der Vollständigkeit halber sollen die Vorschriften des Umweltstrafrechts des StGB genannt werden.
- Gewässerverunreinigung; § 324 StGB.
- Bodenverunreinigung; § 324a StGB.
- Luftverunreinigung; § 325 StGB.
- Verursachen von Lärm; Erschütterungen und nichtionisierende Strahlen; § 325a StGB.

- Unerlaubter Umgang mit gefährlichen Abfällen; § 326 StGB.

Jede fahrlässige bzw. vorsätzliche Schädigung der Umwelt ist nach einem der vorgenannten Tatbestände strafbar.
Das Umweltstrafrecht ist verwaltungsakzessorisch aufgebaut d.h., es macht sich nur derjenige strafbar, der keine gesetzliche oder behördliche Genehmigung für die Umweltschädigung besitzt. Die versuchte Umweltstraftat ist ebenfalls jeweils strafbar.

3.2.42. Vorschriften des Betäubungsmittelgesetzes (BtMG)

Sicherheitskräfte treffen gelegentlich auf Probanden, die Betäubungsmittel besitzen bzw. konsumiert haben. Mithin sollten Sicherheitskräfte die Grundzüge des Betäubungsmittelstrafrechts kennen, die nunmehr erläutert werden.

In den Anlagen I. bis III. zum Betäubungsmittelgesetz sind sämtliche Betäubungsmittel aufgeführt. Die bekanntesten Betäubungsmittel sind

- Heroin
- Kokain
- Crack
- LSD
- Marihuana
- Haschisch
- Ecstasy
- Crystal Meth (Methamphetamin)

Jeglicher Umgang mit Betäubungsmitteln ist verboten, soweit nicht eine Erlaubnis nach dem Gesetz oder der zuständigen Behörde vorliegt, die beispielsweise Apotheker besitzen.

Nach § 29 ff. BtMG sind insbesondere folgende Verhaltensweisen strafbar:

- Anbauen
- Herstellen
- Handeltreiben
- Einführen
- Ausführen
- Veräußern
- Abgeben
- In den Verkehr bringen
- Erwerben
- Sonst in den Verkehr bringen
- Besitzen

Nach Art. 2 GG hat aber jeder ein Recht auf Rausch und auch Konsum, so dass der besitzlose Konsum von Betäubungsmitteln straflos ist.
Beispiel: Ein Drogenkonsument „baut" einen Joint und hält diesen einem anderen zum Rauchen hin, ohne dass dieser den Joint selbst festhält. Geht dem Konsum aber ein eigener Besitz voraus, wäre der Besitz strafbar.

Auch der Besitz kleiner Mengen weicher Drogen zum Eigenkonsum ist entgegen gelegentlicher Darstellung in den Medien strafbar. Allerdings stellt die Staatsanwaltschaft solche Verfahren bei Ersttätern manchmal gemäß § 31a Betäubungsmittelgesetz wegen Geringfügigkeit ein. Die Praxis ist regional aber äußerst unterschiedlich. In Schleswig-Holstein wird zum Beispiel zurzeit von solchen Einstellungen eher Abstand genommen.

Die in Deutschland vorkommenden Drogen „auf dem Markt" sind gestreckt. Sie bestehen regelmäßig aus einem Giftanteil von ca. 5 bis 25% sowie Beimengungen. „Besserer Stoff" ist selten auf dem Markt. Beim Haschisch wird das Gift beispielsweise Tetrahydrocanabinol genannt.

Übersteigt der Giftanteil bestimmte Mengen (zum Beispiel beim Haschisch mehr als 7,5 Gramm Tetrahydrocanabinol), so ist die Mindeststrafe ein Jahr Freiheitsstrafe. Mithin liegt ein Verbrechen vor.

VI. Unfallverhütungsvorschriften

Nunmehr sollen die Unfallverhütungsvorschriften erläutert werden.

1. Allgemeines

Unfallverhütungsvorschriften dienen –wie der Name es sagt– der Unfallverhütung. Sie wurden zum Schutz vor Gefahren für Leben und Gesundheit bei der Arbeit erlassen und ihre Einhaltung trägt wesentlich zur Arbeitssicherheit bei.

Damit ein gewisser Befolgungsdruck aufgebaut wird, werden sie von den Berufsgenossenschaften (BG) als Rechtsvorschriften kraft gesetzlicher Ermächtigung durch das Sozialgesetzbuch (SGB) erlassen.

Damit sind die Unfallverhütungsvorschriften (UVV):

- Rechtsvorschriften für Unternehmen und Mitarbeiter
- auch Rechtsvorschriften für „Fremdbetriebe" wie z.B. Sicherheitsunternehmen
- Bestimmungen, die bei Unterlassung oder Zuwiderhandlung Ordnungswidrigkeiten darstellen, welche von den Berufsgenossenschaften mit Geldbußen geahndet werden können.

Seit dem 01.05.2014 hat sich die Systematik des Schriftverkehrs der Deutschen Gesetzlichen Unfallversicherung e.V. (DGUV) geändert. Für das Bewachungsgewerbe sind insbesondere folgende Berufsgenossenschaftlichen Vorschriften von Bedeutung:

- DGUV Vorschrift 01 (ehemals BGV A 1) „Grundsätze der Prävention"
- DGUV Vorschrift 23 (ehemals BGV C 7) „Wach- und Sicherungsdienste"

Grundlage der Arbeitssicherheit sind die Gesetze und Rechtsverordnungen des Staates, zum Beispiel das Arbeitsschutzgesetz und die Arbeitsstättenverordnung, aber auch die allgemein anerkannten Regeln der Sicherheitstechnik und Arbeitsmedizin, wie die Technischen Regeln für Arbeitsstätten, nationalen Normen des Deutschen Institut für Normung e.V. (DIN) oder die Bestimmungen vom Verband der Elektrotechnik Elektronik Informationstechnik e.V. (VDE).

Unfallversicherungsträger sind die gewerblichen und landwirtschaftlichen Berufs-Genossenschaften sowie Unfallversicherungsträger der öffentlichen Hand. Unfallversicherungsträger für das Bewachungsgewerbe ist die Verwaltungs-Berufsgenossenschaft (VBG).

Die Unfallverhütungsvorschrift BGV A8 wurde von der Vertreterversammlung der Verwaltungsberufsgenossenschaft rückwirkend zum 1.Januar 2013 außer Kraft gesetzt, weil nunmehr durch die novellierte Arbeitsstättenverordnung in Verbindung mit der Technischen Regel für Arbeitsstätten ASR A1.3 „Sicherheits- und Gesundheitskennzeichnung" eine Regelung als ausreichend angesehen wird.
Unfallversicherungsträger sind die gewerblichen und landwirtschaftlichen Berufs-Genossenschaften und andere Unfallversicherungsträger im öffentlichen Dienst.

In dieser Funktion ist die VBG zuständig für die Versorgung bei Arbeitsunfällen und Berufskrankheiten nach dem Sozialgesetzbuch (SGB VII).

Ein „anzeigepflichtiger Versicherungsfall" in der Unfallversicherung ist:

- Der Arbeitsunfall mit einer Arbeitsunfähigkeit von mehr als drei Tagen, die von einem „Durchgangsarzt" bestätigt werden muss
- Der Verdacht auf eine Berufskrankheit
- Der Arbeitsunfall mit tödlicher Folge.

Ein „Durchgangsarzt" ist ein von der jeweiligen Berufsgenossenschaft bestellter Arzt, dem jeder bei einem Arbeitsunfall Verletzte vorgestellt werden muss,

- wenn die Arbeitsunfähigkeit über den Unfalltag andauert
  oder
- die Behandlungsbedürftigkeit voraussichtlich länger als eine Woche dauert.

In den nächsten Abschnitten werden die Grundsätze und wichtigsten Bestimmungen der DGUV Vorschrift 23 (BGV C 7), DGUV Vorschrift 01 (BGV A 1) und Technische Regeln für Arbeitsstätten ASR A1.3 (BGV A 8) dargestellt. Den Schlussteil bildet ein Abschnitt zum Brandschutz.

2. DGUV Vorschrift 23 (BGV C7) – „Wach- und Sicherungsdienste"

Überwiegend richtet sich diese Vorschrift zur Unfallverhütung an den Sicherheitsunternehmer (SU), damit er gemeinsam mit dem Auftraggeber (AG) für eine optimale Arbeitssicherheit im Einsatzbereich seiner Mitarbeiter sorgt.

Folgende Auszüge aus den wichtigsten Bestimmungen sind zu erwähnen:

§ 2 Allgemeines
Soweit nicht anders bestimmt ist, richten sie die Bestimmungen der Abschnitte II und III an Unternehmer und Versicherte.

§ 3 Eignung
Der Unternehmer hat dafür zu sorgen, dass Wach- und Sicherungstätigkeiten nur von Versicherten ausgeführt werden, welche die erforderlichen Befähigungen besitzen. Die Versicherten dürfen für diese Tätigkeiten nicht offensichtlich ungeeignet sein. Über die Befähigungen sind Aufzeichnungen zu führen.

§ 4 Dienstanweisung
Der Unternehmer hat das Verhalten des Wach- und Sicherungspersonals einschließlich des Weitermeldens von Mängeln und besonderen Gefahren durch Dienstanweisungen zu regeln.
Der Unternehmer hat dafür zu sorgen, dass das Wach- und Sicherungspersonal anhand der Dienstanweisungen vor Aufnahme der Tätigkeit und darüber hinaus regelmäßig unterwiesen wird. Außerdem ist das sicherheitsgerechte Verhalten bei besonderen Gefahren so weit wie möglich zu üben.
Die Versicherten haben die bei der Arbeitssicherheit dienenden Maßnahmen zu unterstützen und die Dienstanweisungen zu befolgen. Sie dürfen keine Weisungen des Auftraggebers befolgen, die dem Sicherungsauftrag entgegenstehen.

§ 5 Verbot berauschender Mittel
Der Genuss von alkoholischen Getränken und die Einnahme anderer berauschender Mittel sind während der Dienstzeit verboten. Dies gilt auch für einen angemessenen Zeitraum vor dem Einsatz. Bei Dienstantritt muss Nüchternheit gegeben sein. Deshalb muss die Zeit des Alkoholverbotes vor Arbeitsbeginn mindestens der Abbauzeit des vorher verzehrten Alkohols entsprechen. Die durchschnittliche Abbauzeit beträgt ca. 0,15 Promille pro Stunde.

§ 6 Übernahme von Wach- und Sicherungsaufgaben
Der Unternehmer darf Wach- und Sicherungsaufgaben nur übernehmen, wenn vermeidbare Gefahrstellen im jeweiligen Objektbereich beseitigt oder ausreichend abgesichert werden.
Sicherungsumfang und -ablauf einschließlich vorgesehener Nebentätigkeiten müssen schriftlich festgelegt werden.

§ 7 Sicherungstätigkeiten mit besonderen Gefahren
Der Unternehmer hat sicherzustellen, dass das Wach- und Sicherungspersonal überwacht wird, wenn sich bei Sicherungstätigkeiten besondere Gefahren ergeben können.

§ 8 Überprüfung von zu sichernden Objekten
Der Unternehmer hat unabhängig von den Pflichten des Auftraggebers sicherzustellen, dass die zu sichernden Objekte auf Gefahren geprüft werden. Über diese Prüfungen sind Aufzeichnungen zu führen. Die Prüfungen haben regelmäßig, bei besonderem Anlass unverzüglich zu erfolgen. Der Unternehmer hat vom Auftraggeber zu verlangen, dass vermeidbare Gefahren beseitigt oder Gefahrstellen abgesichert werden. Bis zum Abschluss dieser Sicherungsmaßnahmen hat der Unternehmer Regelungen zu treffen, die die Sicherheit des Wach- und Sicherungspersonals auf andere Weise gewährleisten. Die Versicherten haben festgestellte Gefahren und die dagegen getroffenen Maßnahmen dem Unternehmer zu melden

§ 9 Objekteinweisung
Der Unternehmer hat dafür zu sorgen, dass das Wach- und Sicherungspersonal in das jeweilige zu sichernde Objekt und die spezifischen Gefahren eingewiesen wird. Die Einweisungen sind zu den Zeiten vorzunehmen, zu denen die Tätigkeit des Wach- und Sicherungspersonals ausgeübt wird.
Der Unternehmer hat dafür zu sorgen, dass für alle Objekte und Objektbereiche, in denen Hunde eingesetzt sind, das Wach- und Sicherungspersonal über das Verhalten bei der Begegnung mit diesen Hunden unterwiesen wird.

§ 10 Ausrüstung des Wach- und Sicherungspersonals
Der Unternehmer hat dafür zu sorgen, dass sich die für das Wach- und Sicherungspersonal erforderlichen Einrichtungen, Ausrüstungen und Hilfsmittel in ordnungsgemäßem Zustand befinden und dass das Wach- und Sicherungspersonal in deren Handhabung unterwiesen ist.
Anlegbare Ausrüstungen und Hilfsmittel müssen so beschaffen und angelegt sein, dass die Bewegungsfreiheit, insbesondere die der Hände nicht mehr als nach den Umständen unvermeidbar beeinträchtigt wird.
Der Unternehmer hat dafür zu sorgen, dass bei der jeweiligen Wach- und Sicherungsaufgabe entsprechendes Schuhwerk von den Versicherten getragen wird.
Der Unternehmer hat dafür zu sorgen, dass bei Dunkelheit eingesetztes Wach- und Sicherungspersonal mit leistungsfähigen Handleuchten ausgerüstet ist.
Die Versicherten haben die zur Verfügung gestellten Ausrüstungen und Hilfsmittel bestimmungsgemäß zu benutzen.

§ 11 Brillenträger
Versicherte die bei Wach- und Sicherungsaufgaben zur Korrektur ihres Sehvermögens eine Brille tragen müssen, haben diese gegen Verlieren zu sichern oder eine Ersatzbrille mitzuführen.

§ 12 Hunde
Als Diensthunde dürfen nur geprüfte Hunde mit Hundeführern eingesetzt werden. Hunde, die für die Aufgabe nicht geeignet sind, die zur Bösartigkeit neigen oder deren Leistungsstand nicht mehr gegeben ist und die dadurch Personen gefährden können, dürfen nicht eingesetzt werden.
Abweichend dürfen auch ungeprüfte Hunde zu Wahrnehmungs- und Meldeaufgaben eingesetzt werden, wenn hierbei der Führer seinen Hund unter Kontrolle hat.
Eine Überforderung der Hunde durch Ausbildung und Einsatz ist zu vermeiden.

§ 13 Hundezwinger
Werden Hunde in Zwingern oder Zwingeranlagen gehalten, hat der Unternehmer dafür zu sorgen, dass die Zwinger so beschaffen und ausgestattet sind, dass eine Einzelhaltung aller Hunde ermöglicht wird.
Der Unternehmer hat dafür zu sorgen, dass an den Zwingern auf das Zutrittsverbot durch das Verbotszeichen „Zutritt für Unbefugte verboten" hingewiesen ist. Belegte Zwinger dürfen nur von Hundeführern oder vom Unternehmer beauftragten Personen, die mit dem jeweiligen Hund vertraut sind, betreten werden. Belegte Zwinger müssen abgeschlossen sein, sofern ein Entweichen des Hundes oder der Zutritt Unbefugter nicht auf andere Weise verhindert ist. Die Säuberung und Instandhaltung von Zwingern darf nur dann durchgeführt werden, wenn diese nicht durch Hunde belegt sind.

§ 14 Hundehaltung in Objekten
Der Unternehmer hat dafür zu sorgen, dass im Bereich von Objekten, in denen Hunde gehalten werden, Zwinger nach § 13 vorhanden sind.
Abweichend von Absatz 1 ist außerhalb der Verkehrs- und Streifenwege auch eine vorübergehende Anbindehaltung zulässig, wenn hierfür geeignete Einrichtungen vorhanden sind und sich die Hunde jeweils nur für die Dauer einer Schicht im Bereich des Objektes befinden. Der Unternehmer hat dafür zu sorgen, dass auf das Zutrittsverbot durch das Verbotszeichen „Zutritt für Unbefugte verboten" an den Einrichtungen hingewiesen ist.

§ 15 Hundeführer
Als Hundeführer dürfen nur Versicherte eingesetzt werden, die entsprechend unterwiesen worden sind und dem Unternehmer ihre Befähigung nachgewiesen haben.
Der Unternehmer hat dafür zu sorgen, dass ihm die Befähigung zum Hundeführer regelmäßig nachgewiesen wird. Bei nicht mehr ausreichender Befähigung ist die Befugnis zum Führen von Hunden zu entziehen.

§ 16 Hundeführung
Die Übernahme und Abgabe des Hundes einschließlich des An- und Ableinens müssen im Zwinger bei geschlossener Tür vorgenommen werden. Bei zulässiger Anbindehaltung kann die Übernahme und Abgabe auch an den entsprechenden Einrichtungen erfolgen. Eine Übergabe von Person zu Person ist nicht erlaubt.
Vor jeder Kontaktaufnahme mit einem Hund haben sich die vom Unternehmer hierzu beauftragten Versicherten in geeigneter Weise davon zu überzeugen, dass der Hund folgsam und nicht aggressiv ist. Andernfalls ist der Direktkontakt zu unterlassen und der Hund nicht einzusetzen.
Werden Hunde mit verschiedenen Hundeführern eingesetzt, so ist eine einheitliche Kommandosprache festzulegen und anzuwenden. Die Befestigung der Führleine am Körper des Hundeführers sowie am Fahrrad oder Moped ist untersagt. Eine Hundeführung ohne Führleine darf nur in Objektbereichen erfolgen, in denen eine Begegnung mit Dritten nicht zu erwarten ist. Bei einer Begegnung mit Dritten ist der angeleinte Hund fest an der kurzen Leine so zu führen, dass er Dritte nicht erreichen kann.

§ 17 Transport von Diensthunden
Der Unternehmer hat dafür zu sorgen, dass Kraftfahrzeuge für den Transport von Hunden mit einer Abtrennung zwischen Transportraum und Fahrgastbereich ausgerüstet sind.

§ 18 Ausrüstung mit Schusswaffen
Der Unternehmer hat unter Beachtung der waffenrechtlichen Bestimmungen sicherzustellen, dass eine Ausrüstung des Wach- und Sicherungspersonals mit Schusswaffen nur dann erfolgt, wenn er dies ausdrücklich anordnet. Es dürfen nur Versicherte mit Schusswaffen ausgerüstet werden, die nach dem Waffenrecht zuverlässig, geeignet und sachkundig sowie an den Waffen ausgebildet sind.
Der Unternehmer hat sicherzustellen, dass Versicherte, die Träger von Schusswaffen sind, regelmäßig an Schießübungen teilnehmen und ihre Schießfertigkeit sowie Sachkunde nach dem Waffenrecht ihm oder einem Sachkundigen nachweist.
Schießübungen müssen unter der Aufsicht eines nach Waffenrecht Verantwortlichen auf Schießstandanlagen durchgeführt werden, die den behördlichen festgelegten sicherheitstechnischen Anforderungen entsprechen.
Der Unternehmer hat sicherzustellen, dass über die Schießübungen, die Schießfertigkeit und den Sachkundestand Aufzeichnungen geführt werden.
Der Unternehmer hat sicherzustellen, dass der Entzug von Schusswaffen unverzüglich erfolgt, wenn die Voraussetzungen nicht mehr gegeben sind.

§ 19 Schusswaffen
Es dürfen nur Schusswaffen bereitgehalten und geführt werden, die amtlich geprüft sind und ein in der Bundesrepublik Deutschland anerkanntes Beschusszeichen tragen.
Der Unternehmer hat dafür zu sorgen, dass Schusswaffen bei Verdacht auf Mängel, mindestens jedoch einmal jährlich durch Sachkundige hinsichtlich ihrer Handhabungssicherheit geprüft werden.
Der Unternehmer hat dafür zu sorgen, dass die Instandsetzung von Schusswaffen nur durch Inhaber einer Erlaubnis nach § 7 oder § 41 Waffengesetz erfolgt.
Das Bereithalten und Führen von Schreck- oder Gas-Schusswaffen bei der Durchführung von Wach- und Sicherungsaufgaben ist unzulässig.

§ 20 Führen von Schusswaffen und Mitführen von Munition
Schusswaffen müssen in geeigneten Trageeinrichtungen geführt werden. Das Abgleiten oder Herausfallen der Waffe muss durch eine Sicherung verhindert sein. Munition darf nicht lose mitgeführt werden. Außer bei drohender Gefahr darf sich keine Patrone vor dem Lauf befinden. Dies gilt nicht, wenn durch konstruktive Maßnahmen sichergestellt ist, dass sich bei entspanntem Hahn kein Schuss lösen kann. Geführte Schusswaffen mit einer äußeren Sicherungseinrichtung sind, ausgenommen bei ihrem Einsatz, zu sichern.

§ 21 Übergabe von Schusswaffen, Kugelfangeinrichtungen
Schusswaffen dürfen nur in entladenem Zustand übergeben werden. Der Übernehmende hat sich sofort vom Ladezustand der Waffe zu überzeugen und diese auf augenfällige Mängel zu kontrollieren. Bei Feststellung von Mängeln darf die Waffe nicht geführt werden. Vor der Wiederverwendung ist sie einer sachkundigen Instandsetzung zuzuleiten.
Beim Laden und Entladen von Schusswaffen müssen diese an sicherem Ort auf eine geeignete Kugelfangeinrichtung gerichtet sein. Jegliches Hantieren mit der Waffe hat hierbei so zu erfolgen, dass keine Versicherten durch einen sich lösenden Schuss verletzt werden können.

§ 22 Aufbewahrung von Schusswaffen und Munition
Der Unternehmer hat dafür zu sorgen, dass für die Aufbewahrung von Schusswaffen und Munition zumindest Stahlblechschränke mit Sicherheitsschloss oder entsprechend sichere Einrichtungen vorhanden sind, die eine getrennte Unterbringung von Waffen und Munition ermöglichen und Schutz gegen Abhandenkommen oder unbefugten Zugriff gewährleisten. Die Aufbewahrung von Schusswaffen und Munition muss in verschlossenen Einrichtungen erfolgen. Schusswaffen dürfen nur im entladenen Zustand aufbewahrt werden.

Es gelten die nachfolgenden Bestimmungen für Geldtransporte:

§ 24 Eignung
Der Unternehmer darf für Geldtransporte nur Personen einsetzen, die mindestens 18 Jahre alt, persönlich zuverlässig und geeignet sind sowie für die Aufgabe besonders ausgebildet und eingewiesen sind.

§ 25 Geldtransporte durch Boten
Der Unternehmer hat dafür zu sorgen, dass Geldtransporte durch Boten in öffentlich zugänglichen Bereichen von mindestens zwei Personen durchgeführt werden, von denen eine Person die Sicherung übernimmt. Dies gilt auch für entsprechende Wegstrecken zwischen Transportfahrzeugen und Übergabe- und Übernahmestellen.

Es darf nur abgewichen werden wenn

- das Geld unauffällig in bürgerlicher Kleidung getragen wird,
- der Transport nicht als Geldtransport erkennbar ist,
- der Anreiz zu Überfällen durch technische Ausrüstungen, die für Außenstehende deutlich erkennbar sind, nachhaltig verringert wird

oder

- ausschließlich Hartgeld transportiert wird und dies auch für Außenstehende durch Transportverlauf und Transportabwicklung erkennbar ist.

Zum Tragen müssen bestimmte Geldtransportbehältnisse ausreichend handhabbar sein. Sie dürfen mit dem Boten nicht fest verbunden sein.

§ 26 Geldtransporte mit Fahrzeugen
Der Unternehmer hat dafür zu sorgen, dass Geldtransporte nur mit hierfür besonders gesicherten Fahrzeugen –Geldtransportfahrzeugen– durchgeführt werden.
Abweichend dürfen Transporte, bei denen ausschließlich Hartgeld transportiert wird, oder Transporte, die für Außenstehende nicht durch äußere Hinweise auf dem Fahrzeug, die Bauart des Fahrzeuges, die Ausrüstung der Personen, Transportverlauf oder Transportabwicklung als Geldtransporte zu erkennen sind, auch in sonstigen Fahrzeugen durchgeführt werden.
Belegtransporte, die für Außenstehende mit Geldtransporten verwechselbar sind oder bei denen regelmäßig Geld mitgeführt wird, müssen wie erkennbare Geldtransporte in Geldtransportfahrzeugen durchgeführt werden.
Sind bei Fahrten zu Übernahme- oder Übergabestellen Umstände erkennbar, die auf eine erhöhte Gefährdung schließen lassen, ist vor jedem Verlassen des Fahrzeuges die weitere Vorgehensweise mit anderen Stellen abzustimmen.
Geldtransportfahrzeuge müssen während des Be- und Entladens in öffentlich

zugänglichen Bereichen ständig besetzt bleiben. Hierbei müssen die Türen des mit mindestens einer Person besetzten Fahrzeugteils verriegelt sein.
Überfälle sind unverzüglich über Funk zu melden. Akustisch-optisch wirkende Fahrzeug-Alarmanlagen sind jedoch nur den jeweiligen Umständen entsprechend zu betätigen, sofern hierdurch keine zusätzliche Gefährdung zu erwarten ist.

3. DGUV Vorschrift 01 (BGV A1) - „Grundsätze der Prävention"

Wie die Bezeichnung dieser Unfallverhütungsvorschrift schon aussagt, ist sie eine allgemeine Vorschrift, die

- den Geltungsbereich von Unfallverhütungsvorschriften festlegt,
- die grundsätzlichen Pflichten des Unternehmers und der Versicherten nennt und
- die Organisation des betrieblichen Arbeitsschutzes bestimmt.

Geltungsbereich von Unfallverhütungsvorschriften
Unfallverhütungsvorschriften gelten für Unternehmer und Versicherte. Sie gelten auch für Mitarbeiter von Fremdfirmen und für ausländische Unternehmen, die eine Tätigkeit im Inland ausüben, ohne einem Unfallversicherungsträger anzugehören.

Die Sicherungskräfte sind verpflichtet:

- sich den Anweisungen entsprechend sicherheitsgerecht zu verhalten,
- erkennbar sicherheitswidrige Weisungen nicht zu befolgen,
- Maßnahmen zur Arbeitssicherheit zu unterstützen,
- Mängel in der Arbeitssicherheit sofort zu melden und soweit möglich und zulässig unverzüglich abzustellen.

Es sind folgende Auszüge aus den wichtigsten Bestimmungen zu nennen:

§ 2 Grundpflichten des Unternehmers
Der Unternehmer hat die erforderlichen Maßnahmen zur Verhütung von Arbeitsunfällen, Berufskrankheiten und arbeitsbedingten Gesundheitsgefahren sowie für eine wirksame Erste Hilfe zu treffen. Die zu treffenden Maßnahmen sind insbesondere in staatlichen Arbeitsschutzvorschriften (Anlage 1), dieser Unfallverhütungsvorschrift und in weiteren Unfallverhütungsvorschriften näher bestimmt. Die in staatlichem Recht bestimmten Maßnahmen gelten auch zum Schutz von Versicherten, die keine Beschäftigten sind.
Der Unternehmer hat bei den Maßnahmen nach Absatz 1 von den allgemeinen

Grundsätzen nach § 4 Arbeitsschutzgesetz auszugehen und dabei vorrangig das staatliche Regelwerk sowie das Regelwerk der Unfallversicherungsträger heranzuziehen.
Der Unternehmer hat die Maßnahmen nach Absatz 1 entsprechend den Bestimmungen des § 3 Absatz 1 Sätze 2 und 3 und Absatz 2 Arbeitsschutzgesetz zu planen, zu organisieren, durchzuführen und erforderlichenfalls an veränderte Gegebenheiten anzupassen.
Der Unternehmer darf keine sicherheitswidrigen Weisungen erteilen.
Kosten für Maßnahmen nach dieser Unfallverhütungsvorschrift und den für ihn sonst geltenden Unfallverhütungsvorschriften darf der Unternehmer nicht den Versicherten auferlegen.

§ 4 Unterweisung der Versicherten
Der Unternehmer hat die Versicherten über Sicherheit und Gesundheitsschutz bei der Arbeit, insbesondere über die mit ihrer Arbeit verbundenen Gefährdungen und die Maßnahmen zu ihrer Verhütung, entsprechend § 12 Absatz 1 Arbeitsschutzgesetz sowie bei einer Arbeitnehmerüberlassung entsprechend § 12 Absatz 2 Arbeitsschutzgesetz zu unterweisen; die Unterweisung muss erforderlichenfalls wiederholt werden, mindestens aber einmal jährlich erfolgen; sie muss dokumentiert werden.
Der Unternehmer hat den Versicherten die für ihren Arbeitsbereich oder für ihre Tätigkeit relevanten Inhalte der geltenden Unfallverhütungsvorschriften und Regeln der Unfallversicherungsträger sowie des einschlägigen staatlichen Vorschriften- und Regelwerks in verständlicher Weise zu vermitteln.
Der Unternehmer nach § 136 Absatz 3 Nummer 3 Alternative 2 Sozialgesetzbuch Siebtes Buch (SGB VII) hat den Schulhoheitsträger hinsichtlich Unterweisungen für Versicherte nach § 2 Absatz 1 Nummer 8 Buchstabe b SGB VII zu unterstützen.

§ 9 Zutritts- und Aufenthaltsverbote
Der Unternehmer hat dafür zu sorgen, dass Unbefugte Betriebsteile nicht betreten, wenn dadurch eine Gefahr für Sicherheit und Gesundheit entsteht.

§ 12 Zugang zu Vorschriften und Regeln
Der Unternehmer hat den Versicherten die für sein Unternehmen geltenden Unfallverhütungsvorschriften und Regeln der Unfallversicherungsträger sowie die einschlägigen staatlichen Vorschriften und Regeln an geeigneter Stelle zugänglich zu machen.
Der Unternehmer hat den mit der Durchführung und Unterstützung von Maßnahmen nach § 2 Absatz 1 betrauten Personen die nach dem Ergebnis der Gefährdungsbeurteilung (§ 3 Absatz 1 und 2) für ihren Zuständigkeitsbereich geltenden Vorschriften und Regeln zur Verfügung zu stellen.

Der Unternehmer hat die Grundpflicht, die erforderlichen Maßnahmen zur Verhütung von Arbeitsunfällen, Berufskrankheiten und arbeitsbedingten Gesundheitsgefahren sowie für eine wirksame Erste Hilfe zu treffen.

Die Sicherungskräfte sind verpflichtet:
- sich den Anweisungen entsprechend sicherheitsgerecht zu verhalten,
- erkennbar sicherheitswidrige Weisungen nicht zu befolgen,
- Maßnahmen zur Arbeitssicherheit zu unterstützen,
- Mängel in der Arbeitssicherheit sofort zu melden und soweit möglich und zulässig unverzüglich abzustellen.

Organisation des betrieblichen Arbeitsschutzes im Bereich der Ersten Hilfe:
- Ausgebildete "Ersthelfer"
- Ausreichend Erste Hilfe-Material (und wenn notwendig in Absprache mit dem Auftraggeber Rettungsmittel und Rettungstransportmittel)
- Meldemaßnahmen zur Erste Hilfe-Leistung
- die Information über die Organisation der Erste Hilfe
- die Aufzeichnung aller Erste Hilfe-Leistungen in einem "Verbandbuch"
- die Meldung des Arbeitsunfalls an ihn.

§ 24 Allgemeine Pflichten des Unternehmers
Der Unternehmer hat dafür zu sorgen, dass zur Ersten Hilfe und zur Rettung aus Gefahr die erforderlichen Einrichtungen und Sachmittel sowie das erforderliche Personal zur Verfügung stehen.
Der Unternehmer hat dafür zu sorgen, dass nach einem Unfall unverzüglich Erste Hilfe geleistet und eine erforderliche ärztliche Versorgung veranlasst wird.
Der Unternehmer hat dafür zu sorgen, dass Verletzte sachkundig transportiert werden.
Der Unternehmer hat im Rahmen seiner Möglichkeiten darauf hinzuwirken, dass Versicherte
1. einem Durchgangsarzt vorgestellt werden, es sei denn, dass der erstbehandelnde Arzt festgestellt hat, dass die Verletzung nicht über den Unfalltag hinaus zur Arbeitsunfähigkeit führt oder die Behandlungsbedürftigkeit voraussichtlich nicht mehr als eine Woche beträgt,
2. bei einer schweren Verletzung einem der von den Unfallversicherungsträgern bezeichneten Krankenhäuser zugeführt werden,
3. bei Vorliegen einer Augen- oder Hals-, Nasen-, Ohrenverletzung dem nächsterreichbaren Arzt des entsprechenden Fachgebiets zugeführt werden, es sei denn, dass sich die Vorstellung durch eine ärztliche Erstversorgung erübrigt hat.
Der Unternehmer hat dafür zu sorgen, dass den Versicherten durch Aushänge der

Unfallversicherungsträger oder in anderer geeigneter schriftlicher Form Hinweise über die Erste Hilfe und Angaben über Notruf, Erste-Hilfe- und Rettungs-Einrichtungen, über das Erste-Hilfe-Personal sowie über herbeizuziehende Ärzte und anzufahrende Krankenhäuser gemacht werden. Die Hinweise und die Angaben sind aktuell zu halten.
Der Unternehmer hat dafür zu sorgen, dass jede Erste-Hilfe-Leistung dokumentiert und diese Dokumentation fünf Jahre lang verfügbar gehalten wird. Die Dokumente sind vertraulich zu behandeln.

§ 25 Erforderliche Einrichtungen und Sachmittel
Der Unternehmer hat unter Berücksichtigung der betrieblichen Verhältnisse durch Meldeeinrichtungen und organisatorische Maßnahmen dafür zu sorgen, dass unverzüglich die notwendige Hilfe herbeigerufen und an den Einsatzort geleitet werden kann.
Der Unternehmer hat dafür zu sorgen, dass Mittel zur Ersten Hilfe jederzeit schnell erreichbar und leicht zugänglich in geeigneten Behältnissen, gegen schädigende Einflüsse geschützt, in ausreichender Menge bereitgehalten sowie rechtzeitig ergänzt und erneuert werden.
Der Unternehmer hat dafür zu sorgen, dass unter Berücksichtigung der betrieblichen Verhältnisse Rettungsgeräte und Rettungstransportmittel bereitgehalten werden.
Der Unternehmer hat dafür zu sorgen, dass mindestens ein mit Rettungstransportmitteln leicht erreichbarer Erste-Hilfe-Raum oder eine vergleichbare Einrichtung
1. in einer Betriebsstätte mit mehr als 1000 dort beschäftigten Versicherten,
2. in einer Betriebsstätte mit 1000 oder weniger, aber mehr als 100 dort beschäftigten Versicherten, wenn ihre Art und das Unfallgeschehen nach Art, Schwere und Zahl der Unfälle einen gesonderten Raum für die Erste Hilfe erfordern,
3. auf einer Baustelle mit mehr als 50 dort beschäftigten Versicherten vorhanden ist.
Nummer 3 gilt auch, wenn der Unternehmer zur Erbringung einer Bauleistung aus einem von ihm übernommenen Auftrag Arbeiten an andere Unternehmer vergeben hat und insgesamt mehr als 50 Versicherte gleichzeitig tätig werden.
In Kindertageseinrichtungen, allgemein bildenden und berufsbildenden Schulen sowie Hochschulen hat der Unternehmer geeignete Liegemöglichkeiten oder geeignete Räume mit Liegemöglichkeit zur Erstversorgung von Verletzten in der erforderlichen Anzahl vorzuhalten.

§ 26 Zahl und Ausbildung der Ersthelfer
Der Unternehmer hat dafür zu sorgen, dass für die Erste-Hilfe-Leistung Ersthelfer mindestens in folgender Zahl zur Verfügung stehen:
1. Bei 2 bis zu 20 anwesenden Versicherten ein Ersthelfer,

2. bei mehr als 20 anwesenden Versicherten
   a) in Verwaltungs- und Handelsbetrieben 5 %,
   b) in sonstigen Betrieben 10 %,
   c) in Kindertageseinrichtungen ein Ersthelfer je Kindergruppe,
   d) in Hochschulen 10 % der Versicherten nach § 2 Absatz 1 Nummer 1 Sozialgesetzbuch Siebtes Buch (SGB VII).

Von der Zahl der Ersthelfer nach Nummer 2 kann im Einvernehmen mit dem Unfallversicherungsträger unter Berücksichtigung der Organisation des betrieblichen Rettungswesens und der Gefährdung abgewichen werden.
Der Unternehmer darf als Ersthelfer nur Personen einsetzen, die bei einer von dem Unfallversicherungsträger für die Ausbildung zur Ersten Hilfe ermächtigten Stelle ausgebildet worden sind oder über eine sanitätsdienstliche/rettungsdienstliche Ausbildung oder eine abgeschlossene Ausbildung in einem Beruf des Gesundheitswesens verfügen. Die Voraussetzungen für die Ermächtigung sind in der Anlage 2 zu dieser Unfallverhütungsvorschrift geregelt.
Der Unternehmer hat dafür zu sorgen, dass die Ersthelfer in der Regel in Zeitabständen von zwei Jahren fortgebildet werden. Für die Fortbildung gilt Absatz 2 entsprechend. Personen mit einer sanitätsdienstlichen/rettungsdienstlichen Ausbildung oder einer entsprechenden Qualifikation in einem Beruf des Gesundheitswesens gelten als fortgebildet, wenn sie an vergleichbaren Fortbildungsveranstaltungen regelmäßig teilnehmen oder bei ihrer beruflichen oder ehrenamtlich sanitätsdienstlichen/rettungsdienstlichen Tätigkeit regelmäßig Erste-Hilfe-Maßnahmen durchführen. Der Unternehmer hat sich Nachweise über die Fortbildung vorlegen zu lassen.
Ist nach Art des Betriebes, insbesondere auf Grund des Umganges mit Gefahrstoffen, damit zu rechnen, dass bei Unfällen Maßnahmen erforderlich werden, die nicht Gegenstand der allgemeinen Ausbildung zum Ersthelfer gemäß Absatz 2 sind, hat der Unternehmer für die erforderliche zusätzliche Aus- und Fortbildung zu sorgen.
Die Absätze 1 bis 4 gelten nicht für Unternehmer hinsichtlich der nach § 2 Absatz 1 Nummer 8 Buchstabe b Sozialgesetzbuch Siebtes Buch (SGB VII) Versicherten.

„Persönliche Schutzausrüstungen"
Der Unternehmer muss seine Mitarbeiter ausrüsten, wenn sich Gefahren gegen ihre Körperteile richten und diese weder organisatorisch noch technisch abgestellt werden können. Die Sicherungskräfte müssen ihre persönliche Schutzausrüstung im Einsatz immer tragen.

4. Technische Regeln für Arbeitsstätten ASR A1.3 (BGV A8) – „Sicherheits- und Gesundheitsschutzkennzeichnung am Arbeitsplatz"

4.1. Zielsetzung

Diese Technische Regeln für Arbeitsstätten sind für die Wach- und Sicherungsdienste insbesondere im Werk- und Objektschutz sowie im Veranstaltungsdienst von Bedeutung, da es zu ihren Aufgaben gehören kann, auf die Les- und Wirksamkeit der Zeichen sowie Einhaltung der durch Zeichen gegebenen Verbote und Gebote zu achten.

Es sind folgende Auszüge aus den wichtigsten Bestimmungen zu nennen:

4.2. Anwendungsbereich

Diese Technische Regel für Arbeitsstätten gilt für die Sicherheits- und Gesundheitsschutzkennzeichnung am Arbeitsplatz.

- Als Arbeitsplätze gelten z.B. auch Verkehrs- und Rettungswege, Sozialräume, Unterrichtsräume, Maschinenräume und Lagerbereiche.
- Der Geltungsbereich schließt auch die Gestaltung von Flucht- und Rettungswegen ein.

4.3. Begriffsbestimmungen

Im Sinne dieser Technischen Regeln für Arbeitsstätten ist ein(e)

4.3.1. Sicherheits- und Gesundheitsschutzkennzeichnung

eine Kennzeichnung, die bezogen auf einen bestimmten Gegenstand, eine bestimmte Tätigkeit oder eine bestimmte Situation – jeweils mittels eines Sicherheitszeichens, einer Farbe, eines Leucht- oder Schallzeichens, verbaler Kommunikation oder eines Handzeichens- eine Sicherheits- und Gesundheitsschutzaussage (Sicherheitsaussage) ermöglicht;

4.3.2. Sicherheitszeichen

ein Zeichen, das durch Kombination von geometrischer Form und Farbe sowie grafischem Symbol eine bestimmte Sicherheits- und Gesundheitsschutzaussage ermöglicht;

4.3.3. Verbotszeichen

ein Sicherheitszeichen, das ein Verhalten untersagt, durch welches eine Gefahr entstehen kann;

4.3.4. Warnzeichen
ein Sicherheitszeichen, das vor einem Risiko oder einer Gefahr warnt;

4.3.5. Gebotszeichen
ein Sicherheitszeichen, das ein bestimmtes Verhalten vorschreibt;

4.3.6. Rettungszeichen
ein Sicherheitszeichen, das den Flucht- und Rettungsweg, den Notausgang, den Weg zu einer Erste-Hilfe-Einrichtung oder diese Einrichtung selbst kennzeichnet;

4.3.7. Brandschutzzeichen
ein Sicherheitszeichen, das Standorte von Feuermelde- und Feuerlöscheinrichtungen kennzeichnet;

4.3.8. Zusatzzeichen
ein Zeichen, das zusammen mit einem der unter Nummer 4.3.2. beschriebenen Sicherheitszeichen verwendet wird und zusätzliche Hinweise liefert;

4.3.9. Kombinationszeichen
ein Zeichen, bei dem Sicherheitszeichen und Zusatzzeichen auf einem Träger aufgebracht sind;

4. 3.10. Grafisches Symbol
eine Darstellung, die eine Situation beschreibt oder ein Verhalten vorschreibt und auf einem Sicherheitszeichen oder einer Leuchtfläche angeordnet ist;

4.3.11. Sicherheitsfarbe
eine Farbe, der eine bestimmte, auf die Sicherheit bezogene Bedeutung zugeordnet ist;

4.3.12. Leuchtzeichen
ein Zeichen, das von einer Einrichtung mit durchsichtiger oder durchscheinender Oberfläche erzeugt wird, die von hinten erleuchtet wird und dadurch als Leuchtfläche erscheint oder selbst leuchtet;

4.3.13. Schallzeichen
ein kodiertes akustisches Signal ohne Verwendung einer menschlichen oder synthetischen Stimme, z.B. Hupen, Sirenen oder Klingeln;

4.3.14. Verbale Kommunikation
eine Verständigung mit festgelegten Worten unter Verwendung einer menschlichen oder synthetischen Stimme;

4.3.15. Handzeichen
eine kodierte Bewegung und Stellung von Armen und Händen zur Anweisung von Personen, die Tätigkeiten ausführen, die ein Risiko oder eine Gefährdung darstellen können;

4.3.16. Erkennungszeichen
der größtmögliche Abstand zu einem Sicherheitszeichen, bei dem dieses noch lesbar und hinsichtlich Form und Farbe erkennbar ist.

4.3.17. Langnachleuchtendes Sicherheitszeichen
ein Sicherheitszeichen, das nach Ausfall der Allgemeinbeleuchtung eine bestimmte Zeit nachleuchtet; obwohl die Sicherheitsfarben Rot und Grün im nachleuchtenden Zustand nicht dargestellt werden können, bleiben grafisches Symbol und geometrische Form erhalten und es besteht ein Sicherheitsgewinn gegenüber den nicht langnachleuchtenden Sicherheitszeichen.

4.4. Allgemeines
Schon bei der Planung von Arbeitsstätten ist eine erforderliche Sicherheits- und Gesundheitskennzeichnung soweit wie möglich zu berücksichtigen. Diese Kennzeichnung darf nur für Hinweise im Zusammenhang mit Sicherheit und Gesundheitsschutz verwendet werden. Für ständige Verbote, Warnungen, Gebote und sonstige sicherheitsrelevante Hinweise sind Sicherheitszeichen insbesondere entsprechenden Anhang und der DIN EN ISO 7010 zu verwenden, welche dauerhaft auszuführen sind. Dieses gilt ebenfalls für die Kennzeichnung und Standorterkennung von Material und Ausrüstung zu Brandbekämpfung und Brandschutzzeichen. Die Beschäftigten sind vor Arbeitsaufnahme und danach in regelmäßigen Zeitabständen über die Bedeutung der eingesetzten Sicherheits- und Gesundheitsschutzkennzeichnung zu unterweisen. Die Unterweisung sollte jährlich und bei Änderung der eingesetzten Sicherheits- und Gesundheitsschutzkennzeichnung erfolgen. Der Arbeitgeber hat durch regelmäßige Kontrolle und gegebenenfalls erforderliche Instandhaltungsarbeiten dafür zu sorgen, dass Einrichtungen für die Sicherheits- und Gesundheitskennzeichnung wirksam sind.

4.5. Kennzeichnung

Sicherheitszeichen und Zusatzzeichen müssen den festgelegten Gestaltungsgrundsätzen entsprechen.

Die Bedeutung der geometrischen Form von Sicherheitszeichen ist wie folgt zu skizzieren:

- Runde Sicherheitszeichen sind Gebots- oder Verbotszeichen
- Dreieckige Sicherheitszeichen sind Warnzeichen
- Quadratische Sicherheitszeichen sind Rettungs- oder Brandschutzzeichen und Notausgangszeichen.
- Rechteckige Sicherheitszeichen sind Zusatzzeichen für den Bereich Rettungs- oder Brandschutzzeichen und sowie für weitere beliebige Hinweise z. B. im Bereich von Notausgängen.

Die Bedeutung der Sicherheitsfarben und der Anwendungsbereiche von Sicherheitszeichen ist wie folgt zu skizzieren:

Rot:	
Verbot	für gefährliches Verhalten
Gefahr	als Halt und Evakuierung
Material und Einrichtung zur Brandbekämpfung	als Kennzeichnung und Standortbestimmung
Gelb:	
Warnung	für Achtung, Vorsicht, Überprüfung
Grün:	
Hilfe, Rettung	für Türen, Ausgänge, Wege, Stationen, Räume
Gefahrlosigkeit	als Rückkehr zum Normalzustand
Blau:	
Gebot	für besonderes Verhalten oder Tätigkeit z.B. Verpflichtung zum Tragen einer persönlichen Schutzausrüstung

Die Kennzeichnung von Hindernissen und Gefahrenstellen ist durch gelb-schwarze oder rot-weiße Streifen (Sicherheitsmarkierungen) deutlich erkennbar und dauerhaft auszuführen.

Sicherheitszeichen sind deutlich erkennbar in geeigneter Höhe – fest oder beweglich – anzubringen und die Beleuchtung (natürlich oder künstlich) am Anbringungsort muss ausreichend sein. Sie müssen aus solchen Werkstoffen bestehen, die gegen die Umwelteinflüsse am Anbringungsort widerstandsfähig sind. Bei ihrer Auswahl ist der Zusammenhang zwischen Erkennungsweiten und Größe der Sicherheitszeichen bzw. Schriftzeichen zu berücksichtigen. Leuchtzeichen sind deutlich erkennbar anzubringen. Schallzeichen müssen deutlich wahrnehmbar und ihre Bedeutung betrieblich festgelegt und eindeutig sein. Die verbale Kommunikation muss kurz, eindeutig und verständlich formuliert sein. Handzeichen müssen eindeutig eingesetzt werden, leicht durchführbar und erkennbar sein und sich deutlich von anderen Handzeichen unterscheiden.

4.6. Gestaltung von Flucht- und Rettungsplänen

Flucht- und Rettungspläne müssen eindeutige Anweisungen zum Verhalten im Gefahr- oder Katastrophenfall enthalten sowie den Weg an einen sicheren Ort darstellen. Aus dem Plan muss ersichtlich sein, welche Fluchtwege von einem Arbeitsplatz oder jeweiligen Standort aus zu nehmen sind, um in einen sicheren Bereich oder ins Freie zu gelangen. Es sind im Flucht- und Rettungsplan Kennzeichnungen für Standorte von Erste-Hilfe- und Brandschutzeinrichtungen aufzunehmen, sowie muss zur sicheren Orientierung der Standort des Betrachters im Plan gekennzeichnet sein.

4.7. Kennzeichnung von Lagerbereichen sowie von Behältern und Rohrleitungen mit Gefahrstoffen

Die Einstufung und Kennzeichnung von Gefahrstoffen in Behältern und Rohrleitungen hat gemäß der Regelungen der Gefahrstoffverordnung zu erfolgen. Orte, Räume oder umschlossene Bereiche, die für die Lagerung erheblicher Mengen gefährlicher Stoffe oder Zubereitung verwendet werden sind mit geeigneten Warnzeichen zu kennzeichnen.

5. Brandschutz

Die Ziele des Brandschutzes sind:
- Brandverhütung
- Verhinderung der Ausdehnung von Bränden
- Schutz von Menschen und Sachwerten vor Bränden
- erfolgreiche Bekämpfung von Bränden.

Der Brandschutz wird unterteilt in den vorbeugenden und den abwehrenden Brandschutz.
Der vorbeugende Brandschutz dient vorrangig dem Ziel, Brände zu verhüten.
Er wird unterteilt in den baulichen, anlagentechnischen und organisatorischen Brandschutz.

Der bauliche Brandschutz umfasst Maßnahmen bei Planung und Bau der Anlagen wie:
- Verwendung von Baustoffen und Bauteilen nach ihrem Brand- und Feuerwiderstand;
- Einhaltung von Gebäudeabständen;
- Bauliche Trennung;
- Schutz bei elektrischen Anlagen;
- Festlegung und Ausstattung von Flucht- und Rettungswegen.

Der anlagentechnische Brandschutz umfasst Maßnahmen bei Planung und Bau der Anlagen wie:
- Einrichtung ortsfester Feuerlöschanlagen;
- Einrichtung von Brandmelde-, Feststell- und Warnanlagen;
- Einrichtung von Sprachalarmierungs- und Evakuierungsanlagen;
- Einrichtung von Rauch- und Wärmeabzugsanlagen (RWA).

Der organisatorische Brandschutz umfasst Maßnahmen personeller und materieller Art wie:
- Erstellen einer Brandschutzordnung und Einweisung aller Mitarbeiter;
- Bestellung und Einweisung von Brandschutzhelfern;
- Überwachung durch Brandschutzkontrollen;
- Überwachung der Feuerlöschtechnik;
- Durchführung von Brandverhütungsschauen;
- Ausstattung mit tragbaren Feuerlöschern;
- Erstellen von mehrsprachigen Alarmierungs- und Evakuierungstexten und Einweisung aller Mitarbeiter.

Der abwehrende Brandschutz dient der erfolgreichen Brandbekämpfung und damit dem Schutz von Menschen und Sachwerten vor Bränden sowie der Verhinderung der Ausdehnung eines Brandes.
Ein Brand entsteht, wenn ein brennbarer Stoff an seiner Oberfläche mit Sauerstoff als Oxidationsmittel ein zündfähiges Gemisch bildet und eine Zündquelle (Zündfunke, heiße Oberfläche) dieses Gemisch an-/entzündet.

Brandklassen kennzeichnen den brennbaren Stoff und bestimmen die geeignete Löschmöglichkeit.

- A = Brände fester Stoffe, hauptsächlich organischer Natur, die normaler Weise unter Glutbildung verbrennen (z.B. Holz, Papier, Stroh, Kohle, Textilien, Autoreifen)
- B = Brände von flüssigen oder flüssig werdende Stoffe (z.B. Öle, Benzin, Benzol, Lacke, Äther, Alkohol, Teer, Wachs, Parafine)
- C = Brände von Gasen (z.B. Stadtgas, Erdgas, Butan, Methan, Propan, Acetylen, Wasserstoff, gasförmige Stoffe)
- D = Brände von Metallen (z.B. Lithium, Magnesium, Aluminium, Kalium und deren Legierungen)
- F = Brände von Speiseölen und Speisefetten (z. B. pflanzliche oder tierische Öle und Fette in Frittier- und Fettbackgeräten und anderen Kücheneinrichtungen)

Weitere Löscheffekte sind Stickeffekt, Kühleffekt und Inhibitionseffekt.

Pulverlöscher haben sichtbar eine Bezeichnung der Brandklassen, für die sie geeignet sind.
CO^2-Löscher sind geeignet mit Schneerohr für Brandklasse B, mit Gasdüse für Brandklasse C.
Wasserlöscher sind geeignet für Brandklassen A und B (nur mit Zusätzen).
Fettbrandlöscher sind geeignet für Brandklasse F.
Weitere Löschmöglichkeiten ohne Brandklassen-Spezifikation sind Löschdecken, Feuerpatschen, trockener Sand, Erde, Graugussspäne.

Im abwehrenden Brandschutz gelten folgende Grundsätze:
Reihenfolge:

- Brand melden
- Menschen retten
- Brand bekämpfen

Richtig löschen:

- Feuer mit Windrichtung angreifen
- Flächenbrände vorn beginnend ablöschen
- Tropf- und Fließbrände von oben nach unten löschen
- Genügend Feuerlöscher auf einmal einsetzen
- Vorsicht vor Wiederentzündung, Brandwachen aufstellen
- Eingesetzte Feuerlöscher neu füllen lassen

Durch Kontrolltätigkeiten des Sicherheitsmitarbeiters kann der Brandschutz ebenfalls optimiert werden. Es sind überwiegend präventive Kontrollen mit folgenden Schwerpunkten:

- Überwachen der Arbeitsplätze auf Ordnung und Sauberkeit
- Überprüfen der Feuerlöscheinrichtungen auf Vollzähligkeit und Unversehrtheit
- Verhindern der Zweckentfremdung von Löscheinrichtungen und anderen Rettungsmitteln
- Überprüfen der Brandschutztüren auf Funktionalität und freie Begehbarkeit
- Freihalten der Fluchtwege und Überprüfen des sachgerechten Verschlusses von Flucht- und Rettungstüren
- Nachschau nach Arbeiten mit thermischen Verfahren (Schweißen, Schneiden und anderen thermischen oder mechanischen Technologien mit Funkenbildung)
- Überprüfen der elektrischen Geräte auf stromlosen Zustand außerhalb der Arbeitszeit
- Überwachen der Lagerung von ölhaltigen Textilien und Putzmitteln
- Einhalten des Rauchverbotes
- Trennen von leichtentflammbaren Materialien zu den übrigen Produktionsbereichen
- Freihalten der Feuerwehrzufahrten und -stellplätze
- Überprüfen der Unter- und Überflurhydranten auf Zugänglichkeit

Kontrollfragen:

1. Was muss der Sicherheitsunternehmer (SU) in Zusammenarbeit mit dem Auftraggeber (AG) für die Arbeitssicherheit im Einsatzbereich seiner Mitarbeiter unternehmen?
   - ○ Es genügt eine einmalige Ortsbesichtigung. Wenn dann alles in Ordnung ist, braucht sich der SU nicht mehr um die Arbeitssicherheit zu kümmern.
   - ○ Der SU stellt schon vor der Auftragsannahme Gefahren für seine Mitarbeiter fest und fordert die Abstellung beim AG. Auch während der Auftragsdurchführung gilt diese Verpflichtung.
   - ○ In nicht vermeidbare Gefahren muss der SU seine Mitarbeiter so einweisen, dass sie sich sicherheitsgerecht verhalten können. Bei besonderen Gefahren hat er in Zusammenarbeit mit dem AG eine Überwachung sicherzustellen.

Erläuterung:

Richtig sind die zweite und die dritte Antwort. Hier sind die Pflichten des SU, die er in Zusammenarbeit mit dem AG wahrnehmen soll, für eine optimale Arbeitssicherheit seiner Mitarbeiter im Einsatzbereich genannt.
Falsch ist die erste Antwort. Eine einmalige Ortsbesichtigung im Hinblick auf Gewährleistung der Arbeitssicherheit genügt nicht.

2. Der Unternehmer hat dafür zu sorgen, dass das Sicherungspersonal in das jeweilige zu sichernde Objekt eingewiesen wird.
   Wann und wo hat diese Einweisung zu erfolgen?
   - ○ Die Einweisungen sind am Objekt zu den Zeiten vorzunehmen, zu denen die Tätigkeit des Wach- und Sicherungspersonals ausgeübt wird.
   - ○ Auch wenn der Dienst zu unterschiedlichen Zeiten ausgeübt wird, genügt eine einmalige Einweisung.
   - ○ Es genügt eine Einweisung anhand eines Planes am Firmensitz.

Erläuterung:

Richtig ist die erste Antwort. Selbstverständlich muss eine Einweisung immer vor Aufnahme der Tätigkeit erfolgen, jedoch bei der Wahrnehmung der Aufgaben im Schichtdienst genügt nicht eine einmalige Einweisung im Tagesdienst. So muss auch eine zweite Einweisung während der Dunkelheit stattfinden. Andere Lichtverhältnisse können neue Gefahrenquellen eröffnen. Falsch sind die zweite und die dritte Antwort. Warum gegebenenfalls Einweisungen zu unterschiedlichen Zeiten erfolgen müssen, ist vorstehend beschrieben. Eine Einweisung anhand ei-

nes Planes am Firmensitz ist eine Orientierungshilfe. Vor Ort sehen die Verhältnisse unter Umständen anders aus.

3. Was ist ein Sicherheitszeichen?
   - ○ Ein Sicherheitszeichen ist ein Zeichen, das durch Kombination von geometrischer Form und Farbe sowie grafischen Symbols eine bestimmte Sicherheits- und Gesundheitsschutzaussage ermöglicht.
   - ○ Ein Sicherheitszeichen ist ein bestimmtes Zeichen, das gegeben wird, wenn das Objekt sicher ist, also keine unbefugten Personen festgestellt werden.
   - ○ Ein Sicherheitszeichen hat immer die Bedeutung einer Warnung vor einer Gefahr.

Erläuterung:

Richtig ist die erste Antwort. Sie beschreibt die Erklärung eines Sicherheitszeichens nach der technischen Regel für Arbeitsstätten ASR A1.3.
Falsch sind die zweite und die dritte Antwort. Das Zeichen, welches in der zweiten Antwort beschrieben ist, wäre ein zwischen zwei Personen vereinbartes individuelles Zeichen. Weiter ist ein Sicherheitszeichen nach der technischen Regel für Arbeitsstätten ASR A1.3 nicht nur ein Warnzeichen, sondern auch z.B. Gebots- oder Verbotszeichen, Rettungs- oder Brandschutzzeichen und Hinweis- oder Zusatzzeichen fallen unter den Begriff Sicherheitszeichen.

4. Was ist unter dem vorbeugenden Brandschutz zu verstehen?
   - ○ Unter dem vorbeugenden Brandschutz sind ausschließlich bauliche Brandschutzmaßnahmen zu verstehen.
   - ○ Unter dem vorbeugenden Brandschutz sind ausschließlich organisatorische Brandschutzmaßnahmen zu verstehen.
   - ○ Der vorbeugende Brandschutz umfasst die baulichen, anlagentechnischen und organisatorischen Brandschutzmaßnahmen, die vorrangig das Ziel haben, Brände zu verhüten.

Erläuterung:

Richtig ist die dritte Antwort. Sowohl bauliche, anlagentechnische und organisatorische Maßnahmen, wie entsprechende Verwendung von Baustoffen und Bauteilen, Einsatz von Brandmeldeanlagen, als auch organisatorische Maßnahmen, wie Brandschutzkontrollen, dienen dem vorrangigen Ziel, Brände zu verhüten. Folglich sind die erste und die zweite Antwort falsch.

VII. Umgang mit Verteidigungswaffen

Dieses Kapitel enthält die erforderlichen Informationen für das Unterrichtungsverfahren und für die Vorbereitung auf die Sachkundeprüfung.
Für die Waffensachkundeprüfung, eine der Voraussetzungen für den Umgang mit Schusswaffen, ist der Lehrstoff umfangreicher und spezieller, einschließlich der Übung der praktischen Handhabung von Schusswaffen. Insoweit erfolgen hier keine Erläuterungen.

1. Gesetzliche Grundlagen

Die Zielrichtung der waffenrechtlichen Regelungen ist die Aufrechterhaltung der öffentlichen Sicherheit und Ordnung. Dieser Zielrichtung folgend liegt den entsprechenden Gesetzen und Verordnungen die Absicht zu Grunde, so wenig wie möglich Waffen unter das Volk zu bringen.
Jede waffenrechtliche Erlaubnis bedeutet für deren Inhaber einen Vertrauensvorschuss des Staates. Dieser verpflichtet zur absoluten Sorgfalt für alle Personen, die für den Umgang mit Waffen verantwortlich sind.

Folgende Gesetze, Verordnungen und Vorschriften können für das Sicherheitsgewerbe von Bedeutung sein:

- Waffengesetz (WaffenG)
- Waffenverordnungen (WaffV)
- Beschussgesetz (BeschG)
- Gesetz über die Kontrolle von Kriegswaffen (KrWaffKontrG)
- Bewachungsverordnung (BewachV)
- Deutsche Gesetzliche Unfallversicherung (DGUV) Vorschrift 23 / BGV C7

Das Waffengesetz gibt folgende Begriffserklärungen und Zuordnungen:

- Waffen sind Schusswaffen oder ihnen gleichgestellte Gegenstände und tragbare Gegenstände.
- Schusswaffen sind Gegenstände, die zum Angriff oder zur Verteidigung, zur Signalgebung, zur Jagd, zur Distanzinjektion, zur Markierung, zum Sport oder zum Spiel bestimmt sind und bei denen Geschosse durch einen Lauf getrieben werden.
- Schusswaffen gleichgestellte Gegenstände sind tragbare Gegenstände, die zum Abschießen von Munition bestimmt sind, sowie tragbare Gegenstände, bei denen bestimmungsgemäß feste Körper gezielt verschossen werden, deren

Antriebsenergie durch Muskelkraft eingebracht und durch eine Sperrvorrichtung gespeichert werden kann (z.B. Armbrüste).

- Wesentliche Teile von Schusswaffen stehen den Schusswaffen gleich. Bei herkömmlichen Schusswaffen sind wesentliche Teile:
  - Lauf
  - Verschluss
  - Patronenlager
  - Griffstück (bei Kurzwaffen)

- Tragbare Gegenstände sind:
  - Hieb- und Stoßwaffen
  - Elektroimpulsgeräte
  - Reizstoffsprühgeräte
  - Flammenwerfer
  - Würgehölzer
  - Präzisionsschleudern
  - Besondere Messer (Spring-, Fall-, Faust-, Faltmesser)
  - Tierabwehrgeräte

Hinweis: Ob es sich im Einzelfall um einen verbotenen Gegenstand bzw. eine verbotene Waffe handelt, ist der Anlage 2 Abschnitt 1. zum Waffengesetz zu entnehmen. Eine auszugsweise Darstellung erfolgt in dem Abschnitt „Verbotene Waffen".

- Umgang mit Waffen/Munition hat jeder, der sie erwirbt, besitzt, überlässt, führt, verbringt, damit schießt, mitnimmt, herstellt, bearbeitet, instand setzt oder damit Handel treibt.
- Erwerben/Besitzen liegt vor, wenn jemand die tatsächliche Gewalt über die Waffe erlangt; die Eigentumsverhältnisse spielen dabei keine Rolle.
- Überlassen liegt vor, wenn jemand einem anderen die tatsächliche Gewalt einräumt; auch hier spielen die Eigentumsverhältnisse keine Rolle.
- Führen liegt vor, wenn jemand die tatsächliche Gewalt außerhalb seiner Wohnung, Geschäftsräume oder des eigenen befriedeten Besitztums ausübt.

2. Schusswaffen

Ebenso wie der Umgang mit Betäubungsmitteln ist auch der Umgang mit Schusswaffen grundsätzlich verboten, sofern nicht ausdrücklich eine Erlaubnis erteilt worden ist.

2.1. Waffenrechtliche Erlaubnis

Voraussetzungen für eine waffenrechtliche Erlaubnis sind:

- Vollendung des 18. Lebensjahres
- Zuverlässigkeit und persönliche Eignung
- Nachweis der (Waffen-) Sachkunde
- Nachweis eines Bedürfnisses
- Abschluss einer Haftpflichtversicherung bei Beantragung eines Waffenscheines oder einer Schießerlaubnis

Die Erlaubnis zum Erwerben/Besitzen wird durch eine so genannte Waffenbesitzkarte erteilt.
Die Erlaubnis zum Erwerb einer Waffe gilt für die Dauer eines Jahres, die Erlaubnis zum Besitz wird in der Regel unbefristet erteilt.

Die Erlaubnis zum Führen wird durch einen so genannten Waffenschein erteilt.
Der Waffenschein wird grundsätzlich auf höchstens drei Jahre erteilt. Die Geltungsdauer kann zweimal um höchstens drei Jahre verlängert werden.

Da – wie bereits erwähnt – möglichst wenige Waffen unter das Volk sollen, prüft die zuständige Behörde das Bedürfnis des Antragstellers sehr genau.

Das Bedürfnis kann in der Jagdausübung oder in der Betätigung als Sportschütze liegen. Dann ist auch der Umgang mit der Waffe auf diese Tätigkeit beschränkt.

Amokläufe durch Sportschützen in der jüngeren Vergangenheit haben eine Diskussion ausgelöst, ob die Aufbewahrung der Schusswaffen an einem zentralen Ort – beispielsweise in der jeweiligen Schießstätte – oder Strafschärfungen in den waffenrechtlichen Strafvorschriften dazu beitragen könnte, solche Gewalttaten zu verhindern bzw. zu erschweren. Eine derartige gesetzliche Verpflichtung ist wohl vorerst nicht zu erwarten. In der Regel sind Strafschärfungen auch nicht geeignet, die gewünschte Abschreckung zu erreichen.

Wenn das Bedürfnis in der Gefährdung einer Person liegt, muss diese glaubhaft machen

- wesentlich mehr als die Allgemeinheit durch Angriffe auf Leib oder Leben gefährdet zu sein

und

- dass der Erwerb der Schusswaffe und der Munition geeignet und erforderlich ist, diese Gefährdung zu mindern.

Ein Bedürfnis zum Führen wird anerkannt, wenn glaubhaft gemacht ist, dass diese Voraussetzungen auch außerhalb der eigenen Wohnung, Geschäftsräume oder des befriedeten Besitztums vorliegen.

Das Bedürfnis für Bewachungsunternehmer und das Bewachungspersonal ist gesondert in § 28 Waffengesetz geregelt und wird nachfolgend in diesem Kapitel im Abschnitt 4. „Besonderheiten im Bewachungsgewerbe" weiter erläutert werden.

2.2. Kleiner Waffenschein

Nunmehr soll der so genannte Kleine Waffenschein erläutert werden.

Zu den Schusswaffen zählen auch so genannte Feuerwaffen, bei denen zum Antrieb heiße Gase verwendet werden. Hierzu gehören:

- Schreckschusswaffen (Kartuschenmunition)
- Reizstoffwaffen
- Signalwaffen

Eine Erlaubnis zum Führen kann unter folgenden Voraussetzungen erteilt werden:

- Vollendung des 18. Lebensjahres
- Zuverlässigkeit und persönliche Eignung

Eine (Waffen-) Sachkundeprüfung, der Nachweis des Bedürfnisses sowie eine Haftpflichtversicherung entfallen beim Kleinen Waffenschein.

3. Verbotene Waffen

Nunmehr sollen verbotene Waffen erläutert werden:

§ 2 Abs. 3 Waffengesetz:
Der Umgang mit Waffen oder Munition, die in der Anlage 2 Abschnitt 1 zu diesem Gesetz genannt sind, ist verboten."

Zuwiderhandlungen sind grundsätzlich Straftaten nach dem Waffengesetz.

Die Anlage 2 Abschnitt 1 Waffengesetz enthält auszugsweise folgende Aufzählung:

- **Schusswaffen, die über ihren Zweck hinaus zusammengeklappt, verkürzt, zusammengeschoben oder zerlegt werden können**
- **Für Schusswaffen bestimmte Zielscheinwerfer, Laser- oder Zielpunkt-projektoren.**
- **Für Schusswaffen bestimmte Nachtsichtgeräte und Nachtzielgeräte mit Montagevorrichtung sowie Nachtsichtvorsätze und Nachtsichtaufsätze für Zielhilfsmittel (z.B. Zielfernrohre), sofern die Gegenstände einen Bildwandler oder eine elektronische Verstärkung besitzen.**
- **Hieb- oder Stoßwaffen, die einen anderen Gegenstand vortäuschen können (z.B. Degen als Spazierstock verkleidet).**
- **Stahlruten, Totschläger, Schlagringe.**
- **Distanz-Elektroimpulsgeräte (Air Taser)**
- **Wurfsterne, Molotowcocktails, Elektroimpulsgeräte ohne Prüfzeichen, Präzisionsschleudern und ihre Armstützen.**
- **Gegenstände mit Reiz- oder anderen Wirkstoffen, es sei denn, sie sind in ihrer Reichweite und Sprühdauer begrenzt und haben das Prüfzeichen.**
- **Würgehölzer(z.B. Nun-Chakus).**
- **Tierabwehrgeräte, es sei denn sie haben ein Prüfzeichen.**
- **Faustmesser (Skinner), Faltmesser (Butterfly).**
- **Spring- und Fallmesser.**
  Ausnahme: Springmesser, wenn die Klinge seitlich aus dem Griff herausspringt und der aus dem Griff herausragende Teil der Klinge
  - **höchstens 8,5 cm lang ist und**
  - **nicht zweiseitig geschliffen ist.**

Inbesitznahme von verbotenen Waffen
Im Sicherheitsgewerbe kann sich beispielsweise im Veranstaltungsdienst die Problematik ergeben, dass bei Einlasskontrollen verbotene Waffen vorgefunden werden. Grundsätzlich dürfen verbotene Waffen durch das Bewachungspersonal nicht in Besitz genommen werden, es sei denn, ein spezieller beruflicher Auftrag oder eine besondere Garantenpflicht bzw. der Rechtfertigende Notstand des § 34 StGB (siehe Kapitel IV. unter Punkt 3.3.) gebieten ausnahmsweise doch die Inbesitznahme. Sollte es dazu kommen, dass ein Sicherheitsmitarbeiter eine Waffe in Besitz nehmen muss, ist dieses gemäß § 40 Absatz 5 Waffengesetz unverzüglich der zuständigen Behörde anzuzeigen.
Der gesetzlichen Anzeigepflicht ist unbedingt unverzüglich nachzukommen, ansonsten droht ein Strafverfahren (vgl. ähnliche Problematik bei verbotenen Betäubungsmitteln im Kapitel V. unter Punkt 3.2.41.).

4. Hinweis auf Änderung des Waffenrechts im April 2008

Ab April 2008 gelten neue verschärfte Waffenregeln. Das neue Gesetz zur Änderung des Waffengesetzes und weiterer Vorschriften soll helfen, Gewaltkriminalität einzudämmen.

Die neuen für das Sicherheitsgewerbe relevanten Waffenregeln im Überblick (vgl. § 42a WaffG):

Anscheinswaffen

Hierunter sind Nachbildungen zu verstehen, die echten Schusswaffen täuschend ähnlich sehen.

Oben: MP-Nachbildung Heckler u. Koch, MP 5 / 9 mm
Unten: MP-Nachbildung, Uzi 9mm

Insgesamt gibt es Schätzungen zufolge zwei bis drei Millionen der so genannten Anscheinswaffen in Deutschland. Wiederholt führte das Führen solcher Waffen zu Polizeieinsätzen und Einsätzen von Sicherheitsmitarbeitern, bei denen im Extremfall die eingesetzten Kräfte vor der Entscheidung standen, selbst von der Schusswaffe Gebrauch zu machen. **Nunmehr dürfen solche Waffen grundsätzlich nur im abgetrennten Privatbereich geführt werden.**

Softair-Waffen

Hierunter sind Nachbauten von Waffen, bei denen mit Hilfe von Gas Plastikkugeln verschossenen werden, zu verstehen. Sofern diese Waffen als Waffenimitate angesehen werden müssen, gelten die gleichen Regelungen wie bei Anscheinswaffen. Spielzeugwaffen, die als solche zu erkennen und mit farbigen Aufklebern zu kennzeichnen sind, sind von der Regelung ausgenommen.

Messer sowie Hieb- und Stoßwaffen

Mit der 2003 in Kraft getretenen Änderung wurden bereits u.a. Wurfsterne, Spring-, Fall-, Faust- und Butterflymesser verboten.

Jetzt wird auch das **öffentliche Führen** von Einhandmessern und von Messern mit einer feststehenden Klinge von mehr als 12 cm Klingenlänge verboten.

Auch das unten abgebildete Brotmesser wird von dem Verbot erfasst.

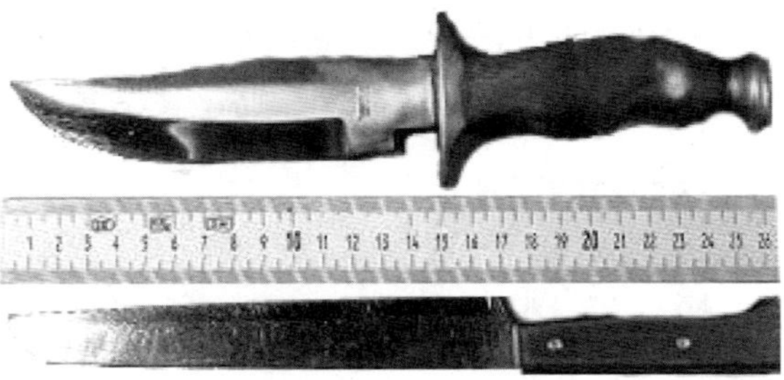

Mit in dieses Verbot ist das Führen von Hieb- und Stoßwaffen aufgenommen worden, wobei es sich um Gegenstände handelt, die ihrem Wesen nach dazu bestimmt sind, unter unmittelbarer Ausnutzung der Muskelkraft durch Hieb, Stoß, Stich, Schlag oder Wurf Verletzungen beizubringen. Die vorstehend aufgeführten Verbote des Führens derartiger Waffen und Gegenstände gelten nicht

- **für die Verwendung bei Foto-, Film oder Fernsehaufnahmen oder Theateraufführungen**
- **für den Transport in einem verschlossenen Behältnis**
- **sofern ein berechtigtes Interesse vorliegt (Ausnahme gilt nur für Messer sowie Hieb- und Stoßwaffen).**
  Ein berechtigtes Interesse liegt insbesondere vor, wenn das Führen der Gegenstände im Zusammenhang mit der Berufsausübung erfolgt, der Brauchtumspflege, dem Sport oder einem allgemein anerkannten Zweck dient.

Die letzte Ausnahmeregelung entspricht den Bedürfnissen des Sicherheitsgewerbes (z.B. Schlagstock), aber auch denen von Anglern und Jägern.

Verstöße sind Ordnungswidrigkeiten, die mit einem Bußgeld bis zu 10.000,00 € belegt werden können.

5. Besonderheiten im Bewachungsgewerbe

Verstöße gegen das Waffengesetz können sowohl für den Bewachungsunternehmer, als auch für die Beschäftigten die Unzuverlässigkeit im Sinne des § 34 a Abs.1 GewO bedeuten. Gemäß § 15 Bewachungsverordnung sind Staatsanwaltschaften und Gerichte verpflichtet, die Gewerbeämter dann zu benachrichtigen, wenn der Tatvorwurf in einem Strafverfahren geeignet ist, Zweifel an der Eignung oder Zuverlässigkeit hervorzurufen.
Als Rechtsfolge hieraus kann die zuständige Behörde die Gewerbeuntersagung für den Unternehmer gemäß § 35 Gewerbeordnung oder ein Beschäftigungsverbot gemäß § 34 a Abs. 1 Gewerbeordnung gegen Mitarbeiter verfügen (vergleiche Kapitel II. zum Gewerberecht).

5.1. Erwerb, Besitz und Führen von Schusswaffen

Mit der Neuordnung des Waffenrechtes in den Jahren 2002/2003 sind waffenrechtliche Belange des Bewachungsgewerbes durch den § 28 Waffengesetz ausdrücklich aufgenommen worden:

- Bedürfnis seitens des Unternehmers liegt vor, wenn er glaubhaft machen kann, dass Bewachungsaufträge wahrgenommen werden oder werden sollen, die aus Gründen der Sicherung einer gefährdeten Person oder eines gefährdeten Objektes Schusswaffen erfordern.
- Die Schusswaffe darf nur bei der tatsächlichen Durchführung eines konkreten Auftrages getragen werden.
  Das bedeutet, dass die Schusswaffe nicht schussbereit und nicht zugriffsbereit zum Beispiel von der Wachzentrale zum Einsatzort oder umgekehrt verbracht werden muss.
- Wachpersonen, die nach Weisung des Unternehmers Schusswaffen führen sollen, sind der zuständigen Behörde zur Prüfung zu benennen.
- Der Unternehmer darf Schusswaffen oder Munition erst nach erfolgter Zustimmung der Behörde der Wachperson überlassen.
- Verstöße sind Straftaten nach dem Waffengesetz.

Durch den § 28 a Waffengesetz werden Erwerb, Besitz und Führen von Schusswaffen und Munition durch Bewachungsunternehmer und ihr Bewachungspersonal für Bewachungsaufgaben auf Seeschiffen, die die Bundesflagge führen, ergänzend geregelt (siehe auch Kap. II Gewerberecht).

Das Thema „Sicherer Umgang mit Schusswaffen und Munition einschließlich Waffenpflege und Reinigung" ist Bestandteil der Waffensachkundeprüfung und wird hier nicht behandelt.

5.2. Verbot des Führens von Waffen bei öffentlichen Veranstaltungen

Nunmehr soll das Verbot des Führens von Waffen bei öffentlichen Veranstaltungen erläutert werden:
Grundsätzlich dürfen bei öffentlichen Vergnügungen, Volksfesten, Sportveranstaltungen, Messen, Ausstellungen, Märkten oder ähnlichen öffentlichen Veranstaltungen keine Waffen geführt werden.
Die zuständige Behörde kann allgemein oder für den Einzelfall Ausnahmen zulassen, wenn

- der Antragsteller die erforderliche Zuverlässigkeit und persönliche Eignung besitzt,
- der Antragsteller nachgewiesen hat, dass er auf Waffen bei der öffentlichen Veranstaltung nicht verzichten kann
  und
- eine Gefahr für die öffentliche Sicherheit und Ordnung nicht zu besorgen ist.

Die vorstehende Ausnahmeregelung ist für den Veranstaltungsdienst und den Geld- und Werttransport sowie den Personenschutz von besonderer Bedeutung.

6. Hinweise aus der Unfallverhütungsvorschrift DGUV Vorschrift 23 / BGV C 7

Die Unfallverhütungsvorschriften werden im Kapitel VI. erläutert. Die Unfallverhütungsvorschrift DGUV Vorschrift 23 / BGV C 7 orientiert sich an den Vorgaben des Waffenrechtes und der Bewachungsverordnung mit dem Ziel, die Gefahr von Unfällen beim Umgang mit Schusswaffen zu minimieren.
Über die persönliche Zuverlässigkeit und Sachkunde der Schusswaffenträger hinaus sind besondere Verpflichtungen an den Unternehmer im Hinblick auf Aus- und Fortbildung sowie Nachweis der Schießfertigkeiten seiner Mitarbeiter gestellt.
Außerdem gelten für die Bereitstellung, das Führen, die Übergabe und die Aufbewahrung von Schusswaffen detaillierte Sicherheitsvorschriften im Sinne der Unfallverhütung.

Eine Besonderheit ist das Verbot des Bereithaltens und Führens von Schreck- oder Gas-Schusswaffen bei der Durchführung von Wach- und Sicherungsaufgaben.
Da sie ein trügerisches Sicherheitsgefühl vermitteln, kann ihr Einsatz bei Konfrontationen mit schusswaffentragenden Tätern zu einer extremen Gefährdung ohne ausreichende Selbstverteidigungsmöglichkeit führen.
Auch der „Kleine Waffenscheines" berechtigt nicht, von diesem Verbot abzuweichen.

7. Umgang/Handhabung mit anderen Verteidigungswaffen

Beim Umgang bzw. der Handhabung mit anderen Verteidigungswaffen sind die folgenden vier Grundsätze unbedingt zu beachten:

- Nur zugelassene Verteidigungswaffen verwenden.
  Erläuterung: Nicht zulässige Verteidigungswaffen sind in der Regel „Verbotene Waffen" gemäß Anlage 2, Abschnitt 1 zum Waffengesetz. Jeglicher Umgang mit ihnen stellt eine Straftat gemäß § 52 Absatz 1 Nr.1. Waffengesetz dar.
- Eine Verteidigungswaffe ist nur so gut, wie man mit ihr umgehen kann.
  Ein Einsatz eines Schlagstocks, Teleskopschlagstocks, Elektroschockers, des Reizstoffsprühgeräts ohne genügende Kenntnisse der Wirkungsweise und ohne ständiges Training kann im wahrsten Sinne des Wortes „ins Auge gehen". Die Wirkung wird unter- oder überschätzt. Der Grundsatz der Verhältnismäßigkeit wird möglicherweise nicht beachtet. Eigengefährdung und Eigenverletzung können zum Beispiel bei der Anwendung von Reizstoff in engen Räumen oder gegen die Windrichtung eintreten.
- Jede eigene Verteidigungswaffe kann auch gegen mich eingesetzt werden.
  Wie auch beim Führen von Schusswaffen liegt ein hohes Risiko in der Entwendung der Waffe durch die Überwältigung oder durch Unaufmerksamkeit des Waffenträgers.
- Nur Verteidigungswaffen mitführen, die vom Unternehmer zur Verfügung gestellt wurden bzw. die Verwendung eigener Verteidigungswaffen darf nur mit schriftlichem Einverständnis des Unternehmers erfolgen.
  Nicht selten werden von den Beschäftigten eigene Verteidigungswaffen ohne Kenntnis des Unternehmers mitgeführt. Das bedeutet für den Unternehmer unter Umständen den Vorwurf, sein Personal nicht umfassend beaufsichtigt zu haben. Dieses kann zum Verlust des Auftrages führen. Für den Beschäftigten besteht ein strafrechtliches sowie haftungsrechtliches Risiko, denn er haftet allein für alle Folgen und Rechtsansprüche Dritter, die sich aus der eigenmächtigen Verwendung dieser Verteidigungswaffen ergeben können.

Kontrollfragen:

1. Der Umgang mit Schusswaffen ist grundsätzlich erlaubnispflichtig. Welche Voraussetzungen für das Erteilen einer Erlaubnis müssen vorliegen?
   - ○ Zuverlässigkeit und persönliche Eignung, Waffensachkundeprüfung, deutsche Staatsangehörigkeit.
   - ○ Vollendung des 18. Lebensjahres, Zuverlässigkeit und persönliche Eignung, Waffensachkundeprüfung, Nachweis eines Bedürfnisses, Abschluss einer Haftpflichtversicherung bei Beantragung eines Waffenscheines oder einer Schießerlaubnis.

Erläuterung:

Richtig ist die zweite Antwort. Hier sind alle Voraussetzungen im Sinne der Fragestellung genannt. Falsch ist die erste Antwort. Die beiden ersten Angaben entsprechen zwar den gesetzlichen Forderungen, jedoch ist die deutsche Staatsangehörigkeit keine Bedingung.

2. Wann liegt ein Bedürfnis für einen Bewachungsunternehmer für Erwerb, Besitz und Führen von Schusswaffen und Munition vor?
   - ○ Ein Bedürfnis liegt immer dann vor, wenn das zu schützende Objekt einen Wert über 500.000,00 € hat.
   - ○ Ein Bedürfnis liegt immer dann, wenn der Auftraggeber einen bewaffneten Schutz fordert.
   - ○ Ein Bedürfnis liegt vor, wenn der Bewachungsunternehmer glaubhaft machen kann, dass Bewachungsaufträge wahrgenommen werden oder werden sollen, die aus Gründen der Sicherung einer gefährdeten Person oder eines gefährdeten Objektes Schusswaffen erfordern.

Erläuterung:

Richtig ist die dritte Antwort. In § 28 Waffengesetz, der die waffenrechtlichen Belange des Bewachungsgewerbes speziell regelt, ist das Bedürfnis so beschrieben, wie in dieser Antwort. Aus der Formulierung ist zu entnehmen, dass auch dann ein Bedürfnis glaubhaft gemacht werden kann, wenn ein entsprechender Auftrag in Aussicht steht. Falsch sind die erste und zweite Antwort. Diese Gründe sind zu allgemein gehalten und entsprechen nicht dem § 28 Waffengesetz.

3. Wann dürfen generell keine Waffen geführt werden?
   - ○ Bei öffentlichen Veranstalten wie öffentlichen Vergnügungen, Volksfesten, Sportveranstaltungen, Messen, Ausstellungen, Märkten.
   - ○ In öffentlichen Verkehrsmitteln.
   - ○ In Fußgängerzonen.

Erläuterung:

Richtig ist die erste Antwort. § 42 Waffengesetz enthält das in der Antwort beschriebene Verbot ausdrücklich.
Die zuständige Behörde kann allgemein oder für den Einzelfall unter besonderen Voraussetzungen auf Antrag Ausnahmen zulassen. Diese Ausnahmeregelung ist für den Veranstaltungsdienst, Geld- und Werttransport und Personenschutz von besonderer Bedeutung.
Falsch sind die zweite und die dritte Antwort. Diese Orte sind nicht im § 42 Waffengesetz aufgeführt. Es würde auch keinen Sinn machen, wenn beispielsweise einer gefährdeten Person das Führen einer Waffe dort verboten würde.
Abzugrenzen ist das generelle Verbot des Führens von Hieb- und Stoßwaffen nach dem neu geschaffenen § 42 a Waffengesetz. Hier wird für den Sicherheitsdienst in aller Regel das Führen zulässig sein, da ein berechtigtes Interesse im Zusammenhang mit der Berufsausübung vorliegen dürfte.

4. Welche rechtliche Folge tritt ein, wenn eine Person im Besitz einer waffenrechtlich verbotenen Waffe ist?
   - ○ Solange die Waffe nicht in der Öffentlichkeit geführt wird, ist es erlaubt.
   - ○ Schon der Besitz stellt eine Straftat dar.
   - ○ Die Mitnahme zu einer Veranstaltung ist eine Ordnungswidrigkeit.

Erläuterung:

Richtig ist die zweite Antwort. In der Anlage 2 Abschnitt 1 zum Waffengesetz sind die verbotenen Waffen aufgeführt. Gemäß § 2 Abs. 3 Waffengesetz ist der Umgang mit ihnen verbotenen und wird gemäß § 52 Abs. 1 Nr. 1 Waffengesetz als Besitz mit Freiheitsstrafe von sechs Monaten bis zu fünf Jahren bestraft. Daraus folgt, dass die erste und dritte Antwort falsch sind.

VIII. Umgang mit Menschen

Im nächsten Kapitel soll das Thema Umgang mit Menschen behandelt werden.

1. Bedeutung des Themas

Sicherheitsdienst ist eine Dienstleistung. Eine Dienstleistung wird gemessen an ihrer Qualität und an ihrem Preis. Art der Dienstleistung und Preis werden zwischen Auftraggeber und Auftragnehmer ausgehandelt.
Die Qualität der Dienstleistung und damit Kundenzufriedenheit bestimmt in erster Linie das eingesetzte Sicherheitspersonal. Das Personal wird vorrangig daran gemessen, wie es bei der Umsetzung des beruflichen Auftrages mit Menschen, auch mit schwierigen Menschen, umgeht.
Beispiel: Der Manager eines Einkaufzentrums erwartet von seinem Sicherheitsdienst die Verhinderung von Diebstählen und Vandalismus, das Fernhalten von störenden, randalierenden, die Sicherheit gefährdenden Personen. Der Manager erwartet aber auch, dass der Sicherheitsdienst zu einer angenehmen Atmosphäre beiträgt, die Kunden anlockt und das Kaufinteresse fördert. Wenn in der kalten Jahreszeit ein Obdachloser des Einkaufszentrums verwiesen werden muss, weil er sich dort sein Lager einrichten will, dann sollte es so geschehen, dass die Kunden diese Maßnahme akzeptieren und begrüßen. Die Kunden sollten nicht etwa zu der Feststellung kommen: „Wie gehen die mit dem armen Obdachlosen um? Hier kommen wir nicht wieder her!"

Um diese im Sicherheitsdienst alltägliche jedoch schwierige Situation so zu meistern, dass kein negativer Beigeschmack aufkommt, sind bestimmte Voraussetzungen beim Sicherheitsmitarbeiter unabdingbar:

- Richtige Berufseinstellung
- Positives Selbstwertgefühl
- Einfühlungsvermögen
- Kommunikationsfähigkeit
- Flexibilität
- Durchsetzungsfähigkeit
- Teamfähigkeit
- Vorausschauendes Denken und Handeln
- Eine große Portion Gelassenheit

Jeder Mensch bringt unterschiedliche Veranlagungen und Erfahrungen in den Beruf ein, doch viele Dinge im Umgang mit Menschen kann man dazulernen. Man muss nur bereit sein, Hintergründe und Zusammenhänge des menschlichen Verhaltens erfahren zu wollen. Die Umsetzung in angemessenes und zielgerichtetes eigenes Auftreten ist dann eine Frage des Wollens und des Trainings.

Die Psychologie, die als Wissenschaft vom Erleben und Verhalten des Menschen bezogen auf sich selbst sowie auf andere Personen bezeichnet wird, versucht zu erklären, wie menschliches Verhalten gesteuert wird und warum sich Menschen in bestimmten Situationen in gewissen Mustern verhalten. Wenn man um diese Grundlagen und Zusammenhänge weiß, fällt es einem leichter, Verständnis aufzubringen und auf die Situation und die Person besser einzugehen.

Außer dem Kennen und Verstehen von Grundlagen und Zusammenhängen des menschlichen Verhaltens ist beim Sicherheitsmitarbeiter eine ausgeprägte Menschenkenntnis wünschenswert. Menschenkenntnis ist eine Fähigkeit, andere Menschen „richtig" einzuschätzen. Diese Fähigkeit erfordert Einfühlungs- und Beurteilungsvermögen. Sie wird erworben durch Lebenserfahrung und Beobachtung von Menschen in unterschiedlichen Situationen. Die Menschenkenntnis ist daher an die Erfahrungen und Fähigkeiten der jeweiligen Person gebunden. Sie beinhaltet die Gefahren der unzulässigen Verallgemeinerung, der Verwendung von Vorurteilen, des Beharrens auf dem ersten Eindruck, auch wenn er sich später als falsch erweist. Auch die momentane körperliche und seelische Verfassung können die Einschätzung einer anderen Person beeinflussen. Trotzdem ist die schnelle Beurteilung von Personen und Situationen aufgrund der eigenen Menschenkenntnis wichtig, um angemessen agieren und reagieren zu können.

Kontrollfragen:

1. Welche Einstellungen und Fähigkeiten sind für einen Mitarbeiter im Sicherheitsdienst wünschenswert?
   - ○ Einfühlungsvermögen, Flexibilität, Gelassenheit.
   - ○ Teamfähigkeit, Kommunikationsfähigkeit, vorausschauendes Denken.
   - ○ Positives Selbstwertgefühl, Durchsetzungsvermögen, Intoleranz.

Erläuterung:

Die ersten beiden Antworten sind richtig. Hier sind durchgängig alle wünschenswerten Einstellungen und Fähigkeiten genannt.
Die dritte Antwort ist falsch. Die beiden ersten Aufzählungen sind zwar richtig, jedoch ist die dritte Nennung „Intoleranz" eine Einstellung, die flexibles Handeln behindert. Dadurch wird die gesamte dritte Antwort falsch.

2. Welche Funktion erfüllt die Menschenkenntnis?
   - ○ Sie dient der schnellen Einschätzung von Personen.
   - ○ Sie ist die Grundlage für das Beherrschen von Panikfällen.
   - ○ Sie ermöglicht ein angemessenes Agieren und Reagieren.

Erläuterung:

Richtig sind die erste und die dritte Antwort. Menschenkenntnis ist eine aufgrund von Erfahrungen, Beobachtungen und Vergleichen erworbene Fähigkeit, andere Menschen grundsätzlich „richtig" einzuschätzen. Sie ermöglicht daher ein angemessenes Agieren und Reagieren.
Die zweite Antwort ist falsch, da durch Menschenkenntnis keine Panik zu beherrschen ist. Erläuterungen dazu erfolgen im 3. Abschnitt dieses Kapitels zum Thema „Steuerung des menschlichen Verhaltens".

2. Erkennen der Wirkung der eigenen Person

Unabhängig von der Tätigkeit des Sicherheitsmitarbeiters, beispielsweise als City-Streife, Kaufhausdetektiv, Revierfahrer oder im Werkschutz, Fahrkartenprüfdienst, Veranstaltungsdienst, hat der Sicherheitsmitarbeiter es mit Menschen zu tun.
Es besteht immer eine Wechselwirkung zwischen sich begegnenden Menschen d.h., das eigene Verhalten bestimmt das Verhalten des anderen und umgekehrt.
Deshalb ist es wichtig und ausgesprochen förderlich für das Selbstbewusstsein (sich - selbst - bewusst - sein), sich über die Wirkung der eigenen Person im Klaren zu sein.
Oftmals stimmen Eigenbild und Fremdbild nicht überein.
Es gibt ein einfaches grafisches Modell, das Johari–Window, benannt nach den Autoren Joe Luft und Harry Ingham, das vier unterschiedliche Verhaltensbereiche aufzeigt. Anhand dieses Modells kann insbesondere im Verlaufe eines Gruppenprozesses dargestellt werden, wie sich die verschiedenen Verhaltensbereiche in ihrer Größe und Bedeutung verändern, so dass zumindest bei den meisten Personen eine Annäherung von Eigenbild und Fremdbild erreicht wird.

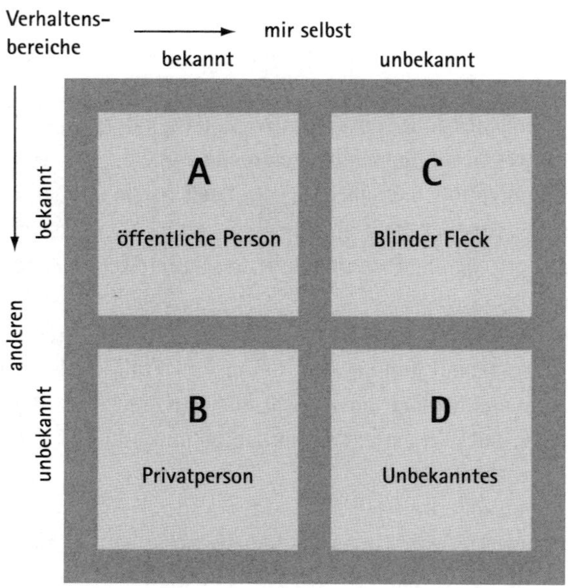

Quadrant A:
Verhalten und Motivation sind mir selbst bekannt und auch für andere wahrnehmbar.

Quadrant B:
Mir bekannt und bewusst, für die anderen verborgen, weil ich diesen Teil nicht bekannt gemacht habe oder machen will.

Quadrant C:
Der Teil des Verhaltens, der für andere sichtbar, mir selbst hingegen nicht bewusst ist.

Quadrant D:
Der Teil des Verhaltens, der weder mir noch den anderen bekannt ist.

Ziel nicht nur in einem speziellen Seminar zur Förderung der Persönlichkeit, sondern auch im täglichen (Berufs)-Leben ist es, den Quadranten A zu vergrößern und damit Selbst- und Fremdwahrnehmung in größere Übereinstimmung zu bringen.

Man wird sich mehr selbst bewusst und kann ungünstige Verhaltensweisen minimieren.
Dies wird in erster Linie dadurch erreicht, dass das Umfeld einem Auffälligkeiten der eigenen Persönlichkeit mitteilt, ein Feedback gibt.
Das Problem bzw. die Kunst liegt hier darin, dass negative Eigenschaften so vermittelt werden, dass der Adressat die Botschaft annehmen kann.
Geeignet sind spezielle Kommunikationstechniken, wie die „selbstsichere oder konfrontierende Ich-Botschaft", die eher die Wahrscheinlichkeit bieten, dass der Adressat nicht abblockt. Dazu erfolgen Erläuterungen in diesem Kapitel im Abschnitt „Kommunikation" (Abschnitt 5.)
Leider ist es im menschlichen Miteinander häufig so, dass dieser Schritt unterbleibt. Es wird eher über einen anderen als mit ihm geredet. Gerade von Führungskräften wird erwartet, dass sie im Sinne der Motivation von Mitarbeitern das Personalgespräch suchen. Dazu erfolgen Erläuterungen in diesem Kapitel im Abschnitt „Führung und Zusammenarbeit" (Abschnitt 6.)
Eine weitere Möglichkeit der Vergrößerung des Quadranten A (des Freiraumes) ist, Informationen über sich und bisher Privates preiszugeben. Gemeint ist hier nicht, andere mit Belanglosigkeiten zu stören, sondern sich selbst berechenbarer und damit in aller Regel sympathischer zu machen.

Mit dem Selbstbewusstsein eng verknüpft ist das Selbstwertgefühl. Dieses Gefühl ist das Ergebnis einer Selbsteinschätzung, der wahrgenommene Wert der eigenen Person. Die Selbsteinschätzung erfolgt in der Auseinandersetzung mit sich und der Umwelt. Jeder Mensch und jeder Berufsstand hat seinen Stellenwert in der Gesellschaft. Oft wird der Sicherheitsdienst mit der Frage provoziert, welchen Teil er zum Wertschöpfungsprozess des Unternehmens beigesteuert hat. Gelassen kann man sinngemäß antworten:
„Unmittelbar nichts, aber ohne uns gibt es keine sichere Produktion!"
Wertschätzung und Anerkennung durch andere stärken das Selbstwertgefühl.
Schon im Kindesalter kann das Selbstwertgefühl entscheidend ausgeprägt werden. Wenn ein Kleinkind immer wieder von seinem Umfeld erfährt, dass es zu dumm, zu ungeschickt sei, können später Persönlichkeitsstörungen die Folge sein.
Oft wird ein schwach ausgeprägtes Selbstwertgefühl kompensiert durch zur Schau gestellte Überheblichkeit. Wer in sich ruht, kann auch zugeben, etwas nicht zu wissen und zu seinen Fehlern stehen.
Ein positives, ein gesundes Selbstwertgefühl führt zur Gelassenheit und erleichtert den Umgang mit Menschen in Konfliktsituationen.

Kontrollfragen:

1. Eigenbild und Fremdbild stimmen häufig nicht überein. Wie kann erreicht werden, Selbst- und Fremdwahrnehmung in größere Übereinstimmung zu bringen?
   - ○ Informationen über sich und bisher Privates sollten (im begrenzten Umfang) preisgegeben werden.
   - ○ Das Umfeld sollte ein Feedback vermitteln und die Einzelperson sollte sich damit auseinander setzen.
   - ○ Das Unterbewusstsein muss erforscht und offen gelegt werden.

Erläuterung:

Richtig sind die erste und zweite Antwort. Durch die Preisgabe von Informationen über seinen eigenen Lebenskreis wird man für die anderen vertrauter und berechenbarer. Ihre Wahrnehmung stimmt mehr mit meinem Bild überein.
Wenn die Einzelperson ein Feedback vom Umfeld erfährt, erfährt sie, wie sie auf andere wirkt. Sie kann sich nun mit dem Fremdbild auseinander setzen und gegebenenfalls Korrekturen vornehmen.
Falsch ist die dritte Antwort. Es ist die Aufgabe von Fachleuten, bei der Behandlung einer krankhaften Persönlichkeitsstörung das Unterbewusstsein zu erforschen.

2. Ein negatives Selbstwertgefühl (Minderwertigkeitsgefühl) kann führen zu:
   - ○ Imponiergehabe.
   - ○ Zaghaftem Verhalten.
   - ○ Umwelt- und situationsgerechtem Verhalten.

Erläuterung:

Richtig sind die erste und zweite Antwort. Obwohl scheinbar im Widerspruch stehend, ist es doch nachvollziehbar, dass ein Mensch versucht, sein Minderwertigkeitsgefühl mit Imponiergehabe zu überspielen bzw. auszugleichen (zu kompensieren), um sich und den anderen etwas vorzutäuschen. Aber als logische Konsequenz kann ein zaghaftes Verhalten auch auf ein Minderwertigkeitsgefühl schließen lassen.
Falsch ist die dritte Antwort, denn umwelt- und situationsgerechtes Verhalten lässt auf ein positives, ein gesundes Selbstwertgefühl schließen.

3. Steuerung des menschlichen Verhaltens, Motive und Motivation

Das menschliche Verhalten wird grundsätzlich in den drei Strukturebenen gesteuert:

- Verstand
- Gefühl
- Trieb

Verstand:
Volkstümlich heißt es: „Vor dem Handeln Verstand einschalten!" Damit ist gemeint, dass vor jeder wichtigen Zielsetzung, Entscheidung oder Maßnahme Vor- und Nachteile abgewogen, Risiken bedacht werden sollten.
Das gilt im Privatleben und besonders im Beruf, im Sicherheitsdienst.
Beispiel: Bei einer Sportveranstaltung hält sich eine Besuchergruppe nicht an die Stadionordnung, weil nach ihrer Meinung ihre Mannschaft durch Schiedsrichterentscheidungen stark benachteiligt wird.

Es sollten folgende Überlegungen vor dem Einschreiten erfolgen:

- Was ist der Kundenwunsch?
- Was sagt die Dienstanweisung?
- Welche Rechte haben die störenden Personen?
- Welche Rechte habe ich?
- Wie stark ist die Störung?
- Wie dringlich ist die Abstellung der Störung?
- Wie gehe ich taktisch vor?
- Was folgt nach der Störungsbeseitigung?

Doch Handeln nur nach Verstand kann falsch sein. Gefühl und Intuition müssen in die Entscheidung und Realisierung mit einfließen.

Gefühl:
Konfliktsituationen sind häufig dadurch zu entspannen, dass gezielt die Gefühls- und Beziehungsebene berücksichtigt wird:

- Was verleitet den Verursacher zu dieser Störung?
- Wie fühlt er sich, wenn ich die Störung abstellen will?
- Wie fühle ich mich bei dieser Handlung?

Gezieltes Eingehen auf die Gefühlsebene des Adressaten wirkt häufig schon in der Ansprache deeskalierend: „ Ich kann Ihren Ärger verstehen, aber ... . Danach gezielt auf die Sachebene wechseln, Störung benennen mit ihren Problemen, Verhaltensänderung erwirken, gegebenenfalls in dem Beispielfall auf die Stadionordnung hinweisen und Konsequenzen aufzeigen. Auch hierzu erfolgen Erläuterungen in diesem Kapitel im Abschnitt „Kommunikation" (Abschnitt 5.)

Trieb:
Es wird häufig von dem Triebtäter gesprochen. Damit soll ausgedrückt werden, dass der Täter seinen Trieben folgend Gefühl und Verstand bei seinen strafbaren Handlungen unberücksichtigt gelassen hat.
Es ist eine Beurteilungsfrage der Justiz, inwieweit Schuldunfähigkeit wegen seelischer Störungen (§ 20 StGB) bzw. Erheblich verminderte Schuldunfähigkeit (§ 21 StGB) angenommen werden können.
Bei einem gesunden Menschen ist davon auszugehen, dass er grundsätzlich seine Triebe durch Verstand und Gefühl steuern kann.

Problematisch ist die Steuerung auch bei einem gesunden Menschen, wenn er sich scheinbar oder tatsächlich in einer lebensbedrohenden Situation befindet. Der Überlebenstrieb kann ihn zu Handlungen kommen lassen, von denen er sich später distanzieren wird. Er agiert blind und ohne Rücksicht auf andere. Er ist in Panik. Typisches Panikverhalten ist Bewegungslosigkeit (Panikstarre), meist aber blinde Flucht (Paniksturm). Der Paniksturm ist eher bei einer Menschenmenge wahrscheinlich, die durch besondere Umstände stark emotionalisiert zu einer Menschenmasse wird, und durch gemeinsame Gefühle wie Angst, Schrecken aber auch Wut als „Akute Masse" in Bewegung gerät.

Panikfördernde Bedingungen:
- Es befinden sich sehr viele Personen in einem engen Raum.
- Eine Stimmung kommt auf (z.B. bedingt durch Geräusche, Geruch, Lichtausfall), die das Gefühl einer akuten Bedrohung hervorruft.
- Fluchtweg ist eingeengt, schwer erreichbar oder sogar teilweise versperrt (Flaschenhalssyndrom).
- Panikverhalten einzelner überträgt sich auf andere.

Auf Menschen, die sich in Panik befinden, ist äußerst schwierig einzuwirken. Nur durch überraschende, eindringliche Maßnahmen mag es im Einzelfall gelingen, die Menschen in ihrer Verstandes- und Gefühlsebene wieder zu erreichen und zu „vernünftigem" Verhalten zu veranlassen.

Deshalb ist die Kenntnis und Realisierung vorbeugender Maßnahmen gerade für den Sicherheitsdienst von besonderer Bedeutung:

- Einlasskontrollen bei Veranstaltungen mit Suche nach Feuerwerkskörpern etc.
- Gliederung des Veranstaltungsraumes.
- Zustandskontrollen der Notausgänge, Notbeleuchtung, Fluchtwege, Beschilderung, Feuerlöscheinrichtungen, Geländer etc.
- Information und Schulung des Sicherheitspersonals.
- Vorbereitete Texte für Lautsprecherdurchsagen und Sprecherschulung.

Zur Panikprävention gehört auch insbesondere bei Veranstaltungen die Beobachtung der Stimmungslage. Einer aufkommenden Panikstimmung kann durch Ablenkung, plausible Erklärungen oder intuitive Lösungen entgegen gewirkt werden.

Vorstehend wurde mit vorrangigem Bezug auf den Sicherheitsdienst die Steuerung des menschlichen Verhaltens in den drei Strukturebenen dargestellt.

Nun sollen die Beweggründe (die Motive) für unser Verhalten erläutert werden.
Die ersten Beweggründe, die mit dem Überlebens- und Arterhaltungstrieb zusammen hängen, sind ohne Zweifel unser Bestreben nach Essen, Trinken, Schlafen, Sex. So würde sich beispielsweise eine Gruppe Schiffbrüchiger nach der Landung auf einer einsamen Insel zunächst auf die Suche nach Nahrung machen. Die besonderen Umstände motiviert sie, das zu tun, was unsere Vorfahren als Sammler und Jäger gemacht haben. Wenn ausreichend Nahrung gefunden ist, würde man sich anderen Dingen zuwenden.

Diese Gesetzmäßigkeit hat der amerikanische Psychologe Abraham Maslow in einer Bedürfnispyramide dargestellt.
Sie stellt eine Rangfolge der Bedürfnisse dar und sagt vereinfacht aus:
Erst müssen die „niedrigen", also die Basisbedürfnisse, weitgehend befriedigt werden, dann werden die höheren Bedürfnisse aktiviert.

Nach den Grundbedürfnissen folgt das Bedürfnis nach Sicherheit. Dann werden die „Wir-Bedürfnisse", die sozialen Bedürfnisse (Zugehörigkeit, Kommunikation Freundschaft) aktiviert. Es folgen die „Ich-Bedürfnisse" (Status, Anerkennung) und schließlich die Selbstverwirklichung.

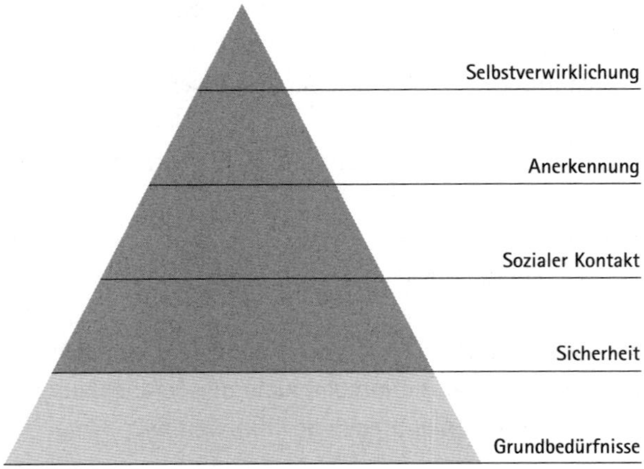

Erkenntnisse für den Sicherheitsdienst sind folgende:

- Vor dem Einschreiten gegenüber störenden Personen sollte geprüft werden, in welcher Stufe nach der Maslow-Pyramide sich diese Person befindet. So könnte ein Drogenabhängiger, der im Begriff ist, sich einen „Schuss" zu setzen, in die Stufe der Grundbedürfnisse einzuordnen sein, während sich eine nicht an das Rauchverbot haltende Person eher in einer oberen Stufe befinden könnte. Folglich könnte von dem Drogenabhängigen ein viel stärkerer Widerstand zu erwarten sein (Gebot der erhöhten Eigensicherung).
- Das Bedürfnis nach Sicherheit ist bei vielen Menschen nicht nur in ihrem privaten Umfeld ausgeprägt. Wegen der zunehmenden weltweiten Bedrohungslage möchte man sich auch sicher fühlen auf öffentlichen Plätzen, in Verkehrsmitteln, bei Veranstaltungen. Eine Chance für das Sicherheitsgewerbe!
- Der soziale Kontakt, also das Bedürfnis nach Zugehörigkeit, spiegelt sich in Gruppenverhalten wieder. Dies muss in der Kommunikation mit Personenmehrheiten berücksichtigt werden (siehe Abschnitt 5. Kommunikation).
- Schließlich sollte auch im Sicherheitsdienst bei der Führung von Mitarbeitern das Bedürfnis nach Anerkennung gebührend berücksichtigt werden (siehe Abschnitt 6. Führung und Zusammenarbeit).

Kontrollfragen:

1. Das Verhalten eines Menschen, der sich in einer Paniksituation befindet, wird vorrangig gesteuert aus der
   - O Verstandesebene
   - O Gefühlsebene
   - O Triebebene

Erläuterung:

Richtig ist die dritte Antwort. Der Trieb zum Überleben bestimmt das Verhalten. Die Verhaltenssteuerung durch Verstand und Gefühl ist vorübergehend ausgesetzt. Folglich sind die erste und zweite Antwort falsch.

2. Ist eine Verbindung von der Bedürfnispyramide zum Sicherheitsdienst herzustellen?
   - O Nein, ein abstraktes wissenschaftliches Modell lässt keine Verbindung zum praktischen Dienst zu.
   - O Ja, Rückschlüsse im Hinblick auf Eigensicherung und Deeskalation sind möglich.
   - O Ja, auch innerbetrieblich sollte berücksichtigt werden, dass jeder Mensch das Bedürfnis nach Anerkennung hat. Wird diesem Bedürfnis angemessen Rechnung getragen, werden Motivation und Arbeitsleistung steigen.

Erläuterung:

Richtig sind die zweite und die dritte Antwort. Wie in der zweiten Antwort festgestellt ist, ist die Zuordnung des störenden Verhaltens zu einer Bedürfnisstufe hilfreich für ein angepasstes Einschreiten. Wenn ich jemanden an der Befriedigung seiner Grundbedürfnisse hindere, könnte eher Widerstand zu erwarten sein, als wenn es beispielsweise um Anerkennung geht.

Die dritte Antwort beschreibt das Bedürfnis nach Anerkennung, welches auch dem Sicherheitspersonal nicht abgesprochen werden kann. Die Führung durch Motivation greift dieses Bedürfnis auf. Die Steigerung von Arbeitszufriedenheit und Arbeitsleistung wird im Regelfall die Folge sein (siehe in diesem Kapitel Abschnitt 6. „Führung und Zusammenarbeit").

Falsch ist die erste Antwort, denn wie vorstehend beschrieben, lassen sich durchaus Verbindungen zum praktischen Dienst herstellen.

4. Wahrnehmung, Erster Eindruck, Vorurteile

Die menschliche Wahrnehmung ist immer individuell und daher subjektiv.
Deutlich wird dies an der Funktion des Zeugen.
Der Zeuge zum Beispiel einer Straftat oder Ordnungswidrigkeit hat für das Gericht die Funktion eines Beweismittels. Dieses Beweismittel soll der Sachverhaltsaufklärung dienen.
Der Zeuge ist zur Wahrheit verpflichtet. Was er aussagt, ist seine Wahrheit, denn er kann nur das wiedergeben, was er mit seinen fünf Sinnen wahrgenommen hat. Und er nimmt letztlich das wahr, wozu er nach seinen körperlichen und seelischen Fähigkeiten im Stande ist und was ihm im Sinn steht.

Je nach den körperlichen Fähigkeiten sind die fünf Sinne des Menschen
Sehen – Hören – Riechen – Tasten – Schmecken
unterschiedlich ausgeprägt.
Aber auch die Bedürfnisse, Interessen, Gefühle, Erwartungen und Erfahrungen beeinflussen unsere Wahrnehmung.
Was steht mir im Sinn? Was will ich sehen und was ist Realität?
Der Weg der Wahrnehmung geht von reizempfindlichen Rezeptoren über Nerven zum Gehirn. Dort wird der Reiz mit vorhandenen Erfahrungen bzw. Bildern abgeglichen. Es ergibt sich daraus ein Abbild der Wirklichkeit, ein Wahrnehmungsbild, welches nicht mit der Realität übereinstimmen muss.

Beispiel 1: Bei völliger Dunkelheit sucht man nach der Taschenlampe. Man findet einen Gegenstand, der sich wie die Taschenlampe anfühlt, die man vorher schon etliche Male in der Hand hatte. Man ist überzeugt, sie ergriffen zu haben. Tatsächlich handelt es sich um das Mobiltelefon.
Beispiel 2: So kann auch beim Beobachten eines Lebenssachverhaltes die Erwartungshaltung Wahrnehmungsfehler verursachen. Ein älterer Mann beobachtet misstrauisch und ablehnend eine Demonstration von ca. 100 Personen. Er sieht aus ca. 30 Meter Entfernung, wie sich ein jüngerer, langhaariger Demonstrationsteilnehmer bückt und wieder aufrichtet. Kurz danach birst eine Schaufensterscheibe eines nahe gelegenen Kaufhauses. Der Beobachter ist überzeugt, gesehen zu haben, wie der junge Mann einen Stein aufgehoben und diesen gegen die Schaufensterscheibe geworfen hat, weil er ein derartiges Verhalten von ihm erwartete. Aber er konnte aus dieser Distanz bei der Vielzahl der Demonstranten diese Beobachtung gar nicht machen. Tatsächlich hat sich der beschriebene Demonstrationsteilnehmer nur die Schuhe zugebunden. Die Schaufensterscheibe ist durch Bauarbeiten im Kaufhaus zersprungen.

Das Beispiel 2 leitet über zu den Begriffen Erster Eindruck und Vorurteile.
Der Erste Eindruck ist das Gesamtbild, das ein Beobachter von einem unbekannten Menschen, einer Situation oder einem unbekannten Objekt in wenigen Sekunden gewinnt. Dieses Bild bestimmt erste mögliche Reaktionen, zum Beispiel die Art der Gesprächseröffnung.
Wie vorstehend in den Beispielen muss dieses Wahrnehmungsbild aber nicht der Realität entsprechen.
Vorurteile können zu Wahrnehmungsfehlern geführt haben.
Vorurteile ...

- können gegen alle Lebensbereiche entstehen,
- sind nicht sachlich begründet und meistens negativ,
- sind die ungeprüfte Übernahme von Meinungen über Personen oder Sachen ohne eigene Erfahrungen,
- entstehen durch Erziehung, Überlieferung, Hass/Neid, Propaganda, Verallgemeinerung,
- vereinfachen das Leben, bilden eine Groborientierung und führen zu einem Gruppenerlebnis,
- führen zur Einschränkung der Wahrnehmung und damit zu Fehlurteilen,
- hat jeder Mensch; er muss sich immer wieder überprüfen, ob er in eine „Vorurteilsfalle" geraten ist.

Kontrollfragen:

1. Bei einer Zeugenbefragung stellt man immer wieder fest, dass die Zeugen abweichende Angaben machen, obwohl sie denselben Sachverhalt wahrgenommen haben. Alle sind von der Richtigkeit ihrer Angaben überzeugt. Gründe hierfür können sein:
   - ○ Unterschiedliche Wahrnehmungs- und Erinnerungsfähigkeit.
   - ○ Gesundheitszustand, unterschiedliche Interessenlage.
   - ○ Schuldbildung, Abstammung.

Erläuterung:

Richtig sind die erste und zweite Antwort. Wahrnehmungs- und Erinnerungsfähigkeit sind naturgemäß bei den Menschen unterschiedlich ausgeprägt. Aber auch der Gesundheitszustand (z.B. Übermüdung) und unterschiedliche Interessenlage, zum Beispiel geprägt durch den jeweiligen Beruf, sind Ursachen für unterschiedliche Wahrnehmungen.

Falsch ist die dritte Antwort, denn Schulbildung und Abstammung werden die Wahrnehmung grundsätzlich nicht beeinflussen.

2. Vorurteile entstehen unter anderem aus:
   - ○ Kontakten.
   - ○ Überlieferungen.
   - ○ Verallgemeinerungen.
   - ○ Erfahrungen.

Erläuterung:

Richtig sind die zweite und dritte Antwort. Überlieferungen sind eine hervorragende Quelle für Vorurteile („Nimm Dich in acht, die Zigeuner kommen!"). Das gleiche gilt für Verallgemeinerungen. Ein negatives Erlebnis mit einem Angehörigen eines Berufstandes führt zur Verteufelung des gesamten Berufsstandes.

Dagegen sind Kontakte und Erfahrungen besonders geeignet, Vorurteile zu überprüfen.

5. Kommunikation

Zur Einleitung dieses Abschnitts soll der Blick noch einmal auf die zurück liegenden Ausführungen in diesem Kapitel gelenkt werden.
Im ersten Abschnitt „Bedeutung des Themas" ist herausgestellt worden, dass die Qualität der Dienstleistung vor allem an den eingesetzten Mitarbeitern gemessen wird, und zwar im Wesentlichen an ihrer Berufseinstellung, ihrem Auftreten und der Art und Weise, wie sie mit Menschen umgehen, mit ihnen kommunizieren.
Im zweiten Abschnitt dieses Kapitels „Erkennen der Wirkung der eigenen Person", im dritten Abschnitt „Steuerung des menschlichen Verhaltens, Motive und Motivation" sowie im vierten Abschnitt „Wahrnehmung, Erster Eindruck, Vorurteile" sind Grundlagen und Zusammenhänge des menschlichen Verhaltens dargestellt worden.
Es gilt nun, diese Grundlagen und Zusammenhänge bei der Kommunikation zu beachten.

Kommunikation besteht aus sprachlichen (verbalen / paraverbalen) und nichtsprachlichen (nonverbalen) Signalen, wobei die nichtsprachlichen Signale einen sehr großen Kommunikationsanteil haben.

Verbale Kommunikation meint den Inhalt des gesprochenen Wortes.
Dieser Anteil einer Botschaft kann auch gelesen werden

Als paraverbale Kommunikation werden Botschaften bezeichnet, die durch Stimmeigenschaften und Sprechverhalten bewusst, oft auch unbewusst übermittelt werden.
So wird grundsätzlich als Sprecher für eine beruhigende Ansprache bei einer sich anbahnenden Panik (Panikstimmung) ein Mann mit einer tiefen Stimme eingesetzt.
Eine oft unbewusste Mitteilung über eine Gemütsveränderung liegt in der Veränderung der Stimme und des Sprechverhaltens (Stimme wird heller, schriller und es wird schneller gesprochen).
Der Anteil der paraverbalen Kommunikation kann gehört werden.

Bei der nonverbalen Kommunikation handelt es sich um den nichtsprachlichen Bereich der zwischenmenschlichen Kommunikation.
Dieser Anteil der Kommunikation kann hauptsächlich gesehen werden

Bei den nichtsprachlichen (nonverbalen) Signalen ist insbesondere die Körpersprache wesentlicher Bestandteil der Kommunikation, weil ca. 80 % der menschlichen Wahrnehmung durch die Augen aufgenommen werden. Nicht von ungefähr kommt der Spruch aus der Gastronomie: „Das Auge isst mit!"

Körpersprache ist nicht nur der aktive Bereich von Mimik und Gestik, sondern auch der äußere Eindruck. Hierzu gehören Figur, Körperhaltung und Kleidung. Körpersprache macht Gefühle sichtbar. Jedes Wochenende erleben Millionen von Fernsehzuschauern beim Ansehen von Sportsendungen im Fernsehen, wie Sportler nach geglückten Torschüssen ihren Jubel ausdrücken (z.B. „Tanzeinlagen") und dagegen Verlierermannschaften vom Platz schleichen.

Gestik und Mimik zeigen meistens unbewusst, was wir wirklich fühlen oder denken. Gestik kann kulturabhängig unterschiedliche Aussagen beinhalten, Mimik ist international gleich.

Man kann Körpersprache lesen lernen. Oft geschieht die Deutung der Körpersprache aber intuitiv. Es muss immer die ganze Person gesehen werden. Hat jemand die Arme über der Brust verschränkt, bedeutet das noch nicht, dass er gelangweilt ist, kein Interesse hat. Vielleicht ist es auch nur eine entspannte Haltung. Erst die zusätzliche Beurteilung weiterer nichtsprachlicher Signale kann Aufschluss geben.

Wenn Körperhaltung, Gestik und Mimik zu dem Inhalt der Worte passen, wirkt die Kommunikation glaubhaft. Eine vorgetäuschte Körpersprache kann schnell durchschaut werden.

Anteile der drei Kommunikationskanäle:
Auf der Grundlage von Forschungen kann folgende unterschiedliche Beteiligung für das Verstehen einer Information angenommen werden:

- Verbale Kommunikation = 07 %
- Paraverbale Kommunikation = 38 %
- Nonverbale Kommunikation = 55 %

Kontrollfragen:

1. Welche Bedeutung hat die Körpersprache in der Kommunikation?
   - O Eine sehr große Bedeutung, denn ca. 80 % der menschlichen Wahrnehmung wird durch die Augen aufgenommen.
   - O Eine geringe Bedeutung, denn entscheidend ist immer das gesprochene Wort.

Erläuterung:

Richtig ist die erste Antwort. Der Mensch nimmt über seine fünf Sinne das Geschehen wahr; dabei spielt das Sehen eine vorrangige Rolle. Insofern wird immer die Körpersprache des Gesprächspartners bewusst oder unbewusst registriert und gedeutet.
Falsch ist die zweite Antwort. Das gesprochene Wort ist natürlich von Bedeutung, wenn es um die Klärung von Sachfragen geht. Jedoch wird grundsätzlich die Sachebene von der Beziehungs- oder Gefühlsebene, zu der auch die Deutung der Körpersprache gehört, überstrahlt (siehe Abschnitt 5.1 Kommunikationsprozess -Eisbergmodell).

2. Wie wird die Mehrzahl der Kunden eines Einkaufszentrums den Umstand deuten, dass ein Sicherheitsmitarbeiter sichtbar an seiner Dienstkleidung etliche Ausrüstungsgegenstände und Verteidigungswaffen (Handschuhe, Schlagstock, Handschellen, große Taschenlampe, Funkgerät, Reizgassprühgerät) trägt?

   - O Ein sehr hilfsbereiter Sicherheitsmitarbeiter, der gerne Hinweise und Auskünfte gibt.
   - O Das Einkaufszentrum wird häufig von Randalierern besucht, denn sonst würde der nicht so rumlaufen.

Erläuterung:

Richtig ist die zweite Antwort. Die sichtbar getragenen Ausrüstungsgegenstände und Verteidigungswaffen sind eindeutig nichtsprachliche Signale, die zu diesem Rückschluss führen können. Es ist keine Frage, dass dieser Rückschluss nicht im Sinne des Auftraggebers ist (siehe Abschnitt 1. „Bedeutung des Themas").
Falsch ist die erste Antwort. Der Durchschnittskunde würde sich eher scheuen, diesen Mann anzusprechen, denn der hat ja andere, offensichtlich wichtigere Aufgaben.

5.1. Kommunikationsprozess

Der Kommunikationsprozess besteht aus einer Mitteilung, die von einer Person (Sender), verbal und/oder nonverbal an eine zweite Person (Empfänger) gerichtet ist. Es werden beim Empfänger drei Vorgänge bewirkt, nämlich Wahrnehmung mit den Sinnesorganen, Interpretation mit dem Gehirn und Bewertung durch das Gefühl. Das Gefühl prägt die Gesamtbewertung der „Sendung" und die darauf folgende Reaktion häufig besonders stark.

Jede Kommunikation findet nämlich auf zwei Ebenen statt:

- der Sachebene und
- der Gefühls- oder Beziehungsebene.

Das Eisbergmodell verdeutlicht, dass die Gefühls- oder Beziehungsebene den Verlauf und Ausgang eines Gesprächs stärker beeinflusst als die Sachebene. Wie bei dem viel kleineren sichtbaren Teil des Eisbergs über der Wasserlinie, werden in der Sachebene auch für Außenstehende erkennbare Informationen und Fakten ausgetauscht. Der viele größere nicht sichtbare Teil beinhaltet in der Kommunikation die Beziehung zwischen den Gesprächspartner sowie Gefühle und Annahmen. Sie können einen Gesprächsverlauf positiv oder negativ beeinflussen.

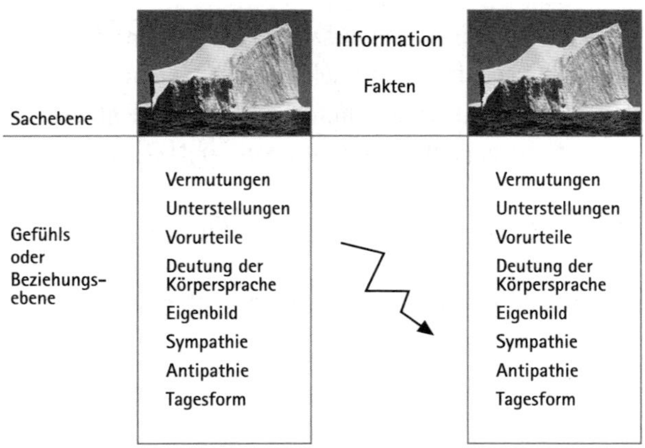

Es kommt in der Kommunikation also nicht nur darauf an, eine klare unmissverständliche Sprache zu sprechen, sondern vor allem eine Beziehung zum Gesprächspartner aufzubauen und zu halten, bei der ein Austausch von Sachinformationen möglich ist.

Eine Kommunikation ist immer dann gelungen, wenn die Wirkung, die der Sender beim Empfänger erzielt, mit seiner Absicht übereinstimmt. Und dafür ist er, der Sender, in erster Linie verantwortlich.

Kontrollfragen:

1. Kommunikation findet sowohl auf der „Sachebene" als auch auf der „Gefühls- oder Beziehungsebene" statt. Dabei wird die Verständigung wie folgt beeinflusst:
   - O jeweils zur Hälfte durch die verschiedenen Ebenen.
   - O überwiegend durch die Sachebene.
   - O überwiegend durch die Gefühls- oder Beziehungsebene.

Erläuterung:

Richtig ist die dritte Antwort. Wie das Eisbergmodell anschaulich darstellt, beeinflusst im Regelfall die Gefühls- oder Beziehungsebene Gesprächsverlauf und Gesprächsergebnis stärker als die Sachebene. Daraus ergibt sich, dass die erste und zweite Antwort falsch ist.

2. Die Verantwortung für Wirkung von Nachrichten liegt
   - O vor allem beim Empfänger.
   - O vor allem beim Sender.
   - O zu gleichen Teilen beim Sender und Empfänger.

Erläuterung:

Richtig ist die zweite Antwort. Es ist vorrangig Aufgabe des Senders dafür zu sorgen, dass die Wirkung, die er beim Empfänger erzielt, mit seiner Absicht übereinstimmt.

5.2. Kommunikationsmodelle

Anhand von Kommunikationsmodellen kann eigene und fremde Kommunikation verständlicher, durchschaubarer und nachvollziehbarer gemacht werden. Kommunikationsstörungen können so erkannt und Fehlerquellen analysiert werden. Bei gutem Willen ist für die Zukunft in ähnlichen Situationen eine bessere Kommunikation möglich. In Konfliktsituationen helfen Kommunikationsmodelle bei bewusster Anwendung konfliktmindernd zu wirken.

Im Kommunikationstraining haben sich weltweit zwei Modelle durchgesetzt, da sie im Berufs- aber auch im Privatleben besonders geeignet sind, die vorstehend genannten Ziele zu erreichen.

Transaktionsanalyse (TA)
Die TA geht davon aus, dass in jedem Menschen drei „Ich-Zustände" vorhanden sind. Es gibt keine guten und schlechten „Ich-Zustände". Die jeweilige Situation erfordert den entsprechenden „Ich-Zustand", das entsprechende Verhaltensmuster.
Bei den Menschen sind aber persönlichkeitsbedingt unterschiedliche „Ich-Zustände" dominant. Durch einen wissenschaftlich fundierten Test kann man herausfinden, welcher „Ich-Zustand" bei dem einzelnen Menschen vorherrscht. Aber auch ohne diesen Test kann ein aufgeschlossener Mensch bei kritischer Reflexion seiner Verhaltensmuster zu einer Selbstanalyse kommen. Die Kunst ist es, trotz eines persönlichkeitsbedingten vorherrschenden „Ich-Zustandes" der Situation angemessen aus dem entsprechenden „Ich-Zustand" zu handeln.

Die verschiedenen „Ich":

EL **Das Eltern-Ich kennzeichnet das Verhalten, in dem Eltern oder Elternvertreter (Ausbilder, Lehrer, Erzieher) mit anderen Menschen umgehen, entweder fürsorglich (ums Wohl des Anvertrauten bemüht) oder kritisch (tadeln, Anordnungen treffend).**

ER **Das Erwachsenen-Ich kennzeichnet ein partnerschaftliches Verhalten. Wir haben einen eigenen Standpunkt, der auf unserem Wissen und unserer Lebenserfahrungen beruht, respektieren aber andere Ansichten.**

K **Das Kindheits-Ich kennzeichnet ein Verhalten, das überwiegend von Gefühlen bestimmt wird und für Kinder typisch ist. Entweder ist das Verhalten angepasst (der andere ist erfahrener, klüger, mächtiger) oder es ist rebellisch bzw. natürlich (ich kann das selbst entscheiden).**

Zur Klarstellung: Kinder können durchaus aus dem Eltern-Ich kommunizieren, wenn etwa das fünfjährige Mädchen, welches in der Vorschule den ersten Verkehrsunterricht gehabt hat, zu ihrem zweijährigen Bruder sagt. „Also, pass gut auf! Wenn Du über die Straße gehen willst, dann schau erst nach links, dann nach rechts und wieder nach links". Ebenso können Erwachsene, die Führungspositionen bekleiden und sich eher aus dem Eltern-Ich verhalten, beispielsweise beim Mannschaftsport in das rebellische/natürliche Kindheits-Ich verfallen, wenn das Spiel an ihnen vorbei läuft: „Mit Euch spiele ich nicht mehr. Das bringt überhaupt keinen Spaß!"

Grundsätzlich anzustreben ist eine parallele Kommunikation. Gerade im Sicherheitsdienst ist dies die Basis für ein konfliktminderndes Einschreiten.
Beispiel: Ein Mitarbeiter im Sicherheitsdienst des öffentlichen Personen- und Nahverkehrs sieht, wie ein Reisender sich anschickt, einen Fahrkartenautomaten mit Händen und Füßen zu bearbeiten. Der Reisende hat einen 20 €-Schein in den Automaten gesteckt, aber nicht die gewünschte Fahrkarte erhalten. Der Geldschein ist weg, der Zug ist abgefahren.
Wenn jetzt der Sicherheitsmitarbeiter den Reisenden etwa mit folgenden Worten und der entsprechenden dominanten Körperhaltung anspricht: „Benehmen Sie sich nicht wie ein Kleinkind. Sie haben sicher den Automaten falsch bedient!", dann ist das eine eindeutige Kommunikation aus dem kritischen Eltern-Ich, die auf das angepasste Kindheits-Ich des Reisenden zielt.
Wenn dann der Reisende aus diesem Ich-Zustand reagieren sollte, müsste er mit entsprechender „Büßermiene" sagen: „Sie haben ja recht. Entschuldigen Sie bitte. Ich will das auch nie wieder tun!"
Das wäre unwahrscheinlich oder reiner Zynismus, der dann auch dem Eltern-Ich zuzuordnen wäre.
Die wahrscheinliche Reaktion des Reisenden ist, dass er selbst aus dem kritischen Eltern-Ich noch wütender reagiert: „Ich habe den Automaten richtig bedient. Er ist genau in dem desolaten Zustand wie das Personal. Und dafür sind Sie ein leuchtendes Beispiel!"
Wir haben dann hier eine klassische Überkreuzkommunikation, die zur Verstärkung des Konfliktes führt.

Richtig ist aus der Sicht des Sicherheitsmitarbeiters, als Einstieg eine partnerschaftliche Kommunikation zu suchen, also aus dem Erwachsenen-Ich zu sprechen. Dies erreicht man, wenn – soweit möglich – für Fehlverhalten Verständnis gezeigt und dann das Problem angesprochen wird. Anschließend sollten Lösungsmöglichkeiten aufgezeigt und Hilfen angeboten werden:
„Ich kann verstehen, dass Sie wütend sind. Das ist mir auch schon an Automaten

passiert. Ich begleite Sie gern zum Service-Center. Dort wird man Ihnen weiter helfen!"

Wenn wider Erwarten dieser partnerschaftliche Gesprächseinstieg misslingt, sollte gezielt ins Eltern-Ich mit einer deutlichen Ansprache gewechselt werden:
„Sie sind dabei, den Automaten zu beschädigen! Unterlassen Sie das sofort!"

Wenn dieser Aufforderung Folge geleistet wird, kann nur empfohlen werden, wieder eine partnerschaftliche Kommunikation anzustreben.

Vier Seiten einer Nachricht
Bei diesem Kommunikationsmodell wird davon ausgegangen, dass in einer Nachricht vier unterschiedliche Bereiche bewusst oder unbewusst angesprochen werden können:

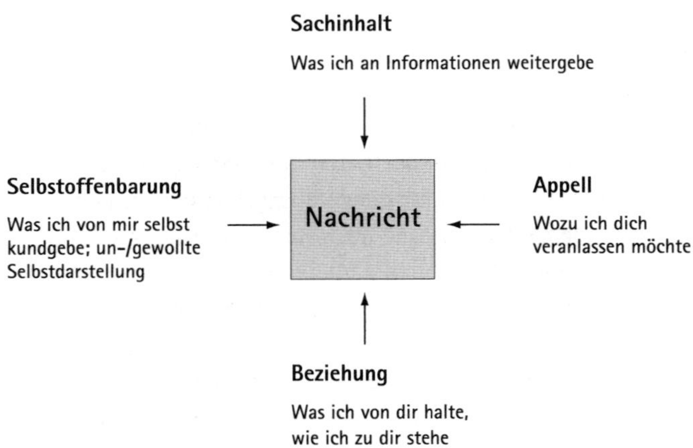

So wie der Sender eine Nachricht mit vier Seiten versieht, empfängt der Adressat „vierohrig":

Sachohr:	Worüber wird informiert?
Appellohr:	Wozu will der Gesprächspartner mich veranlassen?
Beziehungsohr:	Was hält der Gesprächspartner von mir; wie redet der mit mir?
Selbstoffenbarungsohr:	Was sagt der Gesprächspartner über sich aus, wie sieht es in ihm aus?

Dieses Modell ist besonders geeignet, Kommunikationsstörungen zu erklären.

Beispiel: Ein Lehrgangsteilnehmer, dessen Uhr seit kurzem ungenau geht, fragt einen zu spät kommenden anderen Lehrgangsteilnehmer in wahrer Absicht nach der Uhrzeit, und erhält die Antwort: „Wann ich komme, entscheide ich!"
Diese Kommunikationsstörung ist eindeutig darauf zurückzuführen, dass der Empfänger nicht vorrangig mit dem „Sachohr" und „Appellohr" gehört hat, sondern eine versteckte Mitteilung über seine Verspätung mit dem „Beziehungsohr und „Selbstoffenbarungsohr" heraus gehört hat. Vermutlich ist ohnehin die Beziehung zwischen den beiden Personen problematisch (siehe auch Eisbergmodell).

Kontrollfragen:

1. Ein Mitarbeiter im Sicherheitsdienst weist einen Bürger im belehrenden Tonfall „von oben herab" auf sein Fehlverhalten hin. Der Bürger hat seinen kleinen Sohn dabei. Aus welchem Ich-Zustand nach der Transaktionsanalyse kommuniziert der Mitarbeiter, welchen Ich-Zustand beim Bürger spricht er an und mit welcher Reaktion muss er rechnen?
   - ○ Er spricht aus dem Erwachsenen-Ich und spricht auch das Erwachsenen-Ich des Bürgers an. Es handelt sich nämlich um ein Gespräch zwischen erwachsenen Personen. Der Bürger wird sein Fehlverhalten einsehen und zugeben.
   - ○ Er spricht aus dem Eltern-Ich und hat auch das Eltern-Ich des Bürgers angesprochen, da dieser offensichtlich der Vater von dem Jungen ist. Er muss damit rechnen, dass der Bürger vor seinem Sohn kein Fehlverhalten zugeben wird.
   - ○ Er spricht aus dem Eltern-Ich und hat das angepasste Kindheits-Ich des Bürgers angesprochen. Dieser wird nicht aus diesem Ich-Zustand reagieren und daher sehr drastisch selbst aus dem kritischen Eltern-Ich handeln, zumal er gegenüber seinem Sohn keinen Autoritätsverlust erleiden will.

Erläuterung:

Richtig ist die dritte Antwort. Die geschilderte Art der Ansprache ist dem kritischen Eltern-Ich zuzuordnen. Ziel des kritischen Eltern-Ich ist immer das angepasste Kindheits-Ich. Von der beschriebenen Reaktion des Bürgers ist auszugehen. Die Gegenwart seines Sohnes verstärkt seine Reaktion.

Falsch ist die erste Antwort. Eine partnerschaftliche Kommunikation wird von dem Sicherheitsmitarbeiter nicht angestrebt. Außerdem ist das Erwachsenen-Ich nicht nur bei erwachsenen Personen vorhanden und die Erwartungshaltung nicht zutreffend.
Falsch ist auch die zweite Antwort. Er spricht zwar aus dem Eltern-Ich, nicht aber das Eltern-Ich des Bürgers an. Die Einschätzung der Reaktion ist zwar richtig. Da aber der erste Teil der Antwort nicht stimmt, ist die Antwort insgesamt falsch.

2. Zu dem Kommunikationsmodell „Vier Seiten einer Nachricht" gehört auch der „vierohrige" Empfänger. Das „Beziehungs-Ohr" entschlüsselt die Frage:
   ○ Was ist mit ihm, was hat er?
   ○ Was soll ich tun, was will er?
   ○ Worum geht es, wovon spricht er?
   ○ Was hält er von mir, wie redet der mit mir?

Erläuterung:

Richtig ist vierte Antwort. Die Antworten auf diese Fragen geben meine Einschätzung der Beziehung wieder, die der Partner zu mir hat.
Falsch ist die erste Antwort. Sie gehört zur Selbstoffenbarung.
Falsch ist auch die zweite Antwort. Sie gehört zum Appell.
Falsch ist ferner die dritte Antwort. Sie gehört zum Sachinhalt.

5.3. Kommunikationstechniken

Durch Anwenden einfacher bewährter Techniken lässt sich ein Gespräch steuern.
Zu diesen Techniken gehört die Argumentationstechnik.
Wichtig ist hier, dass ich nicht mit der Tür ins Haus falle, sondern in der Planungsphase das Ziel genau bestimme. Dann werde ich nach Argumenten suchen, die den Partner überzeugen sollen. Welchen Nutzen hat er davon? Bei mehreren Argumenten empfiehlt sich die Reihenfolge mittelstarkes, schwächeres und abschließend das stärkste Argument anbringen. Schließlich muss ich in einer Einleitung den Boden für ein angenehmes Gesprächsklima bereiten.
In der Ausführungsphase ist dann die Reihenfolge Einleitung, Argumente, Ziel.

Aktives Zuhören fördert die Kommunikation, passives oder bestrafendes Zuhören behindert die Kommunikation.
Merkmale des aktiven Zuhörens sind: Blickkontakt, offene Körperhaltung, ausreden lassen, zuhören können, Verständnisfragen stellen, Wiederholung mit eigenen Worten, kurzum: Interesse zeigen.

Mit der selbstsicheren oder konfrontierenden „Ich-Botschaft" wird ein Kommunikationsstil gepflegt, bei dem der Gesprächspartner tatsächlich Partner ist.
Im Gegensatz zu „Du-Botschaften" versuchen sie nicht, dem anderen von vornherein zu sagen, was er zu tun und zu lassen hat.
In Konfliktgesprächen sollten drei Aussagen enthalten sein:

- Verhaltensaussage d.h., Beschreibung des störenden Verhaltens.
- Gefühlsaussage d.h., Verbalisierung des eigenen Gefühls und des Gefühls anderer Betroffener.
- Wirkungsaussage d.h., Formulierung der gewünschten Verhaltensänderung und gegebenenfalls Aufzeigen der Konsequenzen.

Beispiel: In einem öffentlichen Verkehrsmittel hat ein junger Mann sein Tonübertragungsgerät auf volle Lautstärke geschaltet. Mitreisende beschweren sich beim Zugbegleitpersonal.
Die vorbereitete Ansprache, nachdem der junge Mann „empfangsbereit" ist, könnte lauten:

- Wir haben nichts dagegen, wenn Sie hier Musik hören. Leider war Ihre Musik trotz Ohrhörer sehr laut.
- Fahrgäste mussten mithören und konnten sich nicht entspannen oder auf ihre Lektüre konzentrieren.
- Daher bitten wir Sie, die Lautstärke Ihres Gerätes so einzustellen, dass nur Sie allein Ihre Musik hören können.

Konsequenzen sollten erst dann aufgezeigt werden, wenn dieser Appell nicht die gewünschte Wirkung erzielt.

Fragetechniken

Durch Fragen kann man ein Geschehen lenken und insbesondere die Gesprächsführung übernehmen. Man zeigt Interesse an dem Gesprächspartner und kann die Beziehungs- oder Gefühlsebene positiv beeinflussen.
Grundsätzlich wird zwischen offenen und geschlossenen Fragen unterschieden. Offene Fragen (wer, was, wie, warum etc.) entlocken mehr Informationen, geschlossene Fragen können nur vorgegeben alternativ beantwortet werden. Sie grenzen ein und sind geeignet, einen Partner zu einer präzisen Aussage zu veranlassen.

Weitere Fragearten und deren Anwendung:

- Alternativfrage
  Die Alternativfrage stellt mehrere Möglichkeiten zur Wahl und hilft dem Gesprächspartner, sich zu entscheiden. Sie kann auch das Gespräch in eine bestimmte Richtung lenken. Beispiel: „Sollten wir jetzt eine Pause machen, oder das Thema zu Ende behandeln?"
- Rhetorische Frage
  Die rhetorische Frage erfordert keine Antwort und es ist auch keine Antwort erwünscht. Sie soll eher die eigene Aussage bekräftigen. Beispiel: „Wer kann dazu schon NEIN sagen?"
- Gegenfrage
  Die Gegenfrage kann als taktisches Mittel eingesetzt werden, um Einwänden zu begegnen. Beispiel: „Wie meinen Sie das?"
- Motivierende Frage
  Bei der motivierenden Frage wird der Gesprächspartner angeregt, sich zu öffnen; es wird an sein Gefühl appelliert. Beispiel: „Was sagen Sie als Fachmann dazu?"
- Kontrollfrage
  Bei der Kontrollfrage handelt es sich um eine geschlossene Frage, mit der die Übereinstimmung oder Bestätigung des Gesprochenen überprüft werden soll. Beispiel: „Habe ich Sie richtig verstanden, dass ...?"
- Offensivfrage
  Mit der Offensivfrage wird der Gesprächspartner aus der Reserve gelockt und gibt weitere Informationen. Beispiel: „Sind Sie wirklich davon überzeugt?"
- Suggestivfrage
  Suggestive Fragen sind unfair und dienen nicht der Informationsgewinnung, da sie den Gesprächspartner beeinflussen. Kennzeichnende Wörter sind: etwa, sicherlich, wohl, auch.... Beispiel: „Sie sind sicherlich auch der Ansicht, dass.....?"

- Fangfrage
  Auch die Fangfrage ist unfair und dient nicht der Informationsgewinnung, da sie mit einer falschen Tatsachenbehauptung gekoppelt ist. Durch die Beantwortung soll der Gesprächspartner als unglaubwürdig dargestellt werden.
  Beispiel: „War der am Verkehrsunfall beteiligte Pkw dunkelgrau oder schwarz?"
  Dem Fragesteller ist aber bekannt, dass der Pkw eine rote Farbe hatte.

Durch Gesprächstechniken, die auch als Gesprächsstrategien bezeichnet werden können, soll ein bestimmtes Gesprächsziel erreicht werden.
Zwei auch in Konfliktsituationen sehr wirksame Strategien werden hier kurz vorgestellt:
„Schallplatte mit Sprung" steht für beharrliche Wiederholung eines bestimmten Standpunktes, einer bestimmten Aufforderung, von dessen bzw. von deren Richtigkeit man überzeugt ist.
Die „gute" partnerschaftliche Kommunikation ist vom Gesprächspartner unterlaufen worden. Jetzt gilt es, absolute Beharrlichkeit und Standfestigkeit zu zeigen und nicht mehr auf (Schein-) Argumente und Ausflüchte einzugehen. Etwa wenn man wirklich kein Interesse an einem angebotenen Produkt hat und sei der Anbieter noch so sympathisch oder redegewandt, sich zurückziehen auf die gebetsmühlenhafte Wiederholung der Formel: „Ich habe kein Interesse!"

Eine andere Strategie, nämlich die Vernebelungstechnik kommt insbesondere in Betracht, wenn der Gesprächspartner versucht, durch abwertende Äußerungen zu provozieren oder zu beleidigen. Diese Äußerungen sollten aufgegriffen und aus der Sicht des anderen bestätigt werden. Man bietet keine Angriffsfläche und der andere verliert die Lust an der Provokation.
Beispiel: Ein Angetrunkener äußert sich bei einer an der Einlasskontrolle zu einer Diskothek: „Eigentlich bist Du ein richtiger Looser, sonst hättest Du einen anderen Job. Aber hier an der Tür spielst Du Dich als Entscheider auf!"
Antwort des Sicherheitsmitarbeiters: „Es kann aus Ihrer Sicht so aussehen, dass ich ein Looser bin. Damit kann ich leben. Aber hier an der Tür entscheide ich nach den Vorgaben des Betreibers, wer reinkommt und wer nicht!"

Kontrollfragen:

1. Bei der Fragetechnik wird grundsätzlich zwischen offenen und geschlossenen Fragen unterschieden. Wann ist eine offenen Frage zu stellen?
   - O Eine offene Frage sollte gestellt werden, wenn erste Informationen zu einem unbekannten Sachverhalt eingeholt werden sollen.
   - O Eine offene Frage ist immer Menschen mit geringen Deutschkenntnissen zu stellen, da sie geschlossene Fragen nicht verstehen.

Erläuterung:

Richtig ist die erste Antwort. Mit den Fragewörtern wer, was, wann, wo etc. sind viele nicht eingeschränkte Informationen zu bekommen, um einen Überblick zum bisher unbekannten Sachverhalt zu bekommen.
Falsch ist die zweite Antwort. Dies ist kein sachliches Kriterium. Auch einem Menschen mit geringen Deutschkenntnissen kann ich einfach und präzise die Frage so formulieren, dass er sie versteht.

2. Was kennzeichnet die selbstsichere oder konfrontierende Ich-Botschaft"?
   - O Ich-Botschaften versuchen nicht, von vornherein dem anderen zu sagen, was er zu tun und zu lassen hat, können aber durchaus Konsequenzen aufzeigen.
   - O Ich-Botschaften drücken die Gefühle und Gedanken der betroffenen Personen (auch der eigenen Person) aus.
   - O Ich-Botschaften heißen immer, ich muss dem anderen deutlich machen, dass ich das Sagen habe.

Erläuterung.

Richtig sind die erste und die zweite Antwort. Ich-Botschaften beschreiben zunächst das störende Verhalten und drücken dann Gefühle und Gedanken aus, die dadurch ausgelöst werden. Dann erfolgt die Wirkungsaussage. Wenn der gewünschte Erfolg ausbleibt, können auch durchaus Konsequenzen aufgezeigt werden.
Falsch ist die dritte Antwort. Das wäre die klassische „Du-Botschaft" (aus dem kritischen Eltern-Ich, siehe Kommunikationsmodelle, TA).

5.4. Kommunikationsgrundsätze mit bestimmten Personengruppen

Bestimmte Personengruppen zeigen Auffälligkeiten, aus denen sich eigene Verhaltens- und Kommunikationsgrundsätze ableiten lassen.
Wenn nun Auffälligkeiten bei

- Jugendlichen,
- Senioren,
- Betrunkenen

anschließend dargestellt werden, muss die Sicherheitskraft sich in der beruflichen Praxis immer wieder vergegenwärtigen, dass diese Besonderheiten nicht immer und vor allem nicht in der Gesamtheit zutreffen müssen. Es besteht die Gefahr eines Vorurteils!
Unter Berücksichtigung der grundsätzlichen Erkenntnisse und Erfahrungen zählt immer die Einzelbeurteilung, denn jede Situation und jeder Mensch ist einzigartig.

Bei Jugendlichen sind alterstypische Verhaltensweisen zu beobachten, die durch die psychische und physische Umstellung vom Kind zum Erwachsenen bedingt sind.
Diese alterstypischen Verhaltensweisen können sein:

- Unsicherheit
- Übersensibilität
- Übersteigertes Geltungsbedürfnis
- Mangelnde soziale Einordnung
- Rebellion gegen die Erwachsenenwelt
- Gruppenbildung
- Niedrige Frustrationstoleranz

Daraus resultieren folgende Verhaltensempfehlungen:

- Behandlung wie gleichwertige Gesprächspartner
- Nicht „schulmeistern"
- Nicht „stimmgewaltig" sprechen
- Nicht auf Provokationen „anspringen"
- Ermahnungen und Hinweise sachlich und eindeutig aussprechen
- Locker und selbstbewusst auftreten
- Man war selbst einmal in dem Alter – Vorurteile überprüfen

Senioren, deren Leistungsvermögen mit zunehmendem Alter sinkt, können oft Schwächen durch Erfahrung ausgleichen.
Folgende Auffälligkeiten sind zu beobachten:

- Unbeweglich (körperlich und geistig)
- Starrsinnig

- Rechthaberisch
- Desorientiert
- Gutgläubig
  aber auch
- Nachsichtig, tolerant
- Duldsam, freundlich

Folgende Verhaltensempfehlungen können gegeben werden:
- Besonders respektvoll und zuvorkommend begegnen
- Grundsätzlich nicht ungefragt helfen
- Bei Überwachungs- und Kontrollaufgaben an Werte anknüpfen, die von dieser Personengruppe besonders geachtet werden, wie Verantwortung, Zuverlässigkeit, Ordnung, Pflichtbewusstsein.

Alkoholisierte Personen sind unterschiedlich in ihrer Leistungsfähigkeit beeinträchtigt. Generell gilt:
- Wahrnehmung
  (Sehschärfe nimmt ab, Gesichtsfeld ist eingeengt, Hell-Dunkel Anpassung verlangsamt, Körperreaktionen insbesondere Schmerzempfinden vermindert).
- Motorik/Abstimmung der Bewegungen
  (Gleichgewicht und Sprechfähigkeit sind gestört, langsamere Reaktionen, Körperbewegungen beeinträchtigt).
- Intelligenz und Gedächtnis
  (geringere Auffassungsgabe und Konzentrationsfähigkeit, beeinträchtigte Denkfähigkeit, gemindertes Orientierungs- und Urteilsvermögen).
- Stimmung
  (Gefühlswechsel, wachsendes Mitteilungsbedürfnis, Risikobereitschaft, Leichtsinn, Abbau von Hemmungen, erhöhte Aggressionsbereitschaft).

Folgende Verhaltensempfehlungen können gegeben werden:
- Eigensicherung beachten, aber auf vermindertes Distanzverhalten nicht sofort heftig reagieren.
- Provokationen und Beleidigungen nicht persönlich nehmen.
- Geduld aufbringen, Gelassenheit zeigen.
- Anweisungen klar und deutlich geben, gegebenenfalls wiederholen.
- Bei erforderlicher Durchsetzung einer Maßnahme überraschender und entschlossener Einsatz von körperlicher Gewalt im Rahmen der Gesetze.

Kontrollfragen:

1. Besteht eine Gefahr, wenn Auffälligkeiten bestimmter Personengruppen jedem Angehörigen dieser Gruppe im vollen Umfang zugeschrieben wird, ohne ihn zu kennen?
   - ○ Nein, die Kenntnis über Auffälligkeiten gibt mir Handlungssicherheit im Umgang mit jedem Angehörigen dieser Gruppe.
   - ○ Ja, es besteht die Gefahr, dass ich die Besonderheit der Situation und die Individualität dieser Person unberücksichtigt lasse. Ich gehe dann von einem Vorurteil aus, welches zu einem Wahrnehmungsfehler führt.

Erläuterung:

Richtig ist die zweite Antwort. Auffälligkeiten bestimmter Personengruppen sollen meine Menschenkenntnis und Handlungssicherheit stärken, befreien aber nicht von der Einzelbeurteilung. Insofern ist die erste Antwort falsch.

2. Welche Verhaltensempfehlungen treffen im Umgang mit Jugendlichen zu?
   - ○ Ermahnung/Hinweise sachlich und eindeutig aussprechen, immer die Amtsautorität herauskehren.
   - ○ Behandlung wie gleichwertige Gesprächspartner, nicht „schulmeistern", nicht auf Provokationen „anspringen".

Erläuterung:

Richtig ist die zweite Antwort. Aus den alterstypischen Verhaltensweisen von Jugendlichen ergeben sich bestimmte Verhaltensempfehlungen. Einige davon sind hier richtig wieder gegeben.
Falsch ist die erste Antwort. Zwar ist der erste Teil der Antwort richtig, aber Herausstellen der Amtsautorität bedeutet, Jugendliche einschüchtern zu wollen. Das mag vorübergehend im Einzelfall funktionieren, wird aber auf Dauer die Protesthaltung verstärken und sie nicht zur Einhaltung der Regeln aus eigener Einsicht bringen. Insofern ist die Antwort insgesamt falsch.

5.5. Kommunikationsgrundsätze mit Personenmehrheiten

Der Mensch hat ein Bedürfnis nach sozialem Kontakt. Siehe dazu die Erläuterungen in diesem Kapitel im Abschnitt 3. „Steuerung des menschlichen Verhaltens, Motive und Motivation".
Als Teil einer Personenmehrheit verhält sich der Mensch aber häufig anders:
Gründe hierfür können sein:

- Gruppendruck (die Gruppe, aber auch die Menge erwartet ein bestimmtes Verhalten).
- Gesichtsverlust (vor der Gruppe möchte der einzelne keine Schwäche zeigen).
- Profilsucht (der einzelne möchte sich vor der Gruppe beweisen, anerkannt werden).
- Anonymität (verstecken in der Gruppe, in der Menge).
- Geringes Verantwortungsbewusstsein (die anderen können ja die Verantwortung übernehmen).

Diese Gründe sind in der Kommunikation zu berücksichtigen.

Insbesondere zu Gruppen können folgende Verhaltensempfehlungen gegeben werden:

- Freundliches und gewinnendes Auftreten, drohende Posen schüchtern die Gruppe nicht ein, sondern fordern sie heraus.
- Durch Beobachtung oder durch geschicktes Hinterfragen („Mit wem kann ich einige Regeln besprechen?") den Anführer herausfinden, das Gespräch getrennt von der Gruppe suchen, ihn im Gespräch aufbauen, damit er ohne Gesichtsverlust eine Verhaltensänderung der Gruppe bewirken kann.
- Wenn die gesamte Gruppe angesprochen werden muss, dann sie positiv am „Wir-Gefühl" packen („Meine Herren, bitte helfen sie mir, das Rauchverbot einzuhalten!").
- Soll ein einzelnes Gruppenmitglied angesprochen werden, so sollte es grundsätzlich aus der Gemeinschaft herausgelöst werden.

Um diese Verhaltensempfehlungen nachvollziehen zu können, sind in Abgrenzung zur Menschenmenge die Merkmale einer Gruppe zu vergegenwärtigen:

Eine Gruppe ist eine begrenzte Anzahl von Personen, die miteinander über längere Zeit in Beziehung stehen, miteinander in Aktion treten, gemeinsame Ziele haben sowie Gruppenstruktur und Gruppennormen aufweisen.
Diese Gruppen können formelle Gruppen sein, die einem bestimmten Organisationsplan zum Beispiel im Schichtdienst einer Wachdienstgruppe, entsprechen. Diese Gruppen können aber auch informelle Freizeitgruppen sein.

Eine Menschenmenge ist gekennzeichnet durch eine sehr lockere Zusammengehörigkeit von Personen, die beim Betrachter die Vorstellung eines räumlich verbundenen Ganzen hervorruft.
Beispiele sind:

- Schaulustige bei einem Unfall
- Demonstrationen
- Veranstaltungen

Im Gegensatz zur Gruppe fehlt bei einer Menschenmenge die unmittelbare Kommunikation bzw. Kommunikationsmöglichkeit untereinander.
Das Hinzukommen oder Weggehen einzelner Personen ist unerheblich.
Es besteht immer die Möglichkeit der Entstehung von massenpsychologischen Phänomenen.

Die Abgrenzung von der Menschenmenge zur Menschenmasse besteht nicht in der Anzahl der Personen, sondern darin, dass in der Menschenmenge eine Vermassung der Individuen, eine Art Gleichschaltung beginnt.
Dies kann dadurch geschehen, dass die Aufmerksamkeit durch ein Ereignis wie zum Beispiel Lautsprecherdurchsage, Geräusch, Unfall, Auftreten der Polizei in eine bestimmte Richtung gelenkt wird.

Gerät eine Menschenmasse durch gemeinsame Gefühle wie Angst, Schrecken, Wut in Bewegung, spricht man von einer „Akuten Masse". Sie gerät in Panik. Insoweit sei auf die Ausführungen in diesem Kapitel im Abschnitt 3. „Steuerung des menschlichen Verhaltens, Motive und Motivation" verwiesen.

Kontrollfragen:

1. Verhält sich eine Einzelperson als Teil einer Personenmehrheit grundsätzlich anders, als sie es als Einzelperson tun würde?
   - O Nein, eine Person verhält sich grundsätzlich immer gleich.
   - O Ja, die Einzelperson kann sich z.B. in der Gruppe oder Menge „verstecken" und so anonym bleiben und sich mehr heraus nehmen.
   - O Ja, die Einzelperson kann z.B. sich dem Gruppendruck beugen und ein gruppenkonformes Verhalten gegen ihre eigentliche Überzeugung annehmen.

Erläuterung:

Richtig sind die zweite und dritte Antwort. Hier sind Gründe aufgeführt, die zu anderem Verhalten führen können. Falsch ist die erste Antwort. Alle Erfahrungen sprechen gegen diese Aussage.

2. Wann wird eine Menschenmenge zu einer Menschenmasse?

   - O Wenn zur Menschenmenge noch eine Vielzahl von Personen hinzukommen.
   - O Wenn die Aufmerksamkeit der Menschenmenge durch ein Ereignis in eine bestimmte Richtung gelenkt wird.

Erläuterung:

Richtig ist die zweite Antwort. Hier beginnt die Vermassung der einzelnen Menschen. Durch die Lenkung ihrer Aufmerksamkeit in eine bestimmte Richtung können ihre Gedanken und Empfindungen gleichgeschaltet werden.
Falsch ist die erste Antwort, denn die Anzahl der Personen spielt keine Rolle.

6. Führung und Zusammenarbeit

Wie in dem Kapitel II. „Gewerberecht" ausgeführt, berechtigt die erfolgreich abgelegte Sachkundeprüfung, sich selbstständig zu machen.
Sofern dieses Gewerbe nicht als „Einmann-Betrieb" ausgeübt wird, werden Personalführungsaufgaben unumgänglich sein. Aber auch als Teamleiter in einem Unternehmen sollten Grundlagen der Führung und Zusammenarbeit bekannt sein.

Der Führungsauftrag besteht darin, den beruflichen Auftrag umzusetzen, die mit dem Auftraggeber vereinbarten Leistungen zu erbringen. Aber diese Leistungen sollen gemeinsam mit dem Personal erbracht werden. Also muss das Personal angehalten, geschult, motiviert werden, diese Leistungen zu erfüllen, und es muss ständig überprüft, kontrolliert werden, ob der Leistungsstandard dem Kundenwunsch entspricht. Eine reizvolle, aber auch schwierige Daueraufgabe!

Aus dem vorstehend skizzierten Führungsauftrag ist klar erkennbar, dass Kommunikationsbereitschaft und Kommunikationsfähigkeiten wesentliche Voraussetzungen für eine erfolgreiche Führungsarbeit sind.
Derjenige, der eine Führungsverantwortung übernimmt, muss sich darüber im Klaren sein, dass er immer ansprechbar für seine Mitarbeiter sein und selbst den Kontakt suchen muss.
Mitarbeitergespräche ohne besonderen Anlass dienen beispielsweise dem Ziel, erwünschte oder notwendige Fördermaßnahmen festzustellen, andere Einsatzmöglichkeiten zu besprechen oder allgemein die Arbeitszufriedenheit zu erörtern.

Mitarbeitergespräche aus besonderem Anlass werden in der Regel Anerkennungs- oder Kritikgespräche sein.

Unter Verweisung auf die Ausführungen in diesem Kapitel im Abschnitt 3. „Steuerung des menschlichen Verhalten, Motive und Motivation" können folgende Hinweise für Anerkennungsgespräche gegeben werden (Bedürfnispyramide):

- Das Gespräch zeitnah zum Anlass führen.
- Anerkennung sollte sich auf eine konkrete Leistung beziehen.
- Undifferenziertes, auf die gesamte Persönlichkeit Bezogenes ist nicht zweckmäßig.
- Der Mitarbeiter sollte große Gesprächsanteile haben, da er das Bedürfnis hat, über Positives zu berichten.
- Untertreibungen des Mitarbeiters nicht akzeptieren, mit Fingerspitzengefühl vermitteln, dass er das Lob verdient hat.
- Anerkennung nicht mit weiteren Vergünstigungen oder gar Aufträgen verbinden.

Folgende Hinweise können für Kritikgespräche gegeben werden:
- Das Gespräch zeitnah zum Anlass führen.
- Gründliche Recherche, um Ausflüchten angemessen begegnen zu können.
- Schnell auf das Thema kommen, keine Floskeln oder „um den heißen Brei" herumreden.
- Klar und deutlich Fehlverhalten ansprechen.
- Vorwürfe stets auf das Verhalten, nicht auf den Charakter beziehen.
- Das zukünftige Verhalten gemeinsam herausarbeiten.

Denn
- Ziel ist es, dass der Mitarbeiter aus eigener Einsicht heraus Fehlverhalten künftig nicht mehr zeigt.

Zusammenarbeit
Im Regelfall ist im Sicherheitsdienst das Team gefordert, um den beruflichen Auftrag erfolgreich zu erfüllen. Deshalb gehört Teamfähigkeit mit zu den wünschenswerten Einstellungen und Fähigkeiten für Sicherheitsmitarbeiter.
Grundlagen der Teamarbeit sind:
- Respekt und Achtung innerhalb des Teams
- Gegenseitige Kenntnis über Stärken und Schwächen
- Ständiger Informationsaustausch
- Meldewege beachten und einhalten
- Klare Aufgabenverteilung im Team unter Berücksichtigung der Stärken und Schwächen der Teammitglieder
- Teaminterne Konflikte nie vor den Kunden austragen
- Dagegen stets Loyalität und Einheit demonstrieren
- Bei sich entwickelnden Konflikten frühzeitig Konfliktbewältigung anstreben auf der Sachebene sowie auf der Beziehungsebene

Der Teamleiter trägt die Führungsverantwortung für sein Team, die Mitarbeiter tragen für ihre Handlungen die Handlungsverantwortung.
Die Führungsverantwortung des Teamleiters drückt sich insbesondere aus in:
- Informationsvermittlung
- Herstellen von Transparenz
- Aufgabenverteilung
- Aufgreifen und Lösen von team-internen Konflikten
- Überprüfungen/Kontrollen der Aufgabenerfüllung
- Entscheidungen treffen, zu Entscheidungen stehen
- Vorbild sein
- Mitdenken im nächsthöheren Führungskreis
- Mehr sein als nur ein Mannschaftssprecher

Kontrollfragen:

1. Der Teamleiter trägt für sein Team die Führungsverantwortung. Was ist darunter zu verstehen?
   - ○ Er trägt die Verantwortung für jede Handlung seiner Mitarbeiter und muss sich deshalb auch immer vor Gericht rechtfertigen.
   - ○ Er trägt beispielsweise die Verantwortung für Informationsgewinnung und Informationsverarbeitung, Aufgabenverteilung, Erkennen, Aufgreifen und Lösen team-interner Konflikte. Er ist aber grundsätzlich nicht verantwortlich für Einzelhandlungen der Teammitglieder.

Erläuterung:

Richtig ist die zweite Antwort. Hier sind Aufgaben genannt, die zur Führungsverantwortung gehören. Falsch ist erste Antwort. Der Mitarbeiter ist für seine Handlungen grundsätzlich selbst verantwortlich.

2. Wie sollte ein Kritikgespräch mit einem Mitarbeiter geführt werden?
   - ○ Mitarbeiter Gelegenheit geben, sein Verhalten zu erklären.
   - ○ Ihm am besten im Beisein aller Mitarbeiter das Fehlverhalten aufzeigen. Das hat die größte Wirkung.
   - ○ Dem Mitarbeiter klar und deutlich das Fehlverhalten darlegen, dabei die Vorwürfe stets auf das Verhalten und nicht auf den Charakter beziehen.

Erläuterung:

Richtig sind die erste und die dritte Antwort. Da es das Ziel ist, dass der Mitarbeiter aus eigener Einsicht heraus kein weiteres Fehlverhalten mehr zeigen möge, muss zwar das Fehlverhalten klar und deutlich genannt werden. Der Mitarbeiter sollte aber ausreichend Gelegenheit finden, sein Verhalten zu erklären. Vielleicht erfahre ich Gründe, die mir bisher unbekannt waren. Charakteränderungen von Mitarbeitern (wenn überhaupt möglich) ist nicht die Aufgabe des Vorgesetzten. Dieser kann nur Verhaltensänderungen anstreben.

Falsch ist die zweite Antwort. Das Ansprechen des Fehlverhaltens im Beisein aller Mitarbeiter würde möglicherweise zu einer Einschüchterung, vielleicht auch zu einer Protesthaltung führen. Das oben genannte Ziel eines Kritikgesprächs würde so jedenfalls nicht erreicht werden.

7. Konflikt, Frustration, Aggression, Stress, Deeskalation, Eigensicherung

Konflikte sind Normalität im Leben und natürlich auch im Sicherheitsdienst. Im vorstehenden Abschnitt wurden zum Beispiel team-interne Konflikte genannt.
Konflikte bei der Erfüllung des beruflichen Auftrages sind gerade im Sicherheitsdienst tägliches Brot. Gegensätzliche, sich ausschließende Interessen, Motive, Meinungen und Verhaltenstendenzen prallen aufeinander. Der berufliche Auftrag erfordert unter Beachtung der Vorgaben des Auftraggebers, auf Einhaltung von Regeln im Zuständigkeitsbereich zu achten und gegebenenfalls die Einhaltung der Regeln durchzusetzen.

Entscheidend ist, dass der Sicherheitsmitarbeiter nicht den Konflikt „personalisiert", sich in seiner Person durch entsprechende herablassende oder provozierende Äußerungen angegriffen fühlt. Dann kann es schnell zur Eskalation durch gegenseitiges Hochschaukeln kommen, welches das Kreislaufmodell der Konflikteskalation verdeutlichen soll.

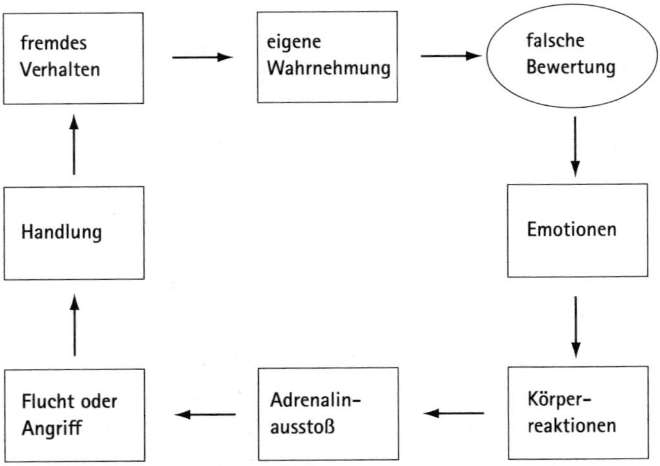

Greifen wir das Beispiel für die „Vernebelungstechnik" aus diesem Kapitel im Abschnitt 5.3 „Kommunikationstechniken" noch einmal auf, welches aufzeigt, zur richtigen Bewertung und danach unter Vermeidung eigener nachteiliger Emotionen und Körperreaktionen zur angemessener Reaktion zu kommen.
Ein merklich angetrunkener junger Mann will in die Diskothek. Der Türsteher verweigert den Zutritt. Es kommt zu der verbalen „Anmache" durch den Angetrunkenen: „Eigentlich bist Du ein richtiger Looser, sonst hättest Du einen anderen Job. Aber hier an der Tür spielst Du Dich als Entscheider auf!"

Der **Konflikt** ist klar: Eine Person will in die Diskothek, die andere Person verweigert den Zutritt. Konfliktverstärker können in diesem Beispiel wie folgt hinzukommen:

- Begleitpersonen des Angetrunkenen (Verlust seines Ansehens droht).
- Der Angetrunkene wurde vorher schon bei einer anderen Diskothek abgewiesen.
- „Landsmannschaftliche" Vorbehalte.

Dem jungen Mann ist ein Ziel verwehrt worden. Er erlebt eine Enttäuschung, eine Zielversagung. Er ist frustriert. Die Folge der Frustration kann Aggression sein, nämlich eine feindselige Verhaltensweise gegen Personen oder Sachen. Diese feindselige Verhaltensweise ist hier der verbale Angriff, der sich gegen den aus seiner Sicht Schuldigen richtet. Es kommt also – wenn man so will – zu einem ganz natürlichen, menschlichen Vorgang.
Von einem Mitarbeiter im Sicherheitsdienst, wird erwartet, dass er

- Konflikte im Ansatz entschärfen kann.
- Verhindert, dass sich Konflikte hochschaukeln.
- Sich nicht an einem Konfliktwettbewerb beteiligt.
- Eigene Emotionen beherrschen kann.
- Mit fremden Aggressionen umgehen kann.
- Den beruflichen Auftrag nicht aus den Augen verliert.

Bei dem Diskothekenbeispiel hat der Türsteher cool und professionell reagiert. Natürlich hat es ihn ein wenig geärgert, als „Looser" bezeichnet zu werden. Aber er hat die Gesamtsituation nicht aus den Augen verloren und sich bei der Bewertung dieses Ausdrucks vielleicht gesagt: „Ich entscheide, wer mich beleidigen kann!" Außerdem sind ihm die Zusammenhänge zwischen Konflikt, Frustration und Aggression klar. Er kann das Verhalten des jungen Mannes zwar nicht billigen, aber erklären. Er hat Techniken gelernt, mit solchen verbalen Angriffen umzugehen. Und eine Möglichkeit war hier die Vernebelungstechnik: „Es kann aus Ihrer Sicht so aussehen, dass ich ein Looser bin. Damit kann ich leben. Aber hier an der Tür entscheide ich nach den Vorgaben des Betreibers, wer reinkommt und wer nicht!"
Er hat die Provokation aufgegriffen, aus der Sicht des anderen bestätigt und dann übergeleitet zur Sachlage. Bewusst hat er dabei die „Sie-Form" gewählt, um Distanz zu wahren, obwohl er geduzt worden ist.

Grundsätzlich ist der Sicherheitsdienst bei Verhinderung und Beseitigung von durch Menschen verursachten Störungen Konfliktpartei, wie bei dem vorstehenden Beispiel. Wenn immer sich eine Chance bietet, sollte in der Konfliktbearbeitung das Sieger/Verliererprinzip vermieden werden, d.h. es ist grundsätzlich eine Lösung anzustreben, bei der beide Parteien als Sieger aus dem Konflikt hervorgehen.

Bei dem Diskothekenbeispiel wird es zwar schwierig, nach einer Lösung zu suchen, bei welcher der angetrunkene junge Mann als Sieger erscheint. Der Türsteher muss aber auch nicht seine Macht demonstrativ zur Schau stellen.

Hilfreich ist insbesondere, sich bei kleineren Ordnungsstörungen zu fragen, wie wichtig ist die Aufgabe und wie dringlich ist die Durchführung bzw. Durchsetzung. Wenn man dem Störer die Chance gibt, scheinbar aus eigenem Entschluss die Störung zu beenden, dann ist beiden Seiten am besten geholfen.

In dem Diskothekenbeispiel wurde schon kurz der Begriff **Frustration** angesprochen und erläutert. Die Stärke der Frustration ist abhängig von der Wichtigkeit und dem persönlichen Einsatz der Zielerreichung. Die Art der Verarbeitung ist individuell unterschiedlich (Veranlagung, Erziehung, Lebenserfahrung, Einstellung). Man spricht in diesem Zusammenhang von der individuellen Frustrationstoleranz.

Wenn nicht diese Enttäuschungserlebnisse durch Anstreben von Konfliktlösungen verarbeitet werden, können sie zur Resignation und häufig auch zur **Aggression** führen. Aggression äußert sich in verschiedenen Verhaltensweisen. Sie reichen von körperlicher Gewaltanwendung gegen Personen, über Beschädigung von Sachen, Türknallen bis zu verbalen Angriffen. Opfer können – wie in dem Diskothekenbeispiel – Auslöser der Frustration, vermeintliche Auslöser oder Unbeteiligte sein. Unbeteiligte sind dann Opfer, wenn die auslösende Person oder Institution zu mächtig oder nicht anwesend ist. Man spricht dann von einer Aggressionsverschiebung. Nicht selten sind Mitarbeiter im Sicherheitsdienst wegen ihrer Überwachungs- und Kontrollfunktion in dieser undankbaren Rolle des Blitzableiters.

Stress

Natürlich wird die undankbare Rolle als Blitzableiter als belastend empfunden. Auf diese Anforderung reagiert der Körper mit der Ausschüttung verschiedenster Stresshormone. Geben wir unserem Körper keine Entwarnung, indem wir die als belastend oder „stressig" erlebte Situation ändern oder verlassen, werden die Stresshormone nicht abgebaut und die körperliche Anspannung bleibt erhalten. Der Körper befindet sich in einem Dauerstress, einem chronischen Anspannungs- und Aktivierungszustand. Die Steuerungsfähigkeit durch den Verstand ist stark eingeschränkt. Dieser Zustand wird als negativer Stress / Distress bezeichnet. Vermeiden lassen sich solche Situationen nicht, aber durch einen besseren Umgang mit Stress lässt sich der Stressabbau beschleunigen. Je mehr man das Gefühl hat, Opfer und nicht Täter zu sein, umso belastender erlebt man die Anforderungen, umso mehr fühlt man sich gestresst.

Dagegen können die empfundenen Reize durchaus eine positive Wirkung für den Körper auslösen, also Höchstleistungen ermöglichen (positiver Stress / Eustress). Beispielsweise wird eine Prüfung, auf die man sich gut vorbereitet hat und mit hoher Wahrscheinlichkeit bestehen wird, zu einer positiven Anspannung führen. Dagegen wird das Gefühl einer zu großen, kaum zu bewältigenden Anforderung zum negativen Stress führen. Letztendlich hängt Eustress oder Distress von der individuellen Bewertung der Stressfaktoren ab.

Deeskalation

Die grundsätzliche Aufgabe im privaten wie staatlichen Sicherheitsbereich ist es, vorbeugend tätig zu sein d.h., Gefahren zu erkennen, Gefahren abzuwehren und damit Schäden zu verhindern.
Ist aber eine Situation eskaliert, sind alle geeigneten Maßnahmen gefordert, die dazu beitragen, eine Situation zu entschärfen. Das können bestimmte Verhaltensweisen und Gesprächstechniken sein, die in den vorstehenden Abschnitten mit Beispielen erläutert worden sind.
Aber auch durch Maßnahmen wie Präsenz/Stärke sowie energisches Durchgreifen sind je nach Anlass gefordert.
Deeskalation heißt also nicht, einem Druck immer nachzugeben, sondern eine angespannte Situation „runterzufahren".
Die Vielfalt der Möglichkeiten kann hier nicht aufgezählt und erläutert werden. Letztlich ist alles zulässig, was dem beruflichen Auftrag dient, den Vorgaben des Auftraggebers entspricht und sich im rechtlich zulässigen Rahmen bewegt.

Entscheidend ist grundsätzlich die Fähigkeit, einen Sachverhalt und seine wahrscheinliche Entwicklung richtig einschätzen zu können.
Das erfordert allgemeine und spezielle Berufserfahrung, Einfühlungsvermögen und vorausschauendes Verhalten.

Die Grundsätze der Eigensicherung sind Bestandteil der Deeskalation.
Einige wichtige Grundsätze und Verhaltenshinweise werden nachfolgend aufgelistet:

- Gefahrenbewusstsein, gedankliche Einstimmung auf die Einsatzsituation.
- Überprüfung der persönlichen Ausrüstung und der übernommenen Einsatzmittel.
- Umfeld beobachten, Gefahrenerkennung, gesundes Misstrauen.
- Vorausschauendes Verhalten.
- Ständiger Kontakt und Einzelabsprachen im Team z.B. bei Kontrollen und Personenüberprüfungen = Arbeitsteilung in Handeln und Sichern (L-Stellung oder Dreieck-Stellung).

- Absprache mit der Notruf- und Service Leitstelle (NSL), besonders wichtig im Einzeldienst.
- Handlungsablauf bestimmen (z.B. Überprüfungsort).
- Bei Fahrzeugüberprüfungen seitlich von hinten an die Fahrertür herantreten und Abstand halten.
- Beim Ansprechen/Wachrütteln schlafender Personen so herantreten, dass man nicht durch eine plötzliche Reaktion getroffen werden kann.
- Selbstbehauptung und Selbstverteidigung trainieren.
- Umgang mit Verteidigungswaffen trainieren.
- Maßnahme abbrechen, wenn Situation außer Kontrolle geraten kann. Ein rechtzeitiger Rückzug ist taktisches Handeln und keine „schändliche Flucht".

Kontrollfragen:

1. Deeskalierender Umgang mit fremden Aggressionen erfordert vor allem
   - ○ die Kontrolle eigener Emotionen.
   - ○ Kenntnisse über Konfliktmechanismen.
   - ○ die genaue Kenntnis der Dienstanweisung.

Erläuterung:

Richtig sind die erste und zweite Antwort. Wenn die eigenen Emotionen außer Kontrolle geraten, wird sich zwangsläufig ein Kreislauf der Konflikteskalation ergeben. Die Kenntnisse über Konfliktmechanismen d.h., das Erkennen von Zusammenhängen zwischen Frustration und Aggression und gegebenenfalls einer Aggressionsverschiebung begünstigen den deeskalierenden Umgang mit fremden Aggressionen. Man kann eigenes und fremdes Verhalten mit den Wechselwirkungen erklären und zielgerichtet handeln.
Falsch ist die dritte Antwort. Die Dienstanweisung kann nur allgemeine und objektbezogene Verhaltensvorgaben geben, aber nicht Handlungsvorgaben für besondere Einzelfälle.

2. Eigensicherung im Team erfordert unter anderem
   - ○ ständigen Kontakt halten.
   - ○ Über-/Unterordnung.
   - ○ Absprache der Vorgehensweise.

Erläuterung:

Richtig sind die erste und die dritte Antwort. Ständiger Kontakt ist die Basis für die Eigensicherung im Team. Man muss wissen, wo der Partner ist, was er gerade macht. Beispielsweise bei Personenüberprüfungen muss vorher eine arbeitsteilige Vorgehensweise in Handeln und Sichern abgesprochen werden.
Falsch ist die zweite Antwort. Eigensicherung im Team hat nichts mit Über- und Unterordnung zu tun.

IX. Grundlagen der Sicherheitstechnik

Nunmehr sollen die Grundlagen der Sicherheitstechnik erläutert werden:

1. Allgemeines

Grundgedanke eines jeden Sicherheitskonzeptes für Sicherungsobjekte ist das effiziente Zusammenwirken von

- mechanischer Grundsicherheit,
- elektronischen Überwachungseinrichtungen
  und
- organisatorischen Maßnahmen der Schadensverhütung.

Ein Restrisiko für das Sicherungsobjekt ist aber nicht auszuschließen.

Es gibt die so genannten drei Säulen der Sicherheit:

1. Mechanischer Grundschutz
2. Elektronische Überwachungseinrichtungen
3. Organisation der Alarmverfolgung/Risikomanagement

Mechanischer Grundschutz	Elektronische Überwachung	Organisation der Alarmverfolgung / Risikomanagement
Zaun und Tor Schranken Türen Vergitterungen Rollländen Fenster Schließanlagen Personenvereinzelungsanlagen Wertbehältnisse Tresorräume	EMA ÜMA BMA ZKS Videoüberwachung Kommunikationsmittel WKS Personennotrufanlagen	Vorschriften Flucht-/ Rettungspläne Dienst-Kfz Diensthund Dienstkleidung Handlampe Notwehrmittel Arbeitsschutzmittel
Sicherheitskonzept		

Diese 3 Säulen der Sicherheit sind wie folgt einzusetzen:

- Es muss eine Analyse der Einflussfaktoren und Gefahrenquellen für das zu schützende Objekt erfolgen.
- Es bedarf der Erstellung eines Sicherheitskonzeptes, wobei die drei Säulen der Sicherheit gleichwertig zu berücksichtigen sind.
- Zu Beginn des Sicherheitskonzeptes steht der mechanische Grundschutz.
- Nach praktischer Überprüfung des Sicherheitskonzeptes ist eine Dienstanweisung zu erstellen.
- Es bedarf einer ständigen Überprüfung des Sicherheitskonzepts und gegebenenfalls einer Anpassung an die veränderten Bedingungen.
- Es ist zu bedenken, dass jede Säule der Sicherheit ihre Grenze auch im Zusammenwirken mit den anderen Säulen hat. Ein geringes (vertretbares) Restrisiko für das zu schützende Objekt ist unvermeidbar.

Zu den drei Säulen der Sicherheit sind folgende Anmerkungen zu machen:

Mechanischer Grundschutz:
Mechanische Sicherheitseinrichtungen sollen
- eine juristische Grenze zwischen privatem Sicherungsbereich und angrenzender Verkehrsfläche kennzeichnen;
- Widerstand gegen widerrechtliche Angriffe und damit Zeitaufwand für den Täter bzw. Zeitgewinn für die Interventionskräfte erzeugen;
- eine Abschreckung potentieller Täter bewirken.

Elektronische Überwachungseinrichtungen:
Elektronische Überwachungseinrichtungen haben die Zielsetzung
- Angriffe auf geschützte Rechtsgüter möglichst frühzeitig und differenziert zu erkennen;
- die detaillierte Wertung der Signale vorzunehmen;
- der Hilfe leistenden Stelle durch möglichst sichere Datenübertragung schnell und eindeutig den Gefahrenstand zu melden.

Organisation der Alarmverfolgung/Risikomanagement:
Ein sorgfältiges, individuelles, ständig überprüftes und veränderten Bedingungen angepasstes Sicherheitskonzept und eine funktionierende Organisation der Alarmverfolgung sind die Basis der Zielerreichung „optimaler Schutz bzw. geringes (vertretbares) Restrisiko" für das Sicherungsobjekt.

2. Mechanische Sicherheitseinrichtungen

Nunmehr sollen die mechanischen Sicherheitseinrichtungen erläutert werden.

Einsatz von mechanischen Barrieren:
Ziel einer mechanischen Barriere ist es, einem Einflussfaktor oder einer Gefahrenquelle einen möglichst hohen Widerstand entgegenzusetzen. Die Wirksamkeit mechanischer Barrieren lässt sich an deren konkreten Widerstandszeitwerten messen. Der Widerstandszeitwert einer mechanischen Barriere ist die Zeiteinheit, die ein geübter Fachmann (geübter Täter) mit typischen Werkzeugen und entsprechender Energie vom Beginn des Angriffs bis zur erfolgreichen Überwindung benötigt. Dabei bestimmen folgende Kenngrößen den Widerstandszeitwert:

- Verwendetes Material
- Aufwendigkeit der Konstruktion
- Vorgehen des Täters (planerische Sicherheit, Fachwissen, Handhabungssicherheit)
- Zeitpunkt der Erkennung und Meldung des Angriffs an die Hilfe leistende Stelle
- Handlungssicherheit bei der Organisation der Alarmverfolgung

Der Widerstandszeitwert ist im Rahmen des Gesamtkonzeptes dann ausreichend, wenn der Täter vor dem Erreichen seines Zieles aufgibt oder die Hilfe leistenden Kräfte vor dem Erreichen des Taterfolges am Tatort eintreffen und den Taterfolg (Überwindung der Barriere) verhindern.

In der Sicherheitstechnik sind unabhängig von Herstellernormen (DIN-Normen) zusätzlich in Abhängigkeit von verschiedenen Angriffsmethoden und den daraus resultierenden Widerstandszeitwerten für mechanische Bauteile bzw. Baueinheiten bis zu 7 Widerstandsklassen, Widerstandsstufen und Widerstandseinheiten (WE) in DIN Normen festgelegt. Sie ergeben je nach Angriffsmethode einen bestimmten Widerstandszeitwert.

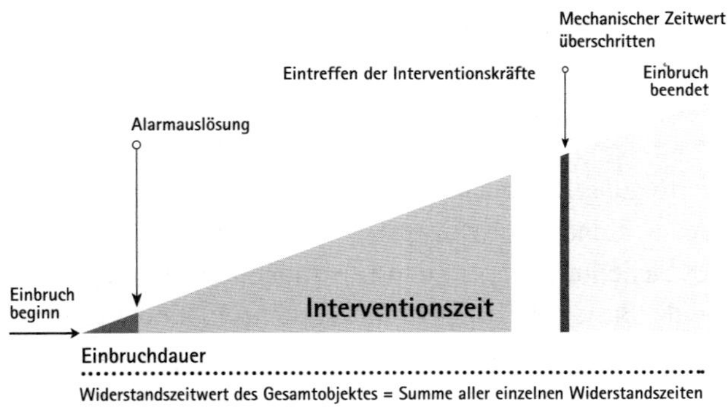

Einfriedungen:
Eine Einfriedung ist eine Anlage, die ein Grundstück vollständig oder teilweise umschließt, somit gegenüber Nachbargrundstücken oder Straßen abgrenzt und vor unbefugtem Betreten und Befahren schützt, so genannte Perimetersicherungen.

Zaunanlagen:
Zaunanlagen sollten folgende allgemeine Anforderungen erfüllen. Sie sollten:

- lückenlos sein,
- möglichst gradlinig/überschaubar d.h. ohne störenden Bewuchs sein,
- einen Übersteigschutz haben, nach außen abgewinkelt oder senkrecht,
- eine Höhe von mindestens 2,5 m haben, um einen Unterkriechschutz sowie einen Übersteigschutz zu gewährleisten,
- eine Zaunfeldlänge von ca. 3,0 m haben,
- aus korrosionsbeständigem und gehärtetem Material sein,
- die Verbindungselemente sollten innen mit Spezialwerkzeug montiert sein.

Ein Zaun sollte folgende Anforderungen an die Überwindungssicherheit erfüllen:
Er sollte Schutz gewähren vor:

- Durchbrechen und Durchtrennen
  - · Verwendung von gehärtetem und oberflächenvergütetem Material
  - · Verbindungs- und Befestigungselemente innenliegend
  - · Einbau von Rollensicherungen
- Übersteigen
  - · Bauhöhe ca. 2,5 m
  - · Übersteigschutz entgegen der Angriffsrichtung oder als Y-Ausleger
  - · Kronensicherung durch S-Drahtrollen
- Untergraben/Unterkriechen
  - · Zaunfeldverankerung 30 cm im Erdreich
  - · Zaunfeldfundament 80 cm im Erdreich
- Durchreichen von Gegenständen
  - · Kleine Maschenweite (ca. 5,0 cm)

Es gibt u.a. folgende Zaunarten:

- Maschendrahtzaun
- Drahtgitterzaun
- Stahlgitterzaun
- Stahlprofilzaun
- Streckmetallzaun

Zu Mauern sind folgende Anmerkungen zu machen:
Mauern sind zwar als Umschließung und als Barriere geeignet, werden aber häufig abgelehnt. Dieses beruht auf folgenden Gründen:

- der Ästhetik,
- der Kosten,
- wegen fehlender Einsehbarkeit und Transparenz,
- die Vorfeldkontrolle durch das Sicherungspersonal wird stark behindert.

Zu Einfriedungsdurchlässen sind folgende Anmerkungen zu machen:

- Bewegliche Sicherung der Umfriedung, alle begeh- und befahrbaren Öffnungen durch Tore bzw. Türen oder Gitter mit vergleichbaren Sicherheitsanforderungen ausstatten;
- Gewährleistung der Verschlusssicherheit, es sollten Aufschiebsicherheit, sichere Verriegelung, Funktionalität und ein geringer Bodenabstand gewährleistet sein;
- Regelung des Personen- und Fahrzeugverkehrs sowie Ermöglichung des zulässigen Betretens und Verlassen des Grundstücks, es sollten einflügelige Tore, Türen, Gitter mit einer Breite von bis zu 2,0 m verwendet werden;
- Ermöglichen von Fahrzeug- und Materialkontrollen, hier sollte die Errichtung und der Betrieb von Schiebetoren, Rolltoren, Schwingtoren mit einer Breite von mehr als 2,0 m nach der Richtlinie für kraftbetätigte Fenster, Türen und Tore erfolgen.

Zu Schranken sind folgende Anmerkungen zu machen:

- Schranken bieten keinen Schutz gegen widerrechtliches Betreten.
- Schranken haben eine Ordnungsfunktion im Hinblick auf eine schnelle Regulierung und Kontrolle des Fahrzeug- und Personenverkehrs. Sie sind organisatorisches Hilfsmittel der Kontrolltätigkeit.
- Typisch sind Drehschranken oder Hebeschranken in halbseitig oder ganzseitig sperrender Ausführung.

Zu Durchfahrtssperren sind folgende Anmerkungen zu machen:

- Sie gewährleisten ein hohes Maß an Sicherheit gegen gewaltsames Durchbrechen.
- Ihre Einsatzorte sind Höchstrisikobereiche wie militärische Anlagen, Kraftwerke oder Regierungsgebäude.
- Hydraulisch oder pneumatisch betriebene Systeme können Aufprallgrößen bis zu 30 Tonnen bei 70 km/h beherrschen (Einsatz in Hochsicherheitsbereichen).

Zu automatischen Türsystemen und Personenvereinzelungsanlagen sind folgende Anmerkungen zu machen:
Typische Zutrittseinrichtungen sind:

- Drehsperren
- Schwenktüren
- hohe und halb hohe Drehkreuzanlagen
- Portaldrehkreuze
- Portaldrehkreuze mit integrierter Flügel- oder Fahrradtür
- Drehtüren
- Personenschleusen

Zu Türen sind folgende Anmerkungen zu machen:

- Türen sind Hauptangriffsziel von Einbrechern, da sie Unauffälligkeit, geräuschloses Überwinden sowie schnellen Abtransport und Fluchtmöglichkeit am ehesten bieten.
- Als Konstruktionseinheit verschiedener Bauteile kann jedes Bauteil der Tür ein Schwachpunkt sein.
- Bauteile der Türen sind:
  · Türrahmen und Zargen mit Schließblech
  · Türblatt (evtl. mit Weitwinkelspion, oder vergittert oder mit Glaseinsatz)
  · Schloss und Verschlusseinrichtungen (Schließzylinder)
  · Sicherheitstürbeschlag
  · Türbänder

Nunmehr sollen die Normungen und Merkmale von Türen und deren Bauelementen erläutert werden:

- Einbruchhemmende Türen mit definiertem Widerstandswert gewähren Schutz gegen
  · körperliche Gewalt,
  · einfache Hebelwerkzeuge,
  · Hebel- und Schlagwerkzeuge.
- Schutzbeschlag
  · ist von innen an drei Punkten verschraubt,
  · hat einen feststehenden Knauf,
  · der Knauf ist von außen nicht abschraubbar,
  · hat eine allgemeine Bruchfestigkeit gegen Angriffe mit Hebelwerkzeugen.
- **Ausnahme**: Bei so genannten PANIKSCHLÖSSERN in Türen mit Fluchttürfunktion wird der Riegelverschluss sofort durch die Betätigung des Drückers aufgehoben!

Seit Inkrafttreten der beiden Normen EN 179 und EN 1125 am 01.03.2004 muss man zwischen Notausgangstüren einerseits und Paniktüren andererseits unterscheiden:
Bei Notsituationen, für die **Notausgangstüren** zu planen und zu kennzeichnen sind, wird davon ausgegangen, dass in diesen Bereichen kein öffentlicher Publikumsverkehr stattfindet. Die dort Beschäftigten verfügen über ausreichende Kenntnisse der Betätigung der Notausgangstüren und sind über Flucht- und Rettungswege informiert. Dagegen wird bei Forderungen nach **Paniktüren** und einer entsprechenden Sicherung derselben davon ausgegangen, dass sich in den Gebäudeteilen (Kinos, Einkaufseinrichtungen, Bauten für öffentliche Veranstaltungen und ähnlichem) zahlreiche Personen ohne Kenntnis der konkreten örtlichen Gegebenheiten und der Lage der Flucht- und Rettungswege aufhalten.

Zu Fenstern sind folgende Anmerkungen zu machen:
Fenster sind nach den Türen der zweite Hauptangriffspunkt für Täter. Besonders gefährdet sind zu öffnende Fenster, wenn der Zugriff auf den ungesicherten Verriegelungshebel zum Beispiel nach Heraustrennen oder Zerschlagen der Scheibe möglich wird. Die Widerstandszeit wird dadurch erheblich herabgesetzt. Als Konstruktionseinheit verschiedener Bauteile kann jedes Bauteil des Fensters ein Schwachpunkt sein. Bauteile der Fenster sind:

- Rahmenfries
- Flügelfries
- Bänder
- Verglasung
- Fenstersims
- Verschlusseinrichtung

Nunmehr sollen die Normungen und Merkmale von Fenstern und deren Bauelementen erläutert werden:

Es gibt für die gesamten geprüften Fenster folgende Widerstandsklassen:

- Einfache Einbruchhemmung
- Erhöhte Einbruchhemmung
- Höchste Einbruchhemmung

Hinsichtlich der Verglasung gibt es folgende Widerstandsklassen:

- DIN EN 356 Durchwurf hemmend
- DIN EN 356 Durchbruch hemmend
- DIN EN 1063 Durchschuss hemmend
- DIN EN 13541 Sprengwirkung hemmend

Die Verglasungen von Fenstern können nach Material und Bauart sein:

Einfachglas	Mehrscheiben-Isolierglas
Sicherheitsglas	Glasbausteine
Einscheiben-Sicherheitsglas (ESG)	Verbundsicherheitsglas (VSG)
Drahtglas	Alarmglas
Isolierglas	Polykarbonscheiben (Kunststoffglas)

Bei Fenstern gibt es folgende Zusatzsicherungen:

- Splitterschutzfolien
- Splitterschutzvorhänge
- Rollläden nach DIN 18073
- Vergitterungen
- Lichtschachtabsicherungen
- Verschließbare Fenstergriffe
- Pilzkopfverriegelungen umlaufend um das gesamte Fenster
- Stabile Scharniere
- Gegendruckbolzen
- Stabile Verankerung des Rahmens im Mauerwerk

Zu Schlössern sind folgende Anmerkungen zu machen:
Es gibt folgende Schlossarten und Verschlusseinrichtungen mit Sicherheitswerten:

• Schließzylinder (Rund / Oval / Profil)	Angriff hemmend geprüft
• Buntbartschloss	geringer Sicherheitswert
• Buntbartschloss mit Besatzung	geringer Sicherheitswert
• Buntbartschloss mit Einbausicherung	geringer Sicherheitswert
• Buntbartschloss mit Schlüssellochsperre	geringer Sicherheitswert
• Zuhaltungsschloss (Chubbschlösser)	erhöhter Sicherheitswert
• Zahlenkombinationsschloss	hoher Sicherheitswert

- Mechatronik-Schlosssysteme (Kombination aus klassischer Mechanik und elektronischer Information in Schließzylinder und Schlüssel – sehr hoher Sicherheitswert).

Zu Schließanlagen nach DIN 18252 sind folgende Anmerkungen zu machen:
Eine effektive Schlüsselverwaltung wird durch die Installation von Schließanlagen erreicht. Grundsätzlich können alle variationsfähigen Schlossarten bis hin zur Chipkartentechnologie verwendet werden.

Schließanlagen unterscheiden sich nach ihrer Funktionalität:

- Zentralschließanlage
  Die Anlage setzt sich aus beliebig vielen Schließzylindern zusammen. Die Schlüssel sind in der Lage, einen oder mehrere Schließzylinder mit zentraler Funktion mit zu schließen. Der Einsatz erfolgt beispielsweise in einem Mehrfamilienhaus in der Form, dass mehrere Einzelschlüssel für die Wohnungen gleichzeitig die zentrale Hauseingangstür, die Tür zum Müllraum sowie die Kellertüren öffnen können.
- Hauptschlüsselanlage
  Die Anlage setzt sich aus beliebig vielen Schließzylindern zusammen. Ein übergeordneter Hauptschlüssel ist in der Lage, alle diese Schließzylinder zu betätigen. Der Einsatz erfolgt beispielsweise in einer Hotelanlage. Hier benötigt das Servicepersonal nur den Hauptschlüssel für den Service in allen Zimmern der Etage. Der jeweilige Gast besitzt einen Einzelschlüssel zu seinem Zimmer.
- Generalhauptschlüsselanlage
  Die Anlage setzt sich aus beliebig vielen verschiedenen Schließzylindern zusammen, die nach einer Berechtigungshierarchie in Gruppen geordnet sind. Man unterteilt in der Wertigkeit steigend:

· Einzelschlüssel	(ES)
· Untergruppenschlüssel	(UGS)
· Gruppenschlüssel	(GS)
· Obergruppenschlüssel	(OGS)
· Hauptgruppenschlüssel	(HGS)
· Generalhauptschlüssel	(GHS)

  Der Einsatz erfolgt beispielsweise in einem Industrieobjekt. Je nach sicherheitsrelevanter Einstufung sind die Abteilungen in Hauptgruppen Schlösser wie Forschung, Produktion, Lager oder Verwaltung eingeteilt. Innerhalb der Abteilungen ist die Schließberechtigung entsprechend der Verantwortungsbereiche bis hin zum Einzelschlüssel abgestuft. Der Generalhauptschlüssel, der z.B. im elektronisch überwachten Feuerwehrschlüsselkasten gelagert wird, erlaubt das Öffnen aller untergeordneten Schlösser.
- Kombinierte Hauptschlüssel-Zentralschlossanlage
- Zentralschlossanlage mit übergeordnetem Schlüssel
  Die benutzerdefinierte Schließberechtigung verlangt in der Praxis häufig die Kombination von Grundstrukturen. Beispielsweise in einem Mischgebiet von Wohnungen und Gewerbebetrieben oder in Einkaufszentren muss dem Eigentümer, den Mietern sowie den Mitarbeitern unterschiedlich Zutritt gewährt werden. Aber es muss auch ein Gebäudeverantwortlicher (Hausmeister oder Sicherheitspersonal) die Schließberechtigung aller Schlösser der Anlage besitzen.

Zur Schlüsselaufbewahrung sind folgende Anmerkungen zu machen:

- Sie sollte geschützt (verplombt) gegen den Zugriff unbefugter Personen erfolgen.
- Eine Herausgabe von Schlüsseln sollte nur gegen Unterschrift an Berechtigte erfolgen.
- Es sollte eine Nachweisführung über Verbleib von Schlüsseln erfolgen.
- Aufbewahrungsmöglichkeiten von Schlüsseln sind:
  - Schlüsselschubladen
  - Schlüsselausschübe
  - Schlüsseltresore
  - Schlüsselschränke
  - Elektronische Schlüsseldepots (Grundfunktion wie Zutrittsberechtigung z.B. über PIN-Code mit sofortigem Protokoll)

Es sollte zudem ein Sicherungsschein existieren, der bewirkt, dass die Nachfertigung eines weiteren Schlüssels nur für den Inhaber des Sicherheitsscheins bzw. mit dessen Erlaubnis möglich ist.

3. Wertbehältnisse und Tresorräume

Es erfolgen nunmehr Erläuterungen zu Wertbehältnissen und Tresorräumen.

Verwendung:
Wertbehältnisse und Tresorräume werden zur sicheren Aufbewahrung zum Beispiel von Wertgegenständen, Bargeld oder vertraulichen Unterlagen eingesetzt bzw. sind versicherungsrechtlich vorgeschrieben.
Im Rahmen des amtlichen Geheimschutzes können sie als VS-Verwahrgelasse zur Sicherung von Schriftstücken als Verschlusssache Verwendung finden.
Typisch ist auch die Verwahrung von Schlüsseln, Zylindern und Sicherungsscheinen bzw. Sicherungskarten für Schließanlagen in ihnen.

Das Widerstandsvermögen gegen definierte Angriffe (Teilbruch, Aufbruch, Wegnahme, Feuer, Datenverlust) ist abhängig von Materialauswahl, Wandstärke, Konstruktion und Verschlusseinrichtung (Zuhaltungsschloss, IT-Schloss).

Welches Wertbehältnis ausgewählt wird, hängt von einer Vielzahl von Einzelfaktoren wie Bedarf, Wertkonzentration, Bedrohungsanalyse, zusätzlicher personeller oder technischer Überwachung ab.
Normung und Klassifizierung :
Das Normungsregelwerk für Wertbehältnisse ist auf Grund verschiedener Prüfmethoden und Herstellernormen und Vorschriften der nationalen und europäischen Versicherungswirtschaft sehr breit gefächert und detailliert. Hier soll der Hinweis auf insgesamt 13 Widerstandsklassen für Wertbehältnisse gegen Aufbruch und 14 Widerstandsklassen für Wertschutzräume und Wertschutzraumtüren sowie die Klassifizierung der Hochsicherheitsschlösser nach den Sicherheitsstufen A, B, C, D (DIN EN 1300) genügen. Die Palette der Prüfreihen reicht dabei vom Einsatz einfacher Hebelwerkzeuge über elektrische und thermische Trennwerkzeuge bis zum Einsatz von Sprengstoff.

Wertbehältnisse und Tresorräume sind nach ihrem Verwendungszeck einzuteilen:

- Schlüsseltresore
- Wandtresore
- Möbeleinsatztresore
- Geschäftstresore
- Möbeltresore
- Sicherheitsschränke
- feuerfeste Dokumentenschränke
- Datensicherungsschränke
- Tresorräume

4. Zutrittskontrollsysteme

Nunmehr sollen Zutrittskontrollsysteme erläutert werden:

Verwendung :
Zutrittskontrollsysteme gewährleisten eine schnelle und sichere Zugangskontrolle zu einem Werksgelände oder Gebäude. Diese Systeme werden aber auch innerhalb von Gebäuden verwendet. Häufig steuern sie den Zugang zu besonderen Bereichen (restricted areas), wie Rechenzentren, Labors, Archiven und ähnlichen Sicherheitszonen. Man will damit ausschließen, dass sich unberechtigte Personen Zutritt verschaffen. Berechtigte Personen können mit diesen technischen Hilfsmitteln jedoch problemlos Zutritt erlangen. Zutrittskontrollsysteme werden deshalb häufig in Verbindung mit Drehtüren, Drehsperren, Drehschleusen usw. eingesetzt.

Aufgabe eines Zutrittskontrollsystems:
Ein Zutrittskontrollsystem dient

- der Überwachung und Steuerung der Personalbewegung,
- der Identifizierung von Personen,
- der Feststellen der Berechtigung,
- der Auslösung von Alarmen bei Normabweichungen.

Bestandteile eines Zutrittskontrollsystems:
Ein Zutrittskontrollsystem besteht aus folgenden Bestandteilen

- Drehtür, Drehsperre, Drehschleuse
  Sie dienen zum Vereinzeln von Personengruppen. Nur wenn Mitarbeiter oder Besucher einzeln hintereinander das Gelände oder Gebäude betreten, ist eine Zutrittskontrolle möglich.
- Zentraleinheit mit Datenspeicher
  Im Datenspeicher wird für jede zutrittsberechtigte Person ein Datensatz angelegt, der die Personendaten, Gültigkeitsdauer und z.B. den örtlichen und zeitlichen Zutritt enthält. Diese Daten werden bei jedem Zutritt von der Zentraleinheit verglichen.
- Akustischer Alarmgeber
  Der Alarmgeber hat die Aufgabe, das Personal auf Störungen und Unregelmäßigkeiten hinzuweisen.
- Bildschirm mit Eingabetastatur (Bedienkonsole)
  Über die Bedienkonsole werden die Datensätze manuell gepflegt und Veränderungen im Mitarbeiterbereich sowie persönliche Berechtigungen eingegeben.

- Protokolldrucker
  Der Protokolldrucker hat die Aufgabe, wichtige Informationen (z.B. Zutrittsversuch mit einem ungültigen Ausweis, Besucherlisten oder Personalbewegungen) auszudrucken.
- Ausweisleser
  Die Ausweisleser dienen dazu, die Informationen der codierten Ausweise auszulesen und an die Zentraleinheit zur Auswertung weiterzugeben. Dazu ist es nötig, dass die Ausweisleser elektrisch oder per Funk mit der Zentraleinheit verbunden sind.
  Beim Ausweisleser werden vier Bauarten unterschieden:
  · Einsteckleser
  · Einzugleser
  · Durchgangsleser
  · Abstandsleser
- Codierbare Ausweise
  Die für die Zutrittsberechtigung benötigten Daten sind nicht nur im Datenspeicher abgelegt, sondern ebenfalls in einem codierbaren Ausweis.
  Die wichtigsten Codierverfahren sind:
  · Magnetstreifen-Codierung (Plastikkarte mit Magnetstreifen)
  · Wigand codierte Ausweise (elektrischer Ausweis mit Magneten)
  · Infrarot codierte Ausweise (infrarot-durchlässige Trägerfolie im Ausweis)
  · Induktiv codierte Ausweise (Metallfolie mit Codierungslöchern im Ausweis)
  · Elektronisch codierte Ausweise (Mikroprozessor und Speicherbaustein im Ausweis)
  · Kontaktlose Chipkarten (Chip im Ausweis)

Erhöhung der Sicherheit durch Zusatzeinrichtungen:
Nur durch eine Zusatzeinrichtung kann überprüft werden, ob auch der rechtmäßige Inhaber den Ausweis benutzt. Dabei können prinzipiell folgende Verfahren zur Anwendung kommen:

- Zusätzliche Eingabe eines Zahlencodes (Persönliche Identifikationsnummer, PIN)
- Vergleich von beständigen und einmaligen Merkmalen des Menschen
  (so genannte biometrischen Merkmale)
  · Sprecherkennung
  · Fingerabdruckvergleich
  · Handgeometrieerkennung
  · Iris- oder Augenhintergrunderkennung
  · Gesichtserkennung

5. Gefahrenmeldeanlagen

Nunmehr sollen Gefahrenmeldeanlagen erläutert werden:

Elektronische Überwachungseinrichtungen:
Da der Widerstandswert jeder mechanischen Sicherung begrenzt ist, sollte bei einem entsprechenden Schutzziel eine Unterstützung durch elektronische Sicherungstechnik erfolgen. Eine Überwachung durch eine Hilfe leistende Stelle ist unabdingbar, um im Gefahrenfall erfolgreich intervenieren zu können.

Aufgabe einer Gefahrenmeldeanlage:
Gefahrenmeldeanlagen (GMA) sind Fernmeldeanlagen. Sie erkennen und melden Gefahren für Leben, Gesundheit und Sachwerte und geben Statusmeldungen ab. Sie müssen durch anerkannte Fachfirmen projektiert und installiert werden. An ihre sichere und störungsfreie Funktion stellen daher Nutzer und Versicherer besonders hohe Anforderungen. (DIN VDE 800 / 833 und VdS-Richtlinien)

Arten von Gefahrenmeldeanlagen
Es gibt folgende Arten von Gefahrenmeldeanlagen:

- Einbruchmeldeanlage (EMA)
- Überfallmeldeanlage (ÜMA)
- Brandmeldeanlage (BMA)
- Störmeldeanlagen und -einrichtungen

Aufgaben von Gefahrenmeldeanlagen
GMA haben folgende Aufgaben:

- EMA: Sie überwacht Flächen und Räume gegen unbefugtes Eindringen und Gegenstände gegen unbefugte Wegnahme.
- ÜMA: Sie dient dem direkten Hilferuf durch Personen bei Gefahr für Leben und Gesundheit und ist nicht abschaltbar. Die Auslösung alarmiert mit einem stillen Alarm sofort die Polizei.
- BMA: Sie ermöglicht einen Hilferuf manuell oder automatisch bei Branderkennung zur Feuerwehr.
- Störmeldeanlage: Sie überwacht technische Prozesse und Abläufe und meldet Unregelmäßigkeiten.

5.1. Einbruchmeldeanlage

Die Einbruchmeldeanlage (EMA) überwacht Flächen und Räume gegen unbefugtes Eindringen und Gegenstände gegen unbefugte Wegnahme und besteht grundsätzlich aus folgenden Bestandteilen:

- Einbruchmeldezentrale (EMZ) mit abgesetztem oder integriertem Bedienteil
- Meldelinien und Meldergruppen
- Stromversorgung mit 230 V und Notstromakku
- Ereignisnachweise durch Protokolldrucker oder Speicher
- Sensoren
- Alarmsensoren, Signalgeber mit akustischen und optischen Anzeigen
- geistige Verschlüsse, Sperrzeit-Schaltuhren
- Scharfschalteinrichtungen
- fernmeldetechnisches Übertragungsgerät

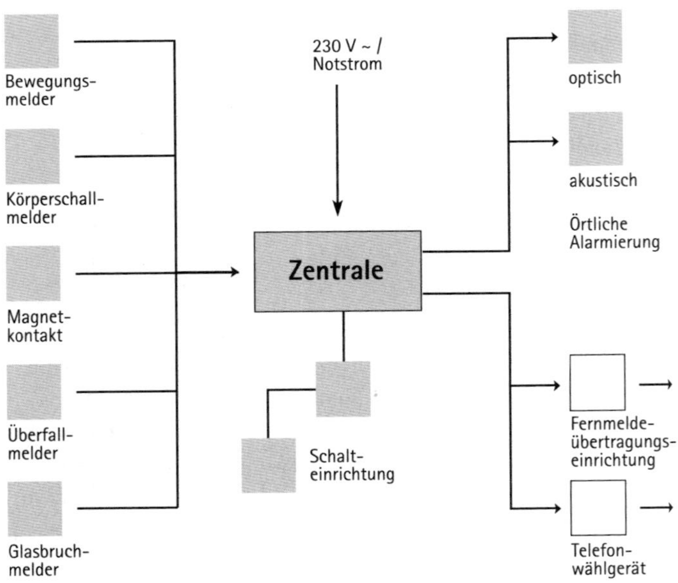

Schema Einbruchmeldeanlage

- Melderzentrale
  Die Melderzentrale hat die Aufgabe, die eingehenden Signale der Sensoren (Melder) zu erfassen und auszuwerten. Sie überwacht auch die Meldelinien und die Stromversorgung. Bei Unregelmäßigkeiten löst sie über fernmeldetechnische Anlagenteile Alarm aus. Gleichzeitig können externe akustische und optische Signalgeber zur Auslösung gebracht werden.

- Meldelinien/Meldegruppen
  Die Meldelinien reagieren auf der Basis des Vergleiches überwachter physikalischer Kenngrößen und melden die Kenngrößenänderung als elektrischen Schaltimpuls über Primärmeldelinien weiter.

- Melder (Sensoren)
  Es sind folgende Melder/Sensoren zu erwähnen:

  Elektro-mechanische Melder
  · Magnet-Reed-Kontakt
  · Riegel- / Schließblechkontakt
  · Vibrationskontakt
  · Fadenzugkontakt
  · Alarmdrahttapete / -folie
  · Alarmdrahtglas
  · Sonstige Kontakte (z.B. Bildkontakt, Übergangskontakte)

  Elektro-akustische Melder
  · Passive Glasbruchmelde
  · Aktive Glasbruchmelder
  · Ultraschall-Bewegungsmelder
  · Körperschallmelder

  Elektro-optische Melder
  · Infrarot-Bewegungsmelder
  · Infrarot-Schranken

  Elektrische Melder
  · Mikrowellenmelder
  · Mikrowellenrichtstrecke
  · kapazitive Feldänderungsmelder

Kombinierte Melder.
- kombinierter Ultraschall / Infrarot-Bewegungsmelder

Freiland-Melder
- Mikrofonkabel
- Körperschallmelder
- Vibrationsmelder
- Leckkabel
- Stolperdraht
- Druckmelder/Mauerkronenmelder

- Scharfschalteinrichtung
  Während des normalen Bürobetriebes soll nicht ständig Alarm ausgelöst werden und deshalb wird die Einbruchmeldeanlage für diese Zeit unscharf geschaltet. Dieses geschieht mit einem Blockschloss an der Eingangstür des zusichernden Gebäudes.

- Stromversorgung

- Notstromakku
  Die Stromversorgung aus dem Netz (230 V) ist für eine Einbruchmeldeanlage nicht ausreichend. Zusätzlich muss eine Batterie vorhanden sein, welche die Anlage je nach Einsatz bis zu dreißig Stunden versorgen muss.

- Ereignisnachweis
  In der Melderzentrale können nach einer Alarmauslösung die Meldelinien und eventuell der Melder optisch angezeigt werden, so dass eine Alarmverfolgung optimal durchgeführt werden kann.

- Signalgeber optisch/akustisch
  Mit optischen und akustischen Signalgebern kann am Objekt auf den Alarmfall hingewiesen werden. Die akustischen Signalgeber müssen nach einer vordefinierten Zeit selbstständig abschalten und dürfen erst wieder ihre Funktion aufnehmen, nachdem der Wartungsdienst die Anlage überprüft hat.

- Fernmeldetechnische Übertragungswege/Übertragungsgeräte
  Die Alarmmeldung muss automatisch an eine Hilfe leistende Stelle gelangen. Hierfür gibt es folgende fernmeldetechnische Wege:
  - Primärleitung (stehend/überwacht)=Direktleitung zur Polizei (Notruf) oder

Alarmempfangsstelle (ÜE).
- Sekundärleitung (bedarfsgesteuert/nicht überwachte Leitung)
  - Telefonwählgeräte
    - automatisches Wähl- und Ansagegerät (AWAG)
    - automatisches Wähl- und Übertragungsgerät (AWUG)
  - ISDN Wählgerät
  - LAN-Netzwerkverbindung
  - redundanter oder zweiter Übertragungsweg über Funktelefon

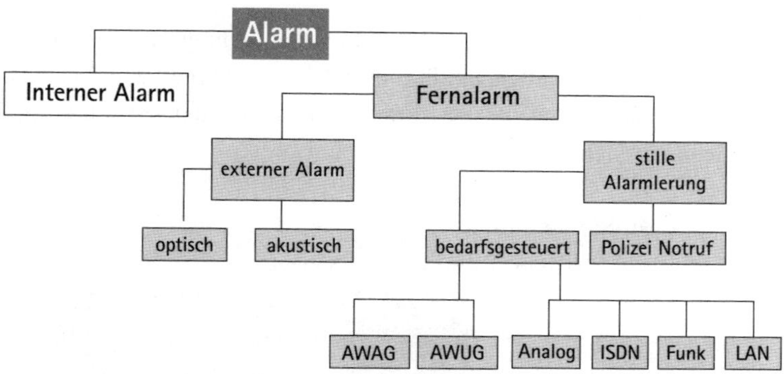

5.2. Überfallmeldeanlage

Die Überfallmeldeanlage (ÜMA) soll Personen beim Eintreten einer Gefahr in die Lage versetzen, unabhängig vom Schaltzustand der Einbruchmeldeanlage Hilfe herbeizurufen. Hierbei handelt es sich um nicht automatische Melder, wobei ausschließlich stiller Alarm ausgelöst werden sollte, um mögliche Eskalation zu vermeiden. Sie dürfen vom Betreiber nicht abschaltbar und rücksetzbar sein.
Eine ÜMA kann mit folgenden Meldern belegt werden:

- Notruftaster/Notrufdrücker
  Sie bestehen aus einer Grundplatte, einer Druckplatte und einem Indikatorpapier. Bei Betätigung der Druckplatte wird das Indikatorpapier zerstört, wodurch erkennbar wird, an welchem Melder der Alarm ausgelöst wurde.
- Geldscheinkontakte
  Sie passen in handelsübliche Geldmulden und werden für Täter unsichtbar eingebaut. Bei Entnahme des letzten Geldscheins aus der Geldmulde wird Alarm ausgelöst. Sie werden in der Regel in Banken am Geldschalter eingesetzt.

- Tretleiste
  Sie bestehen aus einem fest montierten und einem beweglichen Teil. Integriert sind zwei Magnetkontakte, durch die beim unauffälligen Betätigen Alarm ausgelöst wird. Tretleisten werden in Banken eingesetzt.
- Codiereinrichtungen
  Es wird in Verbindung mit üblichen einzugebenden Codes oder Zahlen (Kassen) eine zusätzliche oder andere Ziffer programmiert. Bei Eingabe dieser Zahl wird ein Überfallalarm ausgelöst.

5.3. Brandmeldeanlage

Die Brandmeldeanlage (BMA) meldet nicht nur Brandentstehung, sondern löst auch Brandschutzvorgänge wie Schließen von Brandschutztüren, Öffnen von Rauchklappen, Ausschalten von Maschinen aus. Eine Brandmeldeanlage besteht grundsätzlich aus folgenden Bestandteilen:

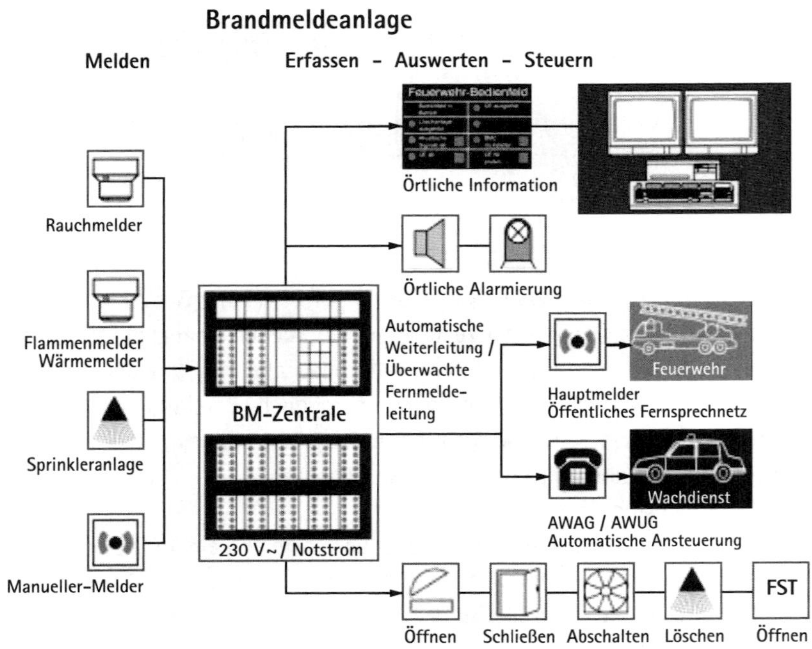

- Melderzentrale
  Die Melderzentrale hat die Aufgabe, die eingehenden Signale der Sensoren (Melder) zu erfassen und auszuwerten. Sie überwacht auch die Meldelinien und die Stromversorgung. Bei Unregelmäßigkeiten löst sie über fernmeldetechnische Anlagenteile Alarm aus. Gleichzeitig können externe akustische und optische Signalgeber zur Auslösung gebracht werden.
- Meldelinien/Meldegruppen
  Die Meldelinien reagieren auf der Basis des Vergleiches überwachter physikalischer Kenngrößen und melden die Kenngrößenänderung als elektrischen Schaltimpuls über Primärmeldelinien weiter.
- Scharfschalteinrichtung
  Eine Brandmeldeanlage ist durchgängig scharf geschaltet. Nur bei Wartungs- und Reparaturarbeiten besteht die Möglichkeit, die Anlage unscharf zu schalten.
- Stromversorgung
- Notstromakku
  Die Stromversorgung aus dem Netz (230 V) ist für eine Brandmeldeanlage nicht ausreichend. Zusätzlich muss eine Batterie vorhanden sein, welche die Anlage je nach Einsatz für vier bis zu dreißig Stunden versorgen muss.

Je nachdem, welche Materialien brennen, ergibt sich ein unterschiedlicher Brandverlauf, bei dem drei Brandkenngrößen zu unterscheiden sind:
- Temperaturerhöhung
- Rauchentwicklung
- Flammenstrahlung

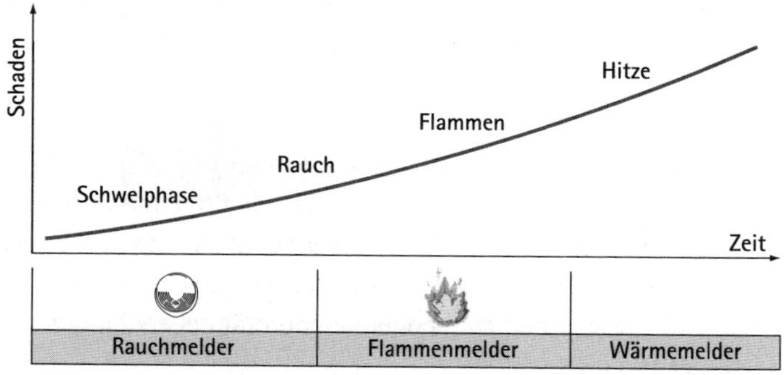

Die Brandmeldeanlage (BMA) kann mit folgenden Meldern belegt werden:

- Rauchmelder
  Rauchmelder befinden sich in einem zu schützenden Raum mit Materialien, die nach einer Schwel- oder Rauchphase zu brennen beginnen. Für das Erkennen von Rauchpartikeln in der Luft gibt es verschiedene Auswertemethoden:
  - Ionisationsmelder
    Ionisationsmelder bestehen aus zwei Metallplatten, die mit einem Stromkreis verbunden sind. Auf der einen Metallplatte befindet sich ein schwach radioaktiver Strahler, so dass es zwischen den Platten zu einem messbaren Ionenstrom kommt. Wenn nun Rauchpartikel in den Melder eindringen, lagern sie sich an den Ionen ab. Damit ändert sich die Stärke des Stromes, und es kommt zum Alarm.
  - Durchlichtmelder
    Bei einem Durchlichtmelder erreicht der Lichtstrahl im Normalfall ungehindert einen optischen Empfänger. Im Brandfall dämpfen die eindringenden Rauchpartikel das Licht. Die Signalveränderung wird ausgewertet und führt zum Alarm.
  - Streulichtlichtmelder
    Streulichtmelder wenden das optische Messverfahren an. Der Melder verfügt über eine Lichtquelle und eine lichtempfindliche Fotodiode. Das Licht der Lichtquelle kann im Normalfall nicht auf die Diode treffen, da sich diese nicht im Strahlengang befindet. Gelangt nun Rauch in den Melder, wird das Licht vom Rauch gestreut, trifft damit auch auf die Fotodiode und löst Alarm aus.
  - Brandgasmelder
    Der Brandgasmelder reagiert auf die Anwesenheit eines bestimmten Gases. In der Regel werden elektrochemische Zellen mit Rauchmeldern kombiniert, sodass eine frühe Alarmmeldung bei Vorhandensein von Rauch oder auch Kohlenmonoxid sichergestellt ist.
  - Mehrfachsensor-Brandmelder
    Bei einem Mehrfachsensor-Brandmelder sind mehrerer Brandsensoren in einem Melder zusammengefasst. Der Mehrfachsensor-Brandmelder reagiert auf mindestens zwei Kriterien einer Gefahrenkenngröße. Durch softwaregesteuerte Algorithmen und Verknüpfungen der Signale kann bei gleichbleibender Detektionssicherheit eine höhere Immunität gegenüber unerwünschten Alarmen erfolgen.

- Flammenmelder
  Flammenmelder messen die von einer Flamme ausgehenden Wärmestrahlen.
  - Infrarotflammenmelder
    Bei dem Infrarotflammenmelder werden die Infrarotstrahlungen auf eine für Infrarot empfindliche Fotodiode geleitet. Um nicht die von anderen Wärmequellen ausgehenden Strahlen (Heizung) zu erfassen, wird das sog. Flackersignal genutzt. Die Intensität einer Infrarotstrahlung einer Flamme schwankt mit einer Frequenz von etwa 8 Hz. Stimmen beide Kriterien überein, wird Alarm ausgelöst. Der Infrarotflammenmelder eignet sich sowohl zum Einsatz in Innenräumen als auch bei Außenanlagen.
  - Ultraviolettflammenmelder
    Die Ultraviolettflammenmelder arbeiten nach ähnlichem Prinzip wie Infrarotflammenmelder, nutzen jedoch den kälteren UV-Lichtbereich.
  - Infrarotfunkmelder für Rohrleitungen
    Ein besonderer Infrarotmelder wird zur Überwachung von Rohrleitungen eingesetzt. Dieser spezielle Melder reagiert jedoch nur auf das Infrarotsignal eines Funkens, z.B. einer brennenden Zigarette, die sich in einer Rohrleitung befindet. Dieser Melder wird dann mit einem Schnellschließventil verbunden, so dass der Funke nicht in ein Silo oder eine Filteranlage gelangen kann.
- Wärmemelder
  Wärmemelder erfassen Temperaturerhöhungen. In einigen Arbeitsräumen muss durch Arbeitsprozesse bedingt ständig mit Rauchentwicklung gerechnet werden (z.B. Stahlwerke und ähnliche Betriebe). In diesen Fällen werden Wärmemelder eingesetzt.
  Arten von Wärmemeldern sind:
  - Wärmemaximalmelder
    Beim Wärmemaximalmelder führt allein das Erreichen einer bestimmten (voreingestellten) Temperatur zu einem Alarm.
  - Wärmedifferenzialmelder
    Der Wärmedifferenzialmelder reagiert auf einen eingestellten Temperaturanstieg einer vorgegebenen Zeit. Erwärmt sich der Raum, z.B. um 20° innerhalb von 5 Minuten, so kann von einem entstehenden Brand ausgegangen werden. In einem solchen Fall würde dies zu einem Alarm führen.
- Manuelle Melder
  Manuelle Melder sind Druckknopfmelder, mit denen Alarm ausgelöst und die Feuerwehr direkt alarmiert wird. Sie werden auch in Kombination mit automatischen Brandmeldern eingesetzt.
  Sie bestehen aus einer Grundplatte, einer Druckplatte und einer Glasscheibe. Bei Betätigung der Druckplatte wird die Glasplatte zerstört, wodurch erkennbar wird, an welchem Melder der Alarm ausgelöst wurde.

5.4. Störmeldeanlage

Die Störmeldeanlage überwacht technische Prozesse und Abläufe und meldet Unregelmäßigkeiten. Einsatzbereiche sind z.B. Heizungsanlagen, Belüftungseinrichtungen, elektronische Anlagen, Dauerversuche, Bereiche mit Leckagerisiken und Flüssigkeitsstandsmessung (Löschwasser). Ihre Anzeigen und technischen Meldungen müssen jedem im Objekt eingesetzten Mitarbeiter bekannt sein.
Bei Störmeldungen erfolgen anhand von Interventionsplänen unverzüglich konkrete Abwehrmaßnahmen.

6. Drahtlose Personen-Notsignal-Anlagen

Aufgabe einer Personen-Notsignal-Anlage (PNA) ist es, für in Not geratene Personen bei gefährlichen Alleinarbeiten durch Auslösen und Übertragen von willensabhängigen und willensunabhängigen Personenalarmen unverzüglich Hilfe herbeizurufen. Diese Anlage ist auch unter dem Namen Totmann-Alarm bekannt. Sie kann unter folgenden Funktionen unterschieden werden:

- Notruf
  Durch Drücken einer Alarmtaste wird ein manueller Alarm (Handalarm) ausgelöst. Die Taste kann mit individuellen Verzögerungszeiten programmiert werden.
- Lagealarm
  Der Lagealarm wird bei einem Sturzereignis nach einer individuell einstellbaren Zeit ausgelöst. Um Fehlalarme zu verhindern, wird vom Gerät ein akustisches Signal (Voralarm) abgegeben, so dass der Anwender den Alarm deaktivieren kann.
- Fluchtalarm
  Der Fluchtalarm wird nach einer individuell programmierbaren Zeit ausgelöst, sobald die Anzahl der Bewegungen innerhalb einer bestimmten Zeit überschritten wird. Durch einen Voralarm kann das Auslösen eines Fluchtalarms, dem kein Notfall zugrunde liegt, verhindert werden.
- Zeitalarm
  Der Zeitalarm wird nach einer individuell programmierbaren Zeit ausgelöst. Der Anwender wird akustisch mit einem Voralarm darauf hingewiesen, den Zeitalarm manuell zu quittieren. Geschieht das nicht, so wird der Alarm ausgelöst. Falls programmiert, wird bei Alarmeintritt ein akustisches Lokalisierungssignal abgegeben.

- Ruhealarm
  Der Ruhealarm wird nach einer individuell programmierbaren Zeit ausgelöst, wenn keine Bewegung mehr stattfindet. Mittels Voralarm können auch bei diesem Alarm Falschalarme verhindert werden (Fehlalarme).
- Totmanntaster
  Ein Totmanntaster ist eine Taste, welche zyklisch (z.B. alle 2 Minuten) durch den Einzelarbeiter/Alleinarbeiter gedrückt werden muss, damit kein Personennotsignal ausgelöst wird. Diese Totmann-Funktion findet immer noch Anwendung für Lokführer im Bahnverkehr.
- Ortungsfunktionen
  Außerhalb von Gebäuden unterstützt das Gerät die Ortung mittels eingebautem A-GPS. Die Positionsbestimmung innerhalb von Gebäuden kann mittels Abscannen von Barcode-Baken oder falls kundenseitig vorhanden über WLAN-Lokalisierung realisiert werden.
- Alarmierung
  Die Alarmierung kann mittels Telefonanruf, SMS, Gegensprechsignal, Personenrufanlage oder E-Mail erfolgen. Die Alarmierung erfolgt z.B. mittels Telefonanruf, SMS, Gegensprechsignal, Personenrufanlage oder E-Mail.

7. EDV-Sicherheitstechnik

Bei der EDV-Sicherheitstechnik geht es darum, Gefahren abzuwehren, die von außen auf das System einwirken. Es geht also um Dinge wie Schadsoftware oder einen nicht autorisierten Zugriff auf ein System. In beiden Fällen kann die Funktion des Systems beeinträchtigt oder es sogar dazu gebracht werden, nichts oder etwas Falsches zu tun. Dieses könnte zu erheblichen Beeinträchtigungen wie Produktionsausfall, Verzögerung in der Entwicklung neuer Technologien oder zu Imageschäden führen. Schwachstelle in der Informationssicherheit ist nicht immer die Technik, sondern sehr häufig auch der Mensch. Unwissenheit, Arglosigkeit, mangelndes Verständnis, ungenügendes Verantwortungsbewusstsein von Führungskräften und Mitarbeitern erleichtern darauf spezialisierten Agenten, an die gewünschten Informationen heranzukommen. Die sicherste Informationstechnik kann ihren Schutz nicht entfalten, wenn fahrlässig agiert wird. Die Verpflichtung nach § 8 der Bewachungsverordnung zum Datenschutz und Wahrung von Geschäftsgeheimnissen soll kein „Proforma-Akt" sein, sondern muss gelebt werden. Als Beispiel sei der ungenügend gesicherte Zugang zu Betriebssystemen (u. a. unzureichende Passwortverwaltung) genannt.

8. Feuerschutz- und Rauchabschlüsse

Feuerschutz- und Rauchabschlüsse haben die Aufgabe, im geschlossenen Zustand die Ausbreitung von Feuer und Rauch über einen definierten Zeitraum zu verhindern. Sie werden nach Größe (Klappen, Türen, Tore) und Funktion (Flügel-, Schiebe-, Hubtüren oder -tore, Rolltore, Abschlüsse im Zuge von Förderanlagen) unterschieden.

Sie müssen grundsätzlich drei Anforderungen erfüllen:
- Sie müssen selbstschließend sein (Tür muss von allein ins Schloss fallen) und sind deshalb mit einem Türschließer oder einem Federband ausgestattet.
- Ihre Funktionsfähigkeit muss zuverlässig über einen längeren Zeitraum gegeben sein (Bestandteil der Dauerfunktionsprüfung).
- Der Feuerschutzabschluss (Türblatt, Zarge, Beschläge, Schließmittel) muss als Komplettsystem von einem Hersteller geliefert werden.

Zu beachten ist, dass Feuerschutzabschlüsse niemals am Schließen gehindert werden dürfen. Wenn Gegenstände wie zum Beispiel Keile die Tür offen halten, ist jeder Brandschutz (und Versicherungsschutz) zunichte.

Es ist eine Abgrenzung von Feuerschutzabschlüssen zu Rauchschutztüren vorzunehmen. Feuerschutzabschlüsse sind keine Rauchschutztüren. Sie verhindern nur für eine definierte Zeit den Durchtritt von Feuer, nicht von Rauch. Feuerschutzabschlüsse können aber zusätzlich zu ihrer originären Funktion als Rauchschutztüren ausgestattet werden.

9. Feststellanlagen

Feststellanlagen können Bestandteil von Feuerschutz- und Rauchabschlüssen sein, die im geschlossenen Zustand die Ausbreitung von Feuer und Rauch über einen definierten Zeitraum verhindern. Es sind Geräte oder Gerätekombinationen, die durch die dazugehörige Auslöseeinheit im Fall eines Brandes bzw. von Rauchentwicklung elektrisch offen gehaltene Brandabschlüsse sicher selbstständig schließen. Eine Feststellanlage besteht aus mindestens einem Brandmelder, einer Auslöseeinrichtung, einer Feststellvorrichtung, einer Energieversorgung und einer Handauslösung. In Deutschland bedürfen Feststellanlagen einer allgemeinen bauaufsichtlichen Zulassung durch das Deutsche Institut für Bautechnik (DIBt), Berlin. Es werden grundsätzlich nur komplette Feststellanlagen geprüft. Alle Teile des Systems müssen zusammen geprüft und zugelassen werden. Bei Austausch einzelner Komponenten gegen nicht in der Zulassung aufgeführte Komponenten hat die gesamte Feststellanlage keine Zulassung mehr.

10. Sprachalarmierungs- (SAA) und Evakuierungsanlage (EVAC)

Im Jahr 2007 trat die Norm DIN VDE 0833-4 mit „Festlegung für Anlagen zur Sprachalarmierung im Brandfall" in Kraft. Über die Lautsprecher einer Sprachalarmanlage (SAA) können vorbereitete oder situationsabhängige Texte als Warnung oder Handlungsanweisung verbreitet werden. Bei Gefahr ist eine unverzügliche und wirksame Einleitung einer vollständigen oder teilweisen Räumung des Gebäudes möglich. Klare Informationen und Verhaltungsanweisungen über Sprache führen zu einer Reduzierung der Reaktionszeit von gefährdeten Personen und wirken panikhemmend. Notfalldurchsagen können auch in fremder Sprache erfolgen, die Feuerwehr kann z.B. zielgerichtet evakuieren. Im Gegensatz dazu machen Alarmsignale mit akustischer Signalinformation nur aufmerksam, sie können aber keine weiteren Informationen vermitteln. Deshalb besteht die Gefahr, dass diese von ortsfremden Personen nicht beachtet oder falsch interpretiert werden.
Sprachalarmanlagen gehören zur Gruppe der elektroakustischen Anlagen (ELA-Anlagen). Sie müssen eine ausreichende Sprachverständlichkeit für alle Personen im Objekt gewährleisten. Wird diese Anlage zur Alarmierung und Evakuierung von Personen in Zusammenhang mit einer Brandmeldeanlage eingesetzt, so spricht man auch von Electric Voice Evacuation Anlagen (EVAC).
Das Bauordnungsrecht in Deutschland fordert u. a. Sprachalarmierungsanlagen für Krankenhäuser, Schulen, Beherbergungsstätten, Verkaufsflächen über 2000 qm, Versammlungsstätten für mehr als 200 Personen und Sportstätten für mehr als 1000 Personen. Eine Sprachalarmanlage besteht aus mindestens einer Sprechstelle, einer Verstärkeranlage (mit Ersatzverstärker), einer Notstromversorgung, dem Leitungsnetz und den verschiedenen Lautsprechern.
Die EVAC Anlagen sind als Gesamtsystem zu betrachten und müssen vollständig von der Mikrofonkapsel bis zum letzten Lautsprecher überwacht werden.

Eine Sprachalarmanlage besteht grundsätzlich aus folgenden Bestandteilen:

- Mikrofonsprechstelle
  Die Mikrofonsprechstelle besteht aus Mikrofon mit Ein- und Ausschalter. Das Mikrofon setzt akustische Schwingungen in elektrische Schwingungen um.
- Verstärkeranlage
  Die Verstärkeranlage liefert eine ausreichende Verstärkung für die vom Mikrofon gelieferten Spannung und stellt einer ausreichenden Leistung zum Betrieb der Lautsprecher zur Verfügung.
- Notstromanlage
  Die Notstromanlage hat die Aufgabe, über einen definierten Zeitraum die Funktion der Sprachalarmierungsanlage zu gewährleisten für den Fall, dass die

Netzversorgung ausfällt.

- Leitungsnetz
  Im Leitungsnetz werden von den Sprechstelle zur Zentrale Kat 5 Kabel und von der Verstärkerzentrale zu den Lautsprechern IY (ST) I Kabel verlegt.
- Lautsprecher
  Die Lautsprecher haben die Aufgabe, die elektrische Ausgangsleistung des Verstärkers in Luftschwingungen umzuwandeln, die vom Ohr als Schall wahrgenommen werden.

Es werden drei Gruppen von Lautsprecherarten unterschieden: Wand-, Decken- und Außenlautsprecher.

11. Automatische Löschanlagen

Versicherer und Baubehörden fordern grundsätzlich bei erhöhtem Schadensrisiko automatische ortsfeste Löschanlagen. Durch diese Anlage soll erreicht werden, dass ein Brand nach dem Ausbrechen unverzüglich bekämpft werden kann. So muss die Auslösung der Löschanlage automatisch erfolgen, zugleich jedoch eine Meldung an die betriebliche Einsatzleitzentrale oder an die Feuerwehr erfolgen. Neben dem Einleiten des Löschvorganges ist es wichtig, die Zuluft und die Abluft der Räume abzuschalten, die Energieversorgung auszuschalten und die Versorgung von weiteren Arbeitsstoffen zu unterbinden.

Zu den wichtigsten automatischen Löschanlagen gehören:

- Sprinkleranlage
  In Lagerhallen, Kaufhäusern, Bürogebäuden werden vorwiegend Sprinkleranlagen eingesetzt. Da es sich hier überwiegend um die Brandklasse A handelt, ist das Löschmittel Wasser hervorragend geeignet. Bei einer Sprinkleranlage wird der zu schützende Raum mit einer entsprechenden Anzahl von Sprinklerköpfen ausgestattet. Diese sind über Rohrleitungen mit einem Wasserbehälter verbunden.
  Die Sprinklerköpfe sind meist mit einem Glasröhrchen verschlossen, in dem sich eine Flüssigkeit befindet, die bei einer bestimmten Temperatur zu kochen beginnt. Dabei erhöht sich in dem Glasröhrchen der Druck so stark, dass es zerspringt. Jetzt kann das Wasser durch die Rohrleitung und den Sprinklerkopf in den Raum gelangen. Für eine Sprinkleranlage müssen zwei verschiedene Wasserquellen vorhanden sein. Bei einem Druckabfall in der Wasserleitung wird eine Sprinklerpumpe eingeschaltet, die aus einem Vorratsbehälter oder einem Rohrsystem Wasser in die Sprinklerrohrleitung nachpumpt.

Sobald der Brand gelöscht ist, muss über ein Ventil die Rohrleitung der Sprinkleranlage geschlossen werden, da sonst immer weiter Wasser nachströmen würde. Danach muss das Glasröhrchen an dem Sprinklerkopf erneuert werden. Erst dann kann die Anlage wieder unter Druck gesetzt werden.
Bei den Sprinkleranlagen unterscheidet man zwei Arten:

- Nassanlagen für Bereiche ohne Frost- und Überhitzungsgefahr
  Hierbei ist die Rohrleitung ständig mit unter Druck stehendem Wasser gefüllt, so dass nach Zerplatzen des Glasröhrchens das Wasser sofort ausströmen kann.
- Trockensystem für frost- und überhitzungsgefährdete Bereiche
  Bei diesem System steht die Rohrleitung unter Luftdruck. Erst nach Platzen eines Glasröhrchens kann die Luft entweichen und Wasser nachströmen.

- CO^2- Feuerlöschanlage
  Für Brandrisiken, bei denen Wasser als Löschmittel ungeeignet ist, können automatische Löschanlagen auf Basis von CO^2 (Kohlendioxid) eingesetzt werden. Dieses ist ein schnell wirksames und rückstandsfreies Löschmittel. Es wird deswegen bevorzugt in Rechenzentren, Steueranlagen und chemischen Anlagen eingesetzt. Die Löschwirkung beruht auf dem Stickeffekt durch Herabsetzen des Sauerstoffgehaltes in der Luft. Sobald in dem Raum nur noch einen Sauerstoffgehalt von 15 Vol.% vorhanden ist, erlöscht die Flamme. Das Löschmittel wird in Stahlflaschen unter hohem Druck gelagert. Eine andere Möglichkeit ist die Aufbewahrung in einer Niederdruckanlage, bei der das Löschmittel durch eine Kältemaschine auf Minus 20°C heruntergekühlt wird. Hohe CO^2-Konzentration und niedriger Sauerstoffanteil bedeuten für den Menschen eine extreme Gefährdung. Dies bedeutet, dass der Raum nach dem Fluten nur durch die Feuerwehr mit Atemschutzgeräten betreten werden darf. Die Auslösung der automatischen Brandmeldeanlage erfolgt über eine Zweischleifenabhängigkeit. Das heißt, dass zwei Meldeschleifen mit möglichst unterschiedlichen Brandmeldern zur Auslösung führen. Zeigt nur eine Schleife „Alarm", so ist ein Voralarm ausgelöst. Zeigen beide Schleifen „Alarm", so werden sofort Warnhupen (z.B. Makrofone) ausgelöst und Blitzlampen eingeschaltet. Von diesem Moment läuft die Vorwarnzeit. Sie ist so bemessen, dass die in dem Raum befindlichen Mitarbeiter Gelegenheit haben, den Raum rechtzeitig zu verlassen. Nach Ablauf der voreingestellten Vorwarnzeit beginnt das Fluten des Raumes. Gleichzeitig mit der optischen und akustischen Alarmierung werden Be- und Entlüftungsanlagen und andere technische Einrichtungen automatisch abgeschaltet. Die Flutung des Raumes sollte in 60 bis 120 Sekunden abgeschlossen sein.

- Inergen-Löschanlage
  Die Inergen-Löschanlage wird für Brandrisiken in der Brandklasse B und C eingesetzt. Da mit diesem Löschmittel ein rückstandsfreies und korrosionsfreies Löschen möglich ist, wird es zunehmend bei Rechenzentren eingesetzt. Das Löschmittel wird in Hochdruckflaschen gelagert. Der hohe Speicherdruck bei Inergen wird durch eine Druckreduziereinheit auf einen verringerten Druck herabgesetzt. Dadurch kann die Löschmittelverteileinrichtung und vor allen Dingen das Rohr-

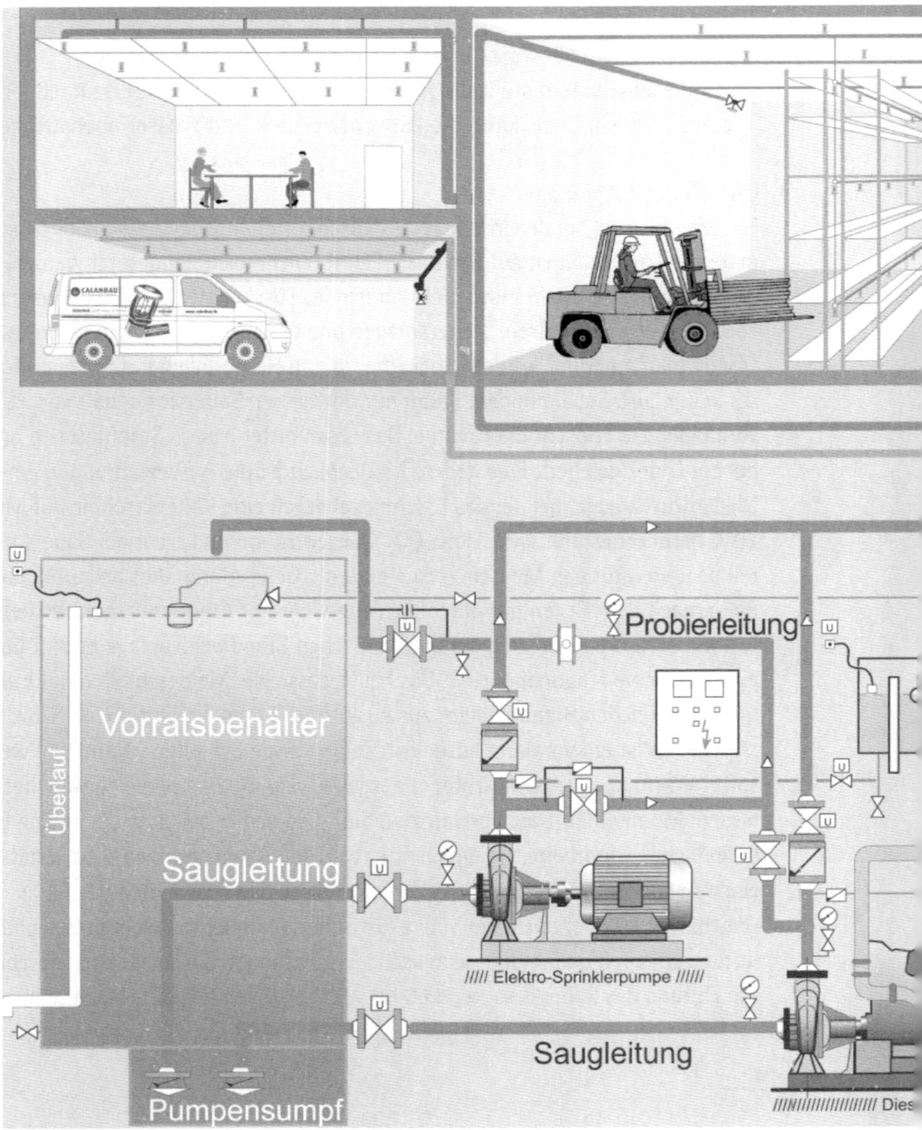

netz einfacher ausgeführt werden. Die Auslösung der Inergen-Löschanlage erfolgt als Zwei-Kreis-Auswertung über eine automatische Brandmeldeanlage. Die Brandmeldeanlage steuert das Schließen von Türen und Fenster, das Abschalten der Belüftungsanlagen und die Unterbrechung der Materialzufuhr. Die Vorwarnzeit beträgt hier 10 Sekunden. Es reicht aus, wenn die im Raum befindlichen Personen durch ein akustisches und optisches Signal auf den bevorstehenden Löschvorgang aufmerksam gemacht werden.

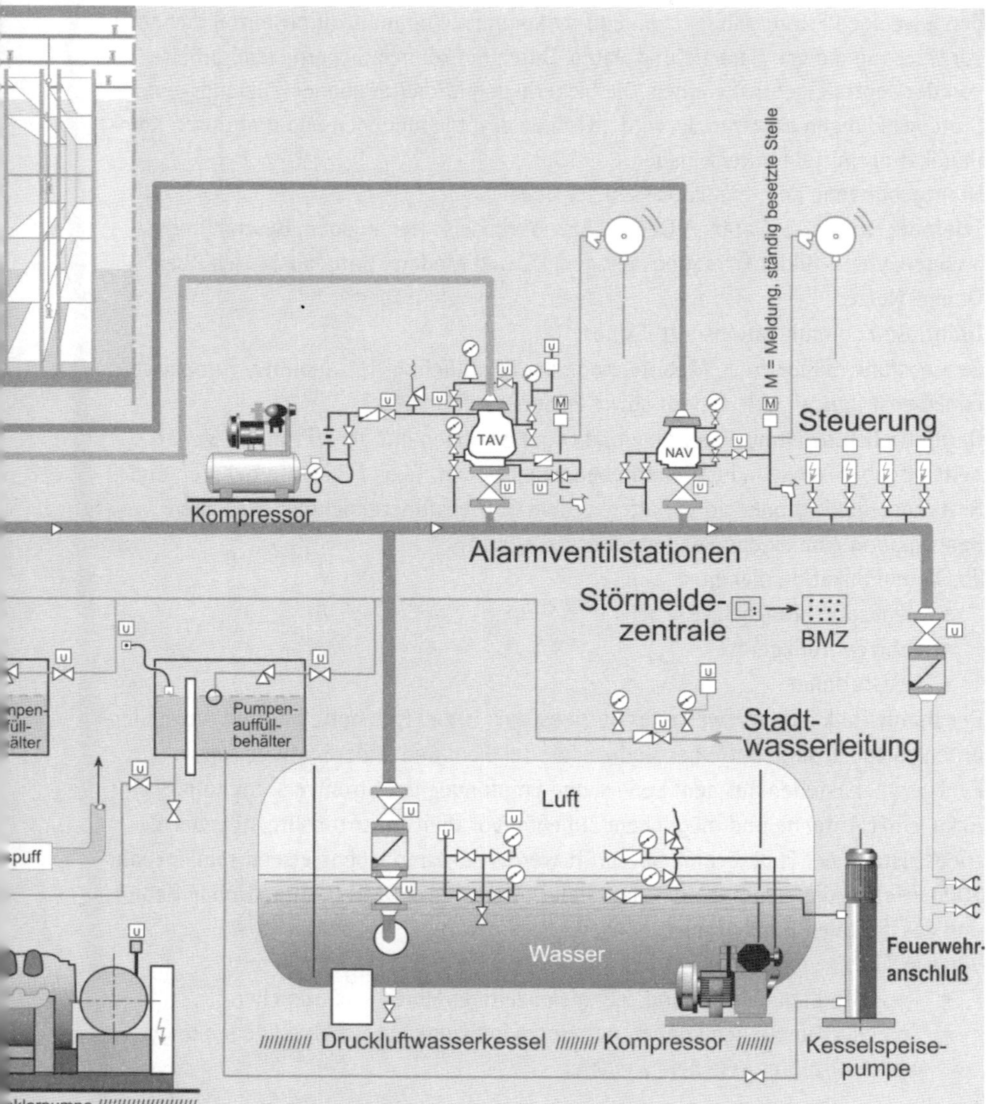

12. Kommunikationsmittel

Um die Sicherheitsdienstleistung effektiv zu gestalten aber auch im Interesse der Sicherheit der eingesetzten Mitarbeiter selbst ist eine stabile Verbindung zur eigenen Zentrale oder anderen hilfeleistenden Stellen von großer Bedeutung. Dies ergibt sich auch aus den Forderungen der Verwaltungsberufsgenossenschaft zur Überwachung von Einzelarbeitsplätzen bei gefahrgeneigter Tätigkeit (siehe auch DGUV Vorschrift 23). Dazu dienen unterschiedliche Kommunikationsmittel, die entsprechend den jeweiligen Erfordernissen zum Einsatz kommen. Kommunikationsmittel dienen zur Übertragung von Sprache und Daten. Durch Sie können Sicherheitsmitarbeiter von der Zentrale geführt werden. Die Sicherheitsmitarbeiter können Zustands- und Statusmeldungen absetzen. Es wird zwischen drahtgebundenen und drahtlosen Kommunikationsmitteln unterschieden.
Drahtgebundene Kommunikationsmittel sind:
Telefone, Faxgeräte, Datex-P, Gegen- bzw. Wechselsprechanlagen, Beschallungsanlagen, Video-Bildübertragungsanlagen, PC und Modem, Datenaustausch über Online-Netze.
Drahtlose Kommunikationsmittel sind:
Betriebsfunk, Bündelfunk, Mobiltelefone der öffentlichen Netzanbieter, Europäischer Funkdienst (Eurosignal), Cityruf sowie Personenrufanlagen.
Der Betriebsfunk ist nur Behörden und Organisationen mit gemeinsamen Sicherheitsaufgaben sowie Industriebetrieben, Speditionen, Taxi- / Busunternehmen und Rettungsorganisationen vorbehalten. Jedem Betriebsfunkteilnehmer wird nach Beantragung eine eigene Sendefrequenz zugeteilt.
Zur Kommunikation dienen:

- Handsprechfunkgeräte
- Fahrzeugfunkgeräte
- Feststationen

Der Bündelfunk ist ein erweiterter Betriebsfunk, wobei Netzbetreiber und Anwender unterschiedlich sind. Betreiber sind z.B. die Telekom und andere private Anbieter. Funkgeräte bestehen aus dem Sender und Empfänger, der Stromversorgung mit Akku, einer Antenne und möglichem Zubehör. Vor Dienstantritt sollte stets der Betriebszustand der Funktechnik überprüft werden, er kann lebensrettend sein. Im Jahr 2009 erfolgte die Zulassung des digitalen Betriebsfunks DMR (Digital Mobile Radio) und des digitalen Bündelfunks.
Vorteile sind:

- Doppelte Kanalausnutzung, z.B. gleichzeitiges Hören und Sprechen.
- Sprachverbindungen können mit einem individuellen Schlüssel gegen ungewollte Mithörer gesichert werden.

- Darüber hinaus sind die Sprachübertragung und der Empfang über größere Entfernungen klarer und deutlicher. Die digitale Technik unterdrückt weitestgehend Hintergrundgeräusche wie Arbeits- und Verkehrslärm.
- Durch das Einsetzen von Repeatern (Relaisstationen) kann eine Vernetzung erfolgen und dank moderner IP-Technologie eine quasi unbegrenzte Reichweite erzielt werden.
- Größere Geräteanzeige (Display) ermöglicht, SMS oder Textnachrichten direkt zu empfangen.
- Analoge Geräte können in ein bestehendes Funknetzt integriert werden.
- Handfunkgeräte können bis zu 40 % länger betrieben werden.

Nachteile sind recht hohe Anschaffungskosten

13. Videoüberwachungsanlagen

Videoüberwachungsanlagen werden im Innen- und Außenbereich eingesetzt. Klassische Einsatzgebiete sind öffentliche Verkehrsanlagen, Banken, Kaufhäuser, Betriebsanlagen, Veranstaltungen.
Über die Videoüberwachungsanlage kann in Kombination mit einer Gefahrenmeldeanlage das gezielte Zuschalten eines Bildaufnahmegerätes im Ereignisbereich automatisch erfolgen. Hier können z. B. Täter und Tathergang dokumentiert werden.

In der Videoüberwachung unterscheidet man folgende Teilbereiche:

- Bildaufnahme
  Zur Bildaufnahme gehören Kamera, Objektiv und Zubehör (z.B. Schutzgehäuse, Wandhalter, Schwenk- u. Neigeantriebe)
- Bildübertragung
  Bildaufnahme und Bildauswertung stehen meist sehr weit auseinander. Daher kommt der Bildübertragung eine große Bedeutung zu. Folgende Übertragungswege sind üblich:
  - Koaxialkabel-Übertragung
  - Zweidraht-Übertragung
  - Lichtwellenübertragung
  - Funkstrecken-Übertragung
- Bildwiedergabe
  Für die Bildwiedergabe werden Monitore in verschiedenen Größen eingesetzt.

- Bildaufzeichnung
  Zur Dokumentation von Alarmvorgängen können Alarmbilder aufgezeichnet werden. Hierfür verwendet man:
  - Digitalen Bildspeicher
  - Videorecorder (Langzeitrecorder)
  - Videoprinter
- Bildauswertung
  Hierbei wird das Videobild in einer Auswerteeinheit (Video-Sensor-System) auf Veränderung im Bildsignal überprüft. Nur bei auftretenden Veränderungen wird der Monitor eingeschaltet und ein Alarmsignal ertönt.
- Bildverteilung
  Die Bildverteilung erfolgt über eine Videokreuzschiene, Bildsplitting, einen Videoumschalter oder einen Videoverteiler.

14. Wächterkontrollanlagen

Zum Nachweis der durchgeführten Leistungen werden Wächterkontrolleinrichtungen eingesetzt.
Zu den bekanntesten Wächterkontrolleinrichtungen gehören:

- Mechanische Stechuhr
  Die mechanische Stechuhr besteht aus einer mechanischen Uhr, die mit einem Protokolldrucker ausgestattet ist. Der Drucker kann mit einem codierten Schlüssel aktiviert werden. Auf dem Protokollstreifen werden bei Aktivierung die Schlüsselnummer und die Uhrzeit gedruckt. Beim Kontrollgang werden die Schlüssel zum Betätigen der mechanischen Stechuhr kurz entnommen, dann wieder im Schlüsselkasten deponiert.
- Elektronische Stechuhr
  Die elektronische Stechuhr besteht aus einer digitalen elektrischen Uhr mit einem elektronischen Datensammler. Die einzusammelnden Daten sind die Nummern der verschiedenen Kontrollstellen eines Objekts. An den Kontrollstellen sind unscheinbare Codestreifen befestigt. Diese enthalten die benötigten Informationen. Mit dem elektronischen Datensammler werden die in den Codestreifen vorhandenen Daten aufgenommen. Sind die Daten erfasst worden, wird gleichzeitig die Uhrzeit mit abgespeichert, was durch ein Signal an der elektronischen Stechuhr angezeigt wird. Eine Auswertung kann für den Kunden nach verschiedenen Kriterien vorgenommen werden.

- Funkstechuhr
  Bei der Funkstechuhr wird anstelle einer gesonderten Stechuhr das Betriebsfunkgerät verwendet, das jedoch mit einem Zusatz für diese Aufgabe ausgerüstet sein muss. Außerdem muss ein entsprechender Datensammler vorhanden sein. An den Kontrollstellen wird entweder ein codierter Schlüssel in einem Schlüsselkasten angebracht oder ein Codestreifen. Mit dem Datensammler des Funkgerätes werden die Informationen der Kontrollstelle aufgenommen. Beim Abweichen von der vorgegebenen Route oder beim Ausbleiben einer Meldung kann von der Einsatzleitzentrale sofort nachgefragt oder Hilfsmaßnahmen eingeleitet werden.
- Drahtgebundene Kontrollmeldungen
  Hierbei nutzt man z.B. das bestehende Telefonnetz und das Telefonsystem. Möglich ist auch die Nutzung eines vorhandenen Zutrittskontrollsystems. Die Kontrollmeldungen können von festgelegten Telefonen oder Zutrittskontrollterminals abgegeben werden.

15. Notruf- und Serviceleitstellen

Die Mitarbeiter der Notruf- und Serviceleitstellen organisieren die Maßnahmen zur Alarmverfolgung mit technischer Unterstützung. Sie sind außerdem Ansprechpartner für Kunden und Mitarbeiter außerhalb der allgemeinen Geschäftszeit.

Die Notruf- und Serviceleitstellen müssen in Ausbau, Ausrüstung und der eigenen Absicherung den Forderungen der VdS Schadenverhütung GmbH (einer Einrichtung der deutschen Versicherer) entsprechen. Die örtliche Lage ist dabei ohne Bedeutung.

Die Aufgaben der Notruf- und Serviceleitstellen sind wie folgt strukturiert:

- Ereigniserfassung
  Als Ereignisse kommen z.B. in Frage: Meldungen der Einsatzkräfte, Kundenersuchen, Alarme der Videoüberwachung, telefonische Notrufe und Hilfeersuche, Aufzugsnotrufe, Bombendrohungen, Wetterwarnungen und Feststellung von Grenzwertüberschreitungen bei technischen Anlagen.
  Die wichtigsten Geräte für die Ereigniserfassung sind: Gefahrenmeldeanlagen-Zentrale, Telefon, Betriebsfunk, Direkt-Notrufleitungen, Videomonitore und Telefax.

- Informationsbereitstellung
  Die Mitarbeiter in der Notruf- und Serviceleitstelle wie auch die Einsatzkräfte vor Ort benötigen zur Erledigung ihrer Aufgaben Informationen über zu benachrichtigende Personen, örtliche Gefahrenstellen, Bedienung technischer Einrichtungen und Anlagen, Alarm- und Dienstvorschriften, Daten über Gefahrenstoffe, Bedienung von Löscheinrichtungen, Adressen etc.
  Als Informationsträger dienen elektronische Datenspeicher, Computer-Checklisten, Karteien, Lagepläne, Anfahrts- und Gebäudepläne etc.
- Nachrichtenabwicklung
  Nachrichten werden beispielsweise mit Einsatzkräften, Kunden, Behörden, Hilfs- u. Rettungsmannschaften und Hilfe suchenden Personen abgewickelt.
  Die wichtigsten Geräte für die Nachrichtenabwicklung sind Betriebsfunk, Telefonanlagen, Personenrufanlage, Gegensprechanlagen, Lautsprecheranlagen und Räumungssignalgeber.
- Dokumentation
  Bei Not- und Gefahrensituationen muss trotz großer Stressbelastung schnell und richtig gehandelt werden. Um das Handeln nachprüfbar und beweisbar zu machen, müssen die einzelnen Ereignisse und Arbeitsschritte dokumentiert werden, was möglichst automatisch erfolgen sollte.
  Grundsätzlich werden Uhrzeit und Datum der Ereignisse, Art und Sachverhalt der Meldung, Bilder von Alarmsituationen der Videoüberwachung, Text und Uhrzeit von Weitermeldungen, Benachrichtigungen und Anordnungen dokumentiert.
  Für die Dokumentation werden Protokolldrucker, Uhrenanlage, Tonbandgeräte, Video-Aufzeichnungsgeräte, Messwerteschreiber und Vordrucke als Geräte und Hilfsmittel eingesetzt.

Kontrollfragen:

1. Ein Sicherheitskonzept besteht grundsätzlich aus drei Säulen. Davon ist eine Säule der mechanische Grundschutz. Was ist darunter zu verstehen?
   - O Der mechanische Grundschutz besteht vorwiegend aus Metall zur begrifflichen Abgrenzung einer Einfriedung durch Mauern.
   - O Der mechanische Grundschutz kann aus verschiedenen Materialien bestehen. Er bildet einen Widerstand gegen widerrechtliche Angriffe und erzeugt damit Zeitaufwand für den Täter bzw. Zeitgewinn für die Interventionskräfte. Er schreckt potentielle Täter ab und zeigt eine juristische Grenze zwischen privatem Sicherungsbereich und angrenzender Verkehrsfläche auf.

Erläuterung:

Richtig ist die zweite Antwort. Mechanischer Grundschutz muss nicht aus einem metallenen Zaun bestehen. Je nach örtlicher Lage sowie Gefährdungs- und Anfälligkeitsanalyse des Objektes können Mauern, Erdwälle, Wassergräben, Dornenhecken usw. auch den Zweck erfüllen, der in dem zweiten Teil der Antwort dargestellt ist. Daraus ergibt sich, dass die erste Antwort falsch ist.

2. Was ist eine Gefahrenmeldeanlage (GMA)?
   - O Eine GMA ist eine Fernmeldeanlage, die Gefahren für Leben, Gesundheit und Sachwerte erkennt und meldet sowie Statusmeldungen abgibt.
   - O Eine GMA ist immer eine Überfallmeldeanlage.
   - O Eine GMA ist immer eine Einbruchmeldeanlage.
   - O Eine GMA ist immer eine Brandmeldeanlage.
   - O Eine GMA ist immer eine Störmeldeanlage.

Erläuterung:

Richtig ist die erste Antwort. Sie gibt die richtige Erklärung für den Sammelbegriff GMA wieder. Falsch sind die anderen Antworten. Das Wort „immer" in diesen Antworten schränkt die Deutung einer GMA auf eine bestimmte Art einer GMA ein. Alle in diesen Antworten genannten Meldeanlagen sind GMA.

3. Bei den fernmeldetechnischen Wegen wird zwischen der Primärleitung und der Sekundärleitung unterschieden. Was ist eine Primärleitung?
   - ○ Die Primärleitung ist eine technisch ständig überwachte Leitung. Leitungsstörungen werden sofort angezeigt.
   - ○ Die Primärleitung geht zunächst zum Auftraggeber, damit dieser entscheiden kann, ob eine Intervention erfolgen soll.

Erläuterung:

Richtig ist die erste Antwort. Ob Alarmauslösung, technische Störung oder Manipulation der Leitung zur Vorbereitung eines kriminellen Angriffes, bei Verwendung einer Primärleitung kommt es immer zu einer Alarmauslösung. Dagegen wird die technische Störung oder Manipulation bei einer Sekundärleitung nicht angezeigt. Falsch ist die zweite Antwort. Die Rückfrage zum Auftraggeber erfolgt durch die Notruf- und Service-Leitstelle (NSL) über eine Sekundärleitung.

4. Eine Brandmeldeanlage kann mit verschiedenen Meldern belegt werden (Rauchmelder, Flammenmelder, Wärmemelder, manuelle Melder). Wann ist der Einsatz eines Wärmemelders zweckmäßig?
   - ○ Der Einsatz eines Wärmemelders empfiehlt sich hauptsächlich in Kühlräumen.
   - ○ Der Einsatz eines Wärmemelders ist zweckmäßig in Arbeitsräumen, in denen bedingt durch Arbeitsprozesse ständig mit Rauchentwicklungen zu rechnen ist.

Erläuterung:

Richtig ist die zweite Antwort. Bei der ständigen Rauchentwicklung würde ein Rauchmelder ungeeignet sein. Daher empfiehlt sich dort ein Wärmemelder. Falsch ist die erste Antwort. Grundsätzlich ist ein Rauchmelder als Brandmelder zu bevorzugen, damit schon bei Brandentstehung alarmiert wird.

X. Stichwortverzeichnis

A

B

C

F

G

H

I

J

K

L

M

N

O

V